FORMANDO PROFESSORES PROFISSIONAIS

F724 Formando professores profissionais: Quais estratégias? Quais competências?/ organizado por Léopold Paquay, Philippe Perrenoud, Marguerite Altet, Évelyne Charlier; trad. Fátima Murad e Eunice Gruman. – 2.ed. rev. – Porto Alegre : Artmed, 2001

ISBN 978-85-7307-774-2

1. Educação. – Formação de professores. I. Paquay, Léopold. II. Perrenoud, Philippe. III. Altet, Marguerite. IV. Charlier, Évelyne. V. Título.

CDU 371.13

Catalogação na publicação: Mônica Ballejo Canto – CRB 10/1023

LÉOPOLD PAQUAY • PHILIPPE PERRENOUD
MARGUERITE ALTET • ÉVELYNE CHARLIER
(Organizadores)

FORMANDO PROFESSORES PROFISSIONAIS

Quais estratégias?

Quais competências?

2ª edição revista

Tradução:
Fátima Murad e Eunice Gruman

Consultoria, supervisão e revisão técnica desta edição:
Cristina Dias Allessandrini
Doutora em Psicologia Escolar e do Desenvolvimento
Humano pela Universidade de São Paulo
Psicopedagoga e arte-terapeuta

Reimpressão 2008

2001

Obra originalmente publicada sob o título
Former des enseignants professionnels: Quelles stratégies? Quelles compétences?

© *De Boeck & Larcier s.a., 1998.*
ISBN 2-8041-2990-X

Capa
Mário Röhnelt

Preparação do original
Elisângela Rosa dos Santos

Leitura Final
Leda Kiperman

Supervisão editorial
Mônica Ballejo Canto

Projeto gráfico
Editoração eletrônica

Reservados todos os direitos de publicação, em língua portuguesa, à
ARTMED® EDITORA S.A.
Av. Jerônimo de Ornelas, 670 - Santana
90040-340 Porto Alegre RS
Fone (51) 3027-7000 Fax (51) 3027-7070

É proibida a duplicação ou reprodução deste volume, no todo ou em parte, sob quaisquer formas ou por quaisquer meios (eletrônico, mecânico, gravação, fotocópia, distribuição na Web e outros), sem permissão expressa da Editora.

SÃO PAULO
Av. Angélica, 1091 - Higienópolis
01227-100 São Paulo SP
Fone (11) 3665-1100 Fax (11) 3667-1333

SAC 0800 703-3444

IMPRESSO NO BRASIL
PRINTED IN BRAZIL

SOBRE OS AUTORES

Léopold PAQUAY, psicopedagogo, professor na Faculdade de Psicologia e de Ciências da Educação da Universidade Católica de Louvain.

Philippe PERRENOUD, sociólogo, professor na Faculdade de Psicologia e Ciências da Educação da Universidade de Genebra.

Marguerite ALTET, professora de Ciências da Educação na Universidade de Nantes, responsável pelo Centro de Pesquisas em Educação de Nantes.

Évelyne CHARLIER, doutora em Ciências da Educação, pesquisadora do departamento "Educação e Tecnologia" das Faculdades Universitárias Notre Dame de la Paix em Namur e professora adjunta em Ciências da Educação na Universidade Católica de Louvain.

Clermont Gauthier. Universidade Laval do Québec.
Jean-Claude Hétu. Universidade de Montreal.
Louise Bélair. Universidade de Ottawa.
Marie-Cécile Wagner. Universidade Católica de Louvain.
Maurice Tardif. Universidade Lavral do Quebéc.
Michael Carbonneau. Universidade de Montreal.
Mireille Cifali. Universidade de Genebra.
Nadine Faingold. Instituto Universitário de Formação de Professores de Versailles, Centro Cergy.
Simone Baillauquès. Universidade de Rennes II – Alta Bretanha

Os sistemas brasileiro e francês de educação: equivalência de níveis

Fonte: adaptado por Magda Soares.

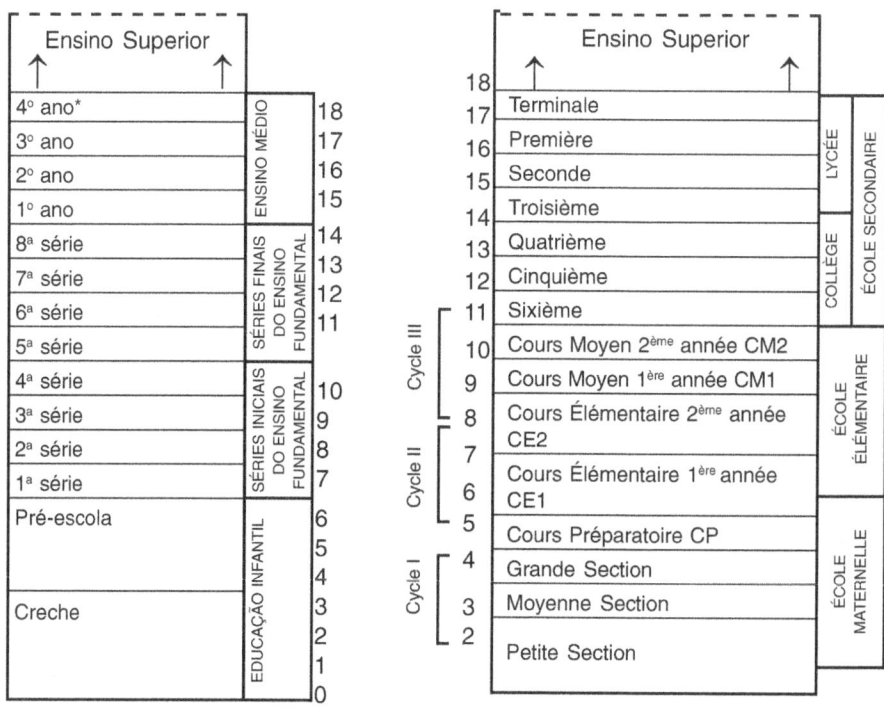

* Refere-se aos cursos técnicos de nível médio.

SUMÁRIO

INTRODUÇÃO
FORMANDO PROFESSORES PROFISSIONAIS:
TRÊS CONJUNTOS DE QUESTÕES 11
Philippe PERRENOUD
Léopold PAQUAY
Marguerite ALTET
Évelyne CHARLIER

CAPÍTULO 1
AS COMPETÊNCIAS DO PROFESSOR
PROFISSIONAL: ENTRE CONHECIMENTOS, ESQUEMAS
DE AÇÃO E ADAPTAÇÃO, SABER ANALISAR 23
Marguerite ALTET

    O modelo atual de professor profissional 24
    A especificidade da profissão de professor 26
    As competências e os conhecimentos do professor
    profissional 28
    Uma formação baseada na análise das práticas e na reflexão 32

CAPÍTULO 2
TRABALHO DAS REPRESENTAÇÕES NA FORMAÇÃO
DOS PROFESSORES 37
Simone BAILLAUQUÈS
    Competências profissionais e representações do
    ofício e da formação 38

    Formação: um espaço de trabalho sobre as representações 44

Práticas e problemas de pesquisa sobre e a partir
　　　das representações 49
　　　Conclusão 54

CAPÍTULO 3
A FORMAÇÃO PARA A COMPLEXIDADE DO OFÍCIO DE PROFESSOR 55
Louise Bélair

　　　Contexto sociopolítico dos mecanismos testados 55
　　　Os princípios subjacentes ao mecanismo de formação 57
　　　Os conceitos articulados na formação 58
　　　Competências a redefinir e estruturar 59
　　　Efeitos de formações testadas 61
　　　Que processos ativar na formação? 64

CAPÍTULO 4
FORMAÇÃO PRÁTICA DOS PROFESSORES E NASCIMENTO DE UMA INTELIGÊNCIA PROFISSIONAL 67
Michel Carbonneau e Jean-Claude Hétu

　　　Introdução 67
　　　Uma experiência de formação para a prática 67
　　　Tentativa de padronização 72
　　　Conclusão 79

CAPÍTULO 5
FORMAR PROFESSORES PROFISSIONAIS PARA UMA FORMAÇÃO CONTÍNUA ARTICULADA À PRÁTICA 85
Évelyne Charlier

　　　O professor, um profissional 85
　　　As competências profissionais? 89
　　　Uma formação articulada à prática 94
　　　Conclusão 102

CAPÍTULO 6
CONDUTA CLÍNICA, FORMAÇÃO E ESCRITA 103
Mireille Cifali

　　　Introdução 103
　　　Espaço da clínica 103
　　　Formação 108
　　　Formadores 111
　　　Escrita 113
　　　Conclusão 117

CAPÍTULO 7
DE ESTAGIÁRIO A ESPECIALISTA: CONSTRUIR AS COMPETÊNCIAS PROFISSIONAIS 119
Nadine FAINGOLD

Introdução 119
Em que consistem as competências profissionais
dos professores-especialistas? 120
Os dois eixos da formação 127
Conclusão 132

CAPÍTULO 8
COMPETÊNCIAS PROFISSIONAIS PRIVILEGIADAS NOS ESTÁGIOS E NA VIDEOFORMAÇÃO 135
Léopold PAQUAY *e Marie-Cécile* WAGNER

Introdução 135
Seis paradigmas relativos ao ofício de professor 136
Práticas de estágios em campo: competências e
Estratégias privilegiadas 144
Práticas do microensino e da videoformação: competências
e estratégias privilegiadas (M. C. Wagner) 149
À guisa de conclusão 158

CAPÍTULO 9
O TRABALHO SOBRE O *HABITUS* NA FORMAÇÃO DE PROFESSORES: ANÁLISE DAS PRÁTICAS E TOMADA DE CONSCIÊNCIA 161
Philippe PERRENOUD

Uma ação pedagógica que mobiliza o *habitus* 163
Tomada de consciência e transformação de esquemas 170
Mecanismos de formação 174
Formar para a lucidez? 183

CAPÍTULO 10
O PROFESSOR COMO "ATOR RACIONAL": QUE RACIONALIDADE, QUE SABER, QUE JULGAMENTO? 185
Maurice TARDIF *e Clermont* GAUTHIER

Jogos de poder e desafios do saber na pesquisa 187
As concepções do saber: a idéia de exigências de
racionalidade e seu interesse pela pesquisa 192
O saber do professor: uma razão prática,
Social e voltada para o outro 200
À guisa de conclusão 207

CONCLUSÃO

FECUNDAS INCERTEZAS OU COMO FORMAR PROFESSORES ANTES DE TER TODAS AS RESPOSTAS 211

Philippe Perrenoud, *Marguerite* Altet,
Évelyne Charlier *e Léopold* Paquay

De que "natureza" são as competências
do professor-especialista? 212
Como as competências profissionais são construídas? 219
Como formar profissionais para essas competências? 221

REFERÊNCIAS BIBLIOGRÁFICAS 225

INTRODUÇÃO

FORMANDO PROFESSORES PROFISSIONAIS: TRÊS CONJUNTOS DE QUESTÕES

Philippe PERRENOUD
Léopold PAQUAY
Marguerite ALTET
Évelyne CHARLIER

Formar profissionais capazes de organizar situações de aprendizagem. Sem dúvida, esta é, ou deveria ser, a abordagem central da maior parte dos programas e dos dispositivos da formação inicial e continuada dos professores do maternal à universidade.* Tal visão de profissionalismo não significa – como permite supor a expressão francesa *tornar-se profissional* – que os professores e os futuros professores poderiam limitar-se a adquirir truques, gestos estereotipados ou, em outros termos, a reforçar a sua prática no domínio do ensino. Tornar-se um profissional, ao menos no sentido anglo-saxão do termo, significa bem mais.

FORMANDO PROFESSORES PROFISSIONAIS

Estudos sociológicos sobre as profissões demonstram uma evolução clara no decorrer dos últimos anos e na maior parte dos ofícios relativos aos profissionais das ciências humanas: enfermeiros, assistentes sociais, jornalistas... e professores. Assim, para responder aos desafios sem precedentes da transformação necessária dos sistemas educacionais, o papel dos professores deve, necessariamente, evoluir. Na maior parte dos países ocidentais, o professor está em vias de passar *do status* de executante para o de profissional.

Nesse sentido, o profissional é considerado um prático que adquiriu, através de longos estudos, o *status* e a capacidade para realizar com autonomia e responsabilidade atos intelectuais não-rotineiros na busca de objetivos inseridos em uma situação complexa (Lemosse, 1989; Bourdoncle, 1993). Essa concepção so-

---

*N. de R.T. Essas denominações referem-se ao sistema educacional francês. Ver tabela de equivalência na página 6.

ciológica do profissional tem influência sobre as competências de base necessárias para o exercício desse "novo ofício".

O que um professor profissional deve ser capaz de fazer? A partir de diversos modelos (entre os quais o de Donnay e Charlier, 1990), admite-se que este profissional deva ser capaz de:

- analisar situações complexas, tomando como referência diversas formas de leitura;
- optar de maneira rápida e refletida por estratégias adaptadas aos objetivos e às exigências éticas;
- escolher, entre uma ampla gama de conhecimentos, técnicas e instrumentos, os meios mais adequados, estruturando-os na forma de um dispositivo;
- adaptar rapidamente seus projetos em função da experiência;
- analisar de maneira crítica suas ações e seus resultados;
- enfim aprender, por meio dessa avaliação contínua, ao longo de toda a sua carreira.

Essa lista resumida de competências, cuja referência é um modelo de ação bastante racionalista, sem dúvida não é suficiente para explicar o funcionamento real dos professores especialistas em interação com os grupos de alunos. Ela simplesmente nos permite, como uma primeira abordagem, definir que o profissionalismo de um professor caracteriza-se não apenas pelo domínio de conhecimentos profissionais diversos (conhecimentos ensinados, modos de análise das situações, conhecimentos relativos aos procedimentos de ensino, etc.), mas também por esquemas de percepção, de análise, de decisão, de planejamento, de avaliação e outros, que lhe permitam mobilizar os seus conhecimentos em uma determinada situação (Perrenoud,1994c). É preciso acrescentar a isso as posturas necessárias ao ofício, tais como a convicção na educabilidade, o respeito ao outro, o conhecimento das próprias representações, o domínio das emoções, a abertura à colaboração, o engajamento profissional.

Sem nos fecharmos *a priori* em uma terminologia específica, consideraremos aqui sob a expressão "competências profissionais" um conjunto diversificado de conhecimentos da profissão, de esquemas de ação e de posturas que são mobilizados no exercício do ofício. De acordo com essa definição bem ampla, as competências são, ao mesmo tempo, de ordem cognitiva, afetiva, conativa e prática.

Não é simples formar professores para que eles adquiram e desenvolvam competências profissionais, sobretudo se desejamos que as práticas de formação sejam fundamentadas e refletidas. É importante conhecer bem o processo de desenvolvimento das competências profissionais que serão preferencialmente exigidas, o que não acontece se não houver uma clareza preliminar sobre a natureza de uma competência e de sua gênese.

TRÊS CONJUNTOS DE QUESTÕES

Esta obra gira em torno de três questões complementares entre si:

1. *Qual a natureza das competências do professor especialista?*

2. Como essas competências são adquiridas?
3. Como organizar o aprendizado dessas competências profissionais?

Iremos considerar essas questões uma a uma, reformulando-as e detalhando-as.

1. Qual a Natureza das Competências do Professor Especialista?

Quais as competências básicas para que um professor construa um trabalho efetivamente profissional? Essa questão dá ensejo a muitas outras. A primeira delas é: "Que tipo de conhecimentos o professor especialista mobiliza, e como esses conhecimentos se articulam a outros recursos cognitivos?".

As teorias baseadas no senso comum que circulam nos meios acadêmicos de formação inicial geralmente distinguem os conhecimentos teóricos dos práticos. Os primeiros compreendem os "conhecimentos disciplinares e culturais" (relativos ao saber a ser transmitido) e os "conhecimentos pedagógicos e didáticos" (que se referem à maneira de organizar as condições da aprendizagem e sua gestão). Já os conhecimentos práticos são o *savoir-faire* adquirido em sala de aula. Resta saber como se articulam teoria e prática. Isto ocorre da mesma maneira entre os professores experientes e os iniciantes?

Operando uma ruptura epistemológica em relação às distinções do senso comum, muitos trabalhos de tendência antropológica tentaram descrever o "saber dos professores" (Tardif, 1993a), mais particularmente o "saber oriundo da experiência" ou o "saber vindo da prática" (Altet, 1993), isto é, o conhecimento elaborado pelo próprio professor a partir das experiências por ele vividas.

Essa pesquisa dos "conhecimentos dos professores", no que se refere à problemática da articulação entre teoria e prática, desemboca em um leque de tipologias. Por exemplo, trabalhando sobre a formação de adultos, Malglaive elaborou um modelo da construção do conhecimento do praticante que articula conhecimento teórico, conhecimento prático, conhecimentos procedimentais e *savoir-faire* (Malglaive, 1990). Como demonstra Raymond (1993), em campos disciplinares diversos e referindo-se a variados postulados epistemológicos, surgiram múltiplos termos para designar os "conhecimentos que ensinam" ligados à prática, suas características, seu conteúdo e sua organização ("conhecimento prático", "conhecimento pragmático", "conhecimento praxiológico", "conhecimento empírico", "conhecimento estratégico", etc.). Sem dúvida, urge definir as distinções e as articulações entre os diversos tipos de "conhecimentos profissionais", procurando unificar as tipologias, mais do que criar novas. Também é necessário questionar até mesmo o emprego do termo "conhecimento" (Perrenoud, 1994d). O que é um "conhecimento posto em prática"? O que é um "conhecimento prático"?

Mais fundamentalmente, é importante distinguir do modo mais claro possível, com referência aos modelos do funcionamento cognitivo, por um lado as "bases de dados" (conhecimentos factuais, conceituais e procedimentais, que são todos da ordem das representações) e, por outro, as operações (esquemas de pensamento e de ação que permitem operar com as representações). Os diversos conhecimentos acima definidos (com exceção dos "conhecimentos práticos", em algumas classificações) são da ordem das representações. Assim, por exemplo, os conhecimentos empíricos relativos a como ensinar em uma determinada situação constituem conhecimentos freqüentemente qualificados de procedimentais; na verdade, trata-se de *representações* procedimentais mais ou menos verbalizáveis pelo sujeito. Isto significa que é necessário um "operador", que determinará quando certo procedimento será aplicado. Este é precisamente o papel dos esquemas de pensamento e de ação. Em uma situação complexa, é o conjunto dos esquemas de pensamento e de ação de que dispõe um ator (também chamado de *habitus*) que determinará as percepções, as interpretações, as análises e as decisões desse ator e que lhe permitirão enfrentar os problemas encontrados (Perrenoud, 1994i).

Assim, parece que a questão inicial relativa à natureza dos "conhecimentos especialistas" não é de ordem taxionômica (como se estruturam os diversos tipos de conhecimento?), mas sim de ordem funcional: como os diversos conhecimentos são mobilizados pelo professor especialista quando ele concebe, estrutura, gerencia, ajusta e avalia sua intervenção? (Perrenoud, 1993b).

Uma parte da resposta encontra-se nos numerosos trabalhos de inspiração cognitivista que procuraram criar modelos para os processos de pensamento dos professores durante a fase de planejamento ou durante as interações em aula (Clark e Peterson,1986; Charlier,1989; Altet,1993; etc.). Contudo, permanecem várias incertezas quanto ao funcionamento cognitivo do professor em situação complexa. Entre estas, é importante descobrir quais conhecimentos empíricos colaboram para o controle de situações concretas, qual o papel desempenhado pelas dimensões afetivas, qual é o impacto da representação do ofício para os professores e se o funcionamento cognitivo do novato é similar ao do experiente.

Uma resposta global a tais questões é proposta por Schön (1983) através do paradigma do professor reflexivo: o pensamento profissional em situação é concebido como "uma reflexão dentro da ação", um "pensamento aplicado" baseado em "cognições em situação". Essas cognições estão ao mesmo tempo "enraizadas na própria situação" e "enquadradas na ação do profissional especialista". A primeira questão-chave desta obra é delimitar os mecanismos corretivos, a estrutura e o funcionamento dessas "cognições em situação" e sua articulação com os conhecimentos teóricos (os conhecimentos acadêmicos a serem ensinados e os conhecimentos científicos oriundos das diversas ciências humanas).

Essa articulação pode ser vista de um ângulo estrutural e funcional (através da descrição das estruturas e do funcionamento cognitivo do professor especialista); ela também pode pode ser vista do ângulo de sua gênese (isto é, como ela se constrói). Dessa forma, já estamos propondo a segunda questão-chave.

2. Como essas Competências são Adquiridas?

Admitimos, pensando juntamente com Schön (1983), que o conhecimento do professor profissional forma-se sobre a experiência. É necessário, portanto, precisar o que significa "apoiar-se sobre a experiência". Trata-se apenas de construir as competências a partir das experiências vividas em sala de aula? Ou se trata já de uma articulação entre teoria e prática? Esses processos são igualmente válidos para o futuro professor e para o professor em exercício? O que significa aprender com e através da prática? É suficiente refletir sobre a sua própria ação e seus efeitos? Como se adquirem os gestos profissionais? Qual a contribuição dos conhecimentos teóricos para esse processo? Que tipos de reflexões são necessários? As metacognições a serem construídas devem referir-se às pesquisas sobre o ensino?

Um professor não é apenas um conjunto de competências. É uma pessoa em relação e em evolução. Portanto, é importante saber como se relacionam os processos de profissionalização e de personalização. O processo de profissionalização não seria algo intrinsecamente ligado ao desenvolvimento pessoal do professor (Baillauquès, 1990)? Em caso afirmativo, o que seria capaz de impulsionar esse desenvolvimento?

Uma das vias para o estudo dessas questões consiste em pesquisar de maneira mais intensa as primeiras experiências dos professores novatos. O que nos leva a novas questões: as competências do professor experiente e as do novato diferem fundamentalmente? (Elbaz, 1993). Como o conhecimento do novato se transforma em um conhecimento de especialista? Como os futuros professores constroem para si próprios suas representações do ofício? Como se desenvolve o processo de profissionalização ao longo da carreira? O que caracteriza tal evolução? Podemos caracterizar suas diversas fases? Os processos evolutivos são similares no futuro professor e no professor que já está em atividade? A evolução do profissionalismo está ligada ao plano de carreira? (Jonnaert, 1993).

De maneira mais genérica, desejamos saber que fatores (individuais, organizacionais, culturais, etc.) influenciam a construção das competências profissionais; quais são as condições sociais favoráveis; se a cultura do professor constitui um freio ou uma alavanca e se a pressão social de nossos dias pela profissionalização (pressão que não deixa de apresentar suas ambigüidades) favorece o desenvolvimento de competências profissionais ou, ao contrário, pode reforçar as resistências.

Estas são outras tantas perguntas relativas aos processos de construção das competências profissionais. No conjunto de fatores que determina o desenvolvimento de tais competências, quais são aqueles sobre os quais se pode agir, estruturando programas de estudos e atividades de formação? Chegamos, assim, a um terceiro conjunto de questionamentos.

3. Como Organizar o Aprendizado dessas Competências Profissionais?

Que dispositivos devemos implementar na formação inicial e continuada para formar professores profissionais? Que efeitos obtiveram os dispositivos utilizados com esse objetivo? Que tipo de atividades de formação são suscetíveis de favorecer o desenvolvimento dos conhecimentos profissionais utilizáveis? Como formar, simultaneamente, profissionais práticos (que têm rotinas, automatismos, esquemas de ação eficazes) e profissionais reflexivos, capazes de analisar e de teorizar sobre as suas práticas?

Quais são os dispositivos e as práticas de formação que favorecem a integração das aquisições de diversas ordens: conhecimentos, conhecimento técnico, conhecimentos empíricos e posturas profissionais? Que práticas de formação colaboram para que o estudante desenvolva ao mesmo tempo ações de profissionalização e de personalização? Qual a influência do uso das experiências profissionais e humanas, vividas anteriormente à formação inicial, no processo de reestruturação do conhecimento profissional? Qual o papel dos estágios e quais as modalidades que mais favorecem esse tipo de desenvolvimento (momento, apresentações, articulação com os cursos, associação com estabelecimentos parceiros, escolha dos coordenadores do estágio)?

Quais condições organizacionais, materiais, informativas e humanas irão favorecer a profissionalização? Mais particularmente, quais são e quais deveriam ser os principais tipos de intervenções dos formadores de professores? Quais deveriam ser o papel e as modalidades de formação continuada?

Quais tipos de conhecimentos podem ajudar os educadores a agir? Quais podem ser as contribuições de um saber teórico para a prática (como, por exemplo, os resultados das pesquisas)? Como levar os professores e os futuros professores a combinar o conhecimento teórico com o conhecimento prático? Como engajar os professores no desenvolvimento de conhecimentos acerca de suas competências profissionais? A profissionalização pode ser desenvolvida através da participação em pesquisas? Em caso afirmativo, em que aspectos e sob quais condições? As diversas fases de uma pesquisa se constituem em um paradigma para servir de base a uma ação refletida? Todas essas perguntas, já debatidas por Sherbrooke, estão longe de ter sido esgotadas e merecem um aprofundamento (Hensler, 1993).

DE SIMPÓSIO A LIVRO

Doze pesquisadores e educadores belgas, canadenses, franceses e suiços procuraram respostas às três questões centrais enunciadas anteriormente. Cada um deles desenvolveu, em um texto provisório de aproximadamente 20 páginas, alguns elementos para responder a cada uma delas. Durante dois dias, 12 e 13 de setembro de 1994, durante os encontros da rede internacional de Recherche en Éducation et en Formation (REF), esses doze especialistas, baseando-se nos textos lidos no preâmbulo, trocaram idéias e questionaram-nas. A seguir, cada um reviu seu texto em função das observações levantadas pelos demais a fim de que este se constituísse em um dos dez capítulos do presente livro.[1]

Cada autor respondeu às três questões à sua maneira, a partir de seus próprios trabalhos de pesquisa, das observações feitas em seu país e de sua própria experiência prática na formação de professores. Não seria possível e nem mesmo desejável agrupar os textos em grupos homogêneos. Assim, eles estão apresentados por ordem alfabética dos nomes de seus autores.

A ênfase em determinadas questões, os pontos de vista adotados e as experiências relatadas podem dar a impressão de formar um mosaico. Para ajudar o leitor a orientar-se e a estabelecer relações entre as diversas informações, tentaremos destacar de maneira resumida as principais contribuições de cada autor. Como conclusão, citaremos as principais linhas que permearam o debate, assim como as incertezas que ainda permanecem.

Marguerite ALTET propõe uma reflexão geral sobre os processos de construção do conhecimento e das competências profissionais dos educadores. Na França, ocorrem profundas revisões institucionais com relação aos dispositivos de formação dos professores, o que testemunha o progressivo reconhecimento de sua identidade profissional. Baseada em numerosas pesquisas, a autora define o profissionalismo da função como um "processo de racionalização dos conhecimentos postos em prática, somados às práticas que se mostraram eficazes em cada situação". Ela define o professor como um profissional da interação com dupla agenda (no sentido de Leinhardt), isto é, alguém que exerce tanto a função didática de estruturação e de gestão dos conteúdos quanto a função pedagógica de gestão e de regulação interativa dos acontecimentos dentro da sala de aula. As competências profissionais do mestre repousam sobre diversos tipos de conhecimentos: teóricos ("conhecimentos a serem ensinados" e "conhecimentos para ensinar") e práticos ("conhecimento sobre a prática" e "conhecimento da prática"). Os conhecimentos práticos são instrumentos de desenvolvimento para a análise. Este último se constituiria em uma metacompetência que permite construir outras competências.

Para desenvolver o conhecimento referente à análise, M. Altet propõe uma formação dos professores "a partir da prática para que haja uma reflexão sobre as práticas reais", unindo três processos diferentes e suas respectivas lógicas: formação, ação e pesquisa. Tal interação permite, entre outras coisas, a análise e a produção de conhecimentos pedagógicos formais, que podem ser transferidos para outras situações e favorecer a adaptação a novas situações.

Simone BAILLAUQUÈS dedicou-se à questão das competências profissionais a partir do "trabalho das representações" do *métier* e da formação dos professores. Ela lembra que toda definição de competências apóia-se em um "modelo de mestre" e pergunta-se "como esta base de idéias/imagens do ofício de professor" permite uma análise das competências exercidas ou a serem adquiridas. Segundo a autora, a representação do "Mestre (re)conhecido" irá influenciar as condutas e as competências do professor. Simone Baillauquès salienta que, se diversos trabalhos causaram impacto das representações sobre as práticas e "a afirmação" de competências profissionais, por outro lado conhecemos menos o papel da adesão à "idéia e à forma de desenvolver a formação, assim como a um engajamento reflexivo". Ela apresenta uma pesquisa voltada para as representações da profissão e da formação, para as relações entre ambas e para os efeitos da formação pré-profissional e inicial conduzida *sobre* e *a partir* das representações. Da parte dos professores, esse "trabalho das representações" participa da construção das identidades profissionais e do desenvolvimento das competências. Questiona-se o sentido de uma formação centrada nas competências a serem adquiridas, não integradas em um projeto pessoal, e que não leva em consideração as representações. A autora aponta, assim, para a necessidade de voltar a questionar as relações entre a pessoa e a profissão.

Louise BÉLAIR analisa e avalia um dispositivo de formação inicial dos professores do Ensino Fundamental, desenvolvido na universidade de Ottawa. O programa baseia-se em três premissas: a formação deve desenvolver-se em um tempo limitado, a maneira de realizar a formação deve relacionar teoria e prática e o programa deve colaborar para o desenvolvimento das seguintes atitudes: autonomia, responsabilidade, tomada de decisões, rapidez de ação e comunicação.

A vinculação entre os conceitos de aprendizagem, de ensino e de pedagogia permite à autora organizar em cinco campos o conjunto das competências que um profissional reflexivo deveria dominar: as competências relativas à vida da classe, as necessárias às relações com os alunos, as ligadas às disciplinas ensinadas, as exigidas pela sociedade e, por fim, as que são inerentes à pessoa. Esses campos constituem pontos de referência para a construção, juntamente com o futuro mestre, de uma trajetória personalizada de formação, na qual as aulas servem de apoio para a reflexão sobre a prática em sala de aula.

Uma avaliação da formação recebida pelos futuros mestres no âmbito desse programa permitiu, entre outras coisas, demonstrar a evolução de suas representações da aprendizagem e do ensino. A autora conclui: "a pesquisa e a reflexão sobre uma ação permitiram a estas pessoas um melhor aparelhamento, além de uma melhor compreensão do aporte teórico e de sua importância na realidade cotidiana do ensino".

Michel Carbonneau e Jean-Claude Hétu partem de sua experiência na elaboração de um banco de seqüências pedagógicas gravadas em vídeo, o qual serviu de base a um curso para futuros mestres. Eles se perguntam sobre a natureza do conhecimento dos novatos (em oposição ao dos experientes) e definem alguns princípios de uma formação inicial profissional dos professores. Constataram que a observação em vídeo de seqüências da vida em sala de aula torna possível uma ação interiorizada e antecipadora, contribuindo para a construção de um pensamento profissional entre os estudantes. Além disso, notaram que esse dispositivo de formação gera nos professores uma visão fragmentada da realidade pedagógica. Os autores explicam-na, em parte, pelo funcionamento diferenciado do professor novato e do experiente. O primeiro precisa de um certo tempo para analisar uma situação e reconhecer que já a enfrentou anteriormente; o segundo passa imediatamente da percepção à ação.

Considerando o professor como um operador de esquemas de ação, no sentido piagetiano do termo, Carbonneau e Hétu insistem na necessária complementaridade entre os processos de assimilação e de acomodação no aprendizado dos iniciantes. Consideram que a observação e a discussão de seqüências de vídeo que apresentam o comportamento de especialistas favorecem a assimilação, enquanto a análise reflexiva das próprias práticas teria principalmente uma dimensão "acomodadora". Trata-se, portanto, de encontrar o justo equilíbrio entre essas facetas da formação. Basear esta última "em uma análise e compreensão teórica da intervenção pedagógica retarda a apreensão da globalidade pedagógica e encoraja a leitura fragmentada da realidade". Desse modo, privilegia-se o desenvolvimento de esquemas de análise em detrimento dos esquemas de ação. Como conclusão, os autores propõem princípios de organização para uma formação que conte com a interação com outros profisinais reflexivos para favorecer a descoberta e a construção de seus próprios esquemas de ação e modelos de ensino.

Évelyne Charlier procura resumir as características do professor profissional tal como elas aparecem nos trabalhos de sociologia e de pedagogia. Ela apresenta uma abordagem que combina os dois tipos de funcionamento do professor: a aplicação de rotinas e as tomadas de decisão. Propõe uma definição que divide o funcionamento em três tempos: a fase de planejamento, de tratamento racional da informação; o momento da interação em sala de aula, no qual intervêm os esquemas de ação e de reflexão na ação e o momento pós-ação, de reflexão sobre a ação. O professor profissional constrói progressivamente as suas competências a partir de sua prática e de uma teorização da sua experiência. Évelyne Charlier enfatiza, como M. Altet, a adaptabilidade do profissional que, através da análise de sua prática, constrói uma capacidade de agir nas situações mais variadas. A autora apresenta um modelo que situa as competências profissionais em sua articulação com os projetos e as ações do professor (Donnay e Charlier, 1991).

As competências somente têm significação quando traduzidas em atos e inscritas em projetos. Para E. Charlier, é a articulação entre conhecimentos, esquemas de ação e repertório de rotinas disponíveis que constitui as competências em situação. A partir de uma abordagem construtivista, a autora destaca as condições para uma formação continuada que permita ao professor desenvolver suas competências profissionais "a partir de, através de e para a prática". Este é um modelo de formação articulado com a prática, um tipo de formação elaborado a partir de uma ação em interação com uma pesquisa que favorece a evolução das competências e desenvolve a adaptabilidade do professor profissional a uma variedade de situações educacionais.

Mireille CIFALI, em uma abordagem psicanalítica, situa o ensino entre os ofícios relacionados à vida humana, na relação: mostra a necessidade de não restringir as competências aos conhecimentos, e sim de abordar "a dualidade saber e afeto". A autora destaca o interesse para o professor de descobrir "o espaço do trabalho clínico", em que toda situação é examinada em sua singularidade e em relação às pessoas envolvidas. Mireille Cifali questiona a adoção de uma forma clínica de trabalhar na formação que se caracterize por um "um trabalho incessante de lucidez a gerir", uma reflexão sobre a implicação de um "pensamento clínico", "que não decorre apenas da aplicação de teorias", mas que requer uma outra condição: "não temer o outro parceiro".

Para a autora, essa abordagem clínica do profissionalismo também permite destacar o problema da "ética", constantemente presente na prática. Porém, a concepção de uma formação que permita a construção desta "atitude clínica" em relação à classe inclui, segundo M. Cifali, a necessidade de levar em conta os conhecimentos já constituídos, como "referências para o constante questionamento da vivência das situações", tanto quanto os conhecimentos oriundos da experiência. Trata-se ainda de utilizar dispositivos que irão ajudar o professor, através de um trabalho interior de "nomear, pondo em palavras os conhecimentos da experiência". Mireille Cifali acrescenta outra categoria: "os conhecimentos da alteridade", os conhecimentos sobre a distância entre os atores, os problemas racionais, a intersubjetividade. Para a autora, a formação clínica pode abordar e trabalhar a articulação e as tensões entre essas diferentes lógicas de conhecimentos. A condição necessária para o êxito de tal formação é que os próprios formadores coloquem em ação um "espírito clínico", construindo dispositivos nos quais os estagiários possam falar de sua prática e de sua implicação. Está no formador desenvolver ou não uma escrita da experiência, do "cotidiano". Método clínico e escrita: essa visão de uma psicanalista inscreve-se em complementaridade às abordagens de psicologia cognitiva ou de sociologia dos outros autores.

Nadine FAINGOLD centra sua abordagem na análise do desempenho dos professores especialistas em situação de sala de aula. É daí que ela retira as características das competências que sustentam "a reflexão na ação" e propõe uma reflexão sobre a formação dos mestres.

Para ela, os diferentes ajustes realizados pelo professor especialista consistem em um pré-levantamento de dados e em um tratamento da informação. Esse processo pré-reflexivo não é diretamente observável, nem acessível através das racionalizações realizáveis posteriormente pelo professor. Contudo, pode ser reconstituído graças à entrevista de esclarecimento. Esta última supõe a existência de uma descrição tão precisa quanto possível do desenvolvimento da ação. Pesquisas realizadas utilizando essa técnica permitiram a Nadine Faingold definir as características do desempenho do especialista. Este apresenta um caráter pontual, sempre bem-definido, tanto no levantamento da informação quanto nos conhecimentos declarativos mobilizados na ação. A reflexão na ação dos profissionais especialistas corresponde à atualização de esquemas, os quais permitem gerar uma série de ações com vistas ao alcance de um objetivo. Às vezes, o professor dispõe de um ou mais esquemas de ação necessários para resolver o problema (rotinas); outras vezes, é preciso que ele combine os esquemas disponíveis de uma forma original.

Os esquemas de ação formam-se através da experiência. A autora conclui que eles não podem, por isso, desenvolver-se no novato, senão no âmbito "de uma formação para a ação e para a reflexão sobre a ação". Essa formação combinaria dois eixos: a orientação da ação rumo a um objetivo e a obtenção da informação no contexto e na ação propriamente dita. Em outro momento, Nadine Faingold analisa diferentes dispositivos de formação dos professores, entre eles o laboratório de experiências pedagógicas, o trabalho de gravações de vídeo e a utilização da entrevista de esclarecimento.

Léopold PAQUAY e Marie-Cécile WAGNER relacionam as competências a diferentes modelos de profissionalismo do ensino. Eles demonstram que toda definição de competências de professores está ligada a um modelo, a um paradigma de profissionalismo. Assim, o modelo do profissional reflexivo, atualmente dominante e muito presente no simpósio, é apenas um paradigma entre muitos outros. Os autores mostram que os próprios paradigmas induzem os métodos escolhidos para produzir competências definidas como prioritárias. Desse modo, cada paradigma apresenta um modelo diferente do ofício ao qual corresponde uma lista de competências profissionais próprias. E, para definir o professor profissional, seria necessário ressaltar "as complementaridades criativas" dos diferentes paradigmas, observando como se integram as diversas competências necessárias para a adaptação às situações educacionais encontradas.

Aplicando sua forma de leitura dos paradigmas a duas categorias importantes de práticas de formação profissional, os estágios em sala de aula e a videoformação, L. Paquay e M-C.Wagner mostram o quanto a filosofia dessas práticas difere, segundo o paradigma adotado. Para os estágios em sala de aula, L. Paquay salienta como paradigma as competências escolhidas, os objetivos levantados para posterior desenvolvimento, os tipos de atividades considerados mais importantes, as modalidades de acompanhamento, as articulações entre teoria e prática escolhidas, sublinhando em que as práticas variam de acordo com os paradigmas. M-C. Wagner, tratando de videoformação, mostra que podemos identificar três paradigmas presentes nesse tipo de prática: o do técnico, o do profissional reflexivo e o da pessoa.

Os autores evidenciam que cada um desses modelos de profissionalismo pode constituir-se em uma faceta do ofício e propõem uma formação que valorize as diferentes facetas e as múltiplas competências da profissão, incluindo como complementação as contribuições pessoais de cada formador. Para eles, um dispositivo de formação no qual cada formador explicite a sua escolha paradigmática do ofício, identificando suas competências, pode ajudar o estagiário a perceber as múltiplas dimensões do ofício e as diversas competências a desenvolver em um professor profissional consciente da complexidade de sua profissão.

Philippe PERRENOUD, de seu ponto de vista de sociólogo, busca delimitar a essência da "natureza" das competências profissionais. Como já esboçamos anteriormente, uma parte considerável da ação pedagógica estaria fundamentada, não de imediato sobre os conhecimentos, mas sim sobre o *habitus*, um conjunto estruturado de esquemas de percepção, avaliação, decisão e ação. O *habitus*, em grande parte inconsciente, é posto em ação nos casos rotineiros e nas situações de urgência; intervém nas modalidades de gestão de um projeto racional e condiciona a maneira e o momento oportuno nos quais os conhecimentos são mobilizados.

No centro das competências profissionais, o *habitus* de cada professor estrutura-se desde a mais tenra infância através do conjunto de experiências de socialização vividas, com conseqüências tanto para o aluno quanto para o futuro professor. O processo de construção do *habitus* não é bem-conhecido. No entanto, Philippe Perrenoud destaca dois conjuntos articulados das principais condições que favorecem a construção dos esquemas de percepção, avaliação e ação no futuro professor ou no professor que já está em atividade: a confrontação com novas estruturas (resultante de uma modificação dos programas, das diretrizes, do público ou das condições organizacionais) e a tomada de consciência reflexiva de seu próprio desempenho na situação real.

Em conseqüência, Philippe Perrenoud propõe e descreve sucintamente dez dispositivos de formação capazes de ativar esse duplo processo, favorecendo, assim, o desenvolvimento de competências profissionais. São eles a prática reflexiva, as trocas entre as representações e a prática, a observação mútua, a metacognição com os alunos, a escrita clínica, a videoformação, a entrevista de esclarecimento, a história de vida, a simulação e o jogo de papéis e a experimentação de métodos não-habituais. O conjunto desses dispositivos facilitaria o desenvolvimento da lucidez, que constitui, sem dúvida alguma, uma competência profissional cada vez mais importante.

Maurice TARDIF e Clermont GAUTHIER trabalham extensamente a noção de "conhecimentos profissionais". Eles adotam, à primeira vista, uma perspectiva oposta à de Phillipe Perrenoud. Enquanto este demonstra que os esquemas de pensamento e de ação que guiam o comportamento do professor são em grande parte inconscientes, M. Tardif e C. Gauthier insistem na racionalidade do autor. Sem excluir a força do *habitus* na ação, eles interessam-se mais pela razão pedagógica. Para eles, os esquemas de pensamento e de ação não são "conhecimentos profissionais". Após longa discussão, propõem restringir o conceito de "conhecimento" aos pensamentos, às idéias, aos julgamentos, aos discursos e aos argumentos que obedecem a certas exigências da racionalidade. Assim, uma capacidade de fazer algo somente se torna um "saber" na medida em que seu ator pode verbalizar e explicar as razões e os motivos de sua ação, podendo argumentar com o embasamento racional dessa ação.

Percebe-se imediatamente o interesse metodológico dessa definição para o estudo do conhecimento dos professores através do seu discurso e de suas argumentações. O conjunto de argumentos dos atores poderia até mesmo se constituir em uma "jurisprudência" da pedagogia, isto é, em um repertório de regras de ação aplicáveis à prática profissional. Em resumo, a abordagem racionalista de M.Tardif e C. Gauthier enfoca as competências profissionais relacionadas à capacidade de racionalizar a própria prática, criticando-a, revisando-a, e sempre buscando fundamentá-la com as razões de cada ação.

Por meio da apresentação resumida dos diversos capítulos, vemos completar-se a gama de tons desta paleta de pontos de vista. A conclusão da obra destaca a diversidade, mas também a complementaridade das contribuições. Acima de tudo, ela aponta para as questões que ainda ficaram em suspenso, *creusets** para as pesquisas futuras.

PARA QUEM ESTE LIVRO FOI ESCRITO?

À primeira vista, cada uma das três questões aqui tratadas remete às prioridades de uma categoria de atores. A questão da identificação das competências profissionais é crucial para os planejadores e para aqueles que conceituam os dispositivos da formação inicial e continuada dos professores. A questão da gênese das competências profissionais e dos processos de sua construção evidentemente está no centro das preocupações dos pesquisadores. As estratégias a serem empregadas são prioridade para os formadores de professores do Maternal à Universidade. Mas não nos deixemos prender em compartimentos estanques. Essas três questões são fortemente ligadas e referem-se a todas as categorias de atores.

Mais especialmente, os formadores de professores encontrarão com certeza, nesta obra, pistas de estratégias e esboços de dispositivos. Terão ainda a oportunidade de refletir sobre o profissionalismo dos professores e dos formadores de professores (Paquay, 1995). Como? Articulando as estratégias de formação a uma melhor compreensão dos processos de construção das competências e a uma reflexão quanto aos critérios de seleção das competências prioritárias. O desenvolvimento do profissionalismo do formador de professores exige, sem dúvida, meios para refletir sobre os fundamentos de suas próprias práticas.

NOTA

1   Devemos agradecer igualmente a Geneviève De Coch, Violaine Garrez, Frédéric Saussez e Martine Van Herch por sua leitura atenta do manuscrito.

---

* N. de R.T. *Creuset* é o recipiente utilizado na química para fundir ou derreter determinadas substâncias (*Le Nouveau Petit Robert*, 1996, p.509)

CAPÍTULO 1

AS COMPETÊNCIAS DO PROFESSOR PROFISSIONAL: ENTRE CONHECIMENTOS, ESQUEMAS DE AÇÃO E ADAPTAÇÃO, SABER ANALISAR

Marguerite ALTET

Na França, a introdução de um sistema educacional de massa e a modificação do público escolar que se seguiu a ela, assim como a nova Lei de Orientação para a Educação, de 1989, que coloca "o aluno no centro do sistema educacional", acarretaram uma evolução na percepção dos papéis do professor.

Além disso, o Ministério empreendeu modificações em seus sistemas de formação: a criação dos Institut Universaire de Formation de Maîtres (IUFM) para formar um corpo único de professores, a importância assumida pelos Mission Academic de Formation de Personnel de L'Éducation National (MAFPEN) e a formação contínua tornando-se uma "prioridade" (Bayrou, 1994) correspondem à vontade institucional de desenvolver uma "verdadeira formação profissional" para todos (Bancel, 1989), permitindo construir uma nova identidade profissional em termos de competências e de *status* de "professor profissional". Com o reconhecimento de uma especificidade do profissional do ensino, os professores de escola elementar, colégio e liceu tornam-se "profissionais do ensino e da aprendizagem" formados pela apropriação de competências necessárias ao ato de ensinar (o saber-ensinar) e não apenas ao domínio de conteúdos de ensino (os conhecimentos disciplinares), como acontecia nos sistemas de formação anteriores.

Partindo da constatação dessa evolução institucional e social atual da profissionalização do ensino, no sentido utilizado por Perrenoud (1993a), quando fala no "grau de avanço de uma transformação estrutural do ofício rumo a uma verdadeira profissão", desenvolvemos trabalhos de pesquisa sobre a profissão do professor e sobre o processo da construção dos conhecimentos e das competências profissionais dos professores no âmbito do Centre de Recherches en Éducation de Nantes (CREN).

Pareceu-nos importante procurar identificar os modelos sobre os quais se apóia a profissão e, para tanto, interrogamos os atores que praticam a profissão de professores e os formadores que os preparam para tal sobre os conhecimentos e as competências profissionais que, na opinião deles, constituem essa atividade profissional, bem como sobre aquilo que os ajudou a construir o seu profissionalismo.

Apresentaremos as conclusões de uma pesquisa realizada pela Direction de l' Évaluation et la Prospective (DEP, cf. Altet, 1993) em um estudo internacional da Organização para Cooperação e Desenvolvimento Econômico (OCDE) sobre a "qualidade dos professores". Dessa forma, levamos professores de todos os níveis a refletirem juntos durante seminários sobre as competências necessárias para o bom exercício da profissão de professor.

Resumiremos ainda as contribuições trazidas por uma pesquisa encomendada pela MAFPEN de Nantes (1994), a qual procura destacar a natureza das competências e dos conhecimentos profissionais desenvolvidos na formação contínua dos professores e que são objetivo dos formadores MAFPEN, a chamada "base de conhecimentos pedagógicos requeridos" (Holmes, 1986). A problemática geral recai sobre a identificação e a construção das competências profissionais que esses formadores de professores, considerados como professores especialistas, procuram desenvolver nos seus alunos-professores através das formações propostas. Busca-se descobrir de que maneira, segundo os formadores, constroem-se essas competências, como eles as adquiriram e como organizam a formação necessária à sua apropriação em suas ações.

Todos esses trabalhos apóiam-se em diversos fundamentos:

a) os aportes recentes da psicologia cognitiva e o estudo da especialização em pedagogia (Anderson et al., 1978; Shavelson e Stern, 1981; Leinhardt e Greeno, 1986; Berliner, 1986; Calderhead, 1987; Glaser, 1991);
b) os trabalhos fenomenológicos sobre o conhecimento a ser ensinado, ligado às representações e às situações vivenciadas e oriundas da prática (Elbaz, 1983; Louden, 1991; Zeichner et al., 1987; Lampert, 1985);
c) a atual corrente de pesquisas de Schön (1983, 1987), Argyris (1974) e Tochon (1993) sobre o professor especialista;
d) eles se inscrevem no paradigma de pesquisa sobre o *teacher thinking*, sobre as reflexões de Perrenoud (1994i) acerca da "capacidade de mobilização e de atualização dos conhecimentos postos em prática pelos professores" e sobre o *habitus*.

A metodologia utilizada consiste em entrevistas semidirigidas dos atores, professores e formadores e em uma análise de suas verbalizações sobre as práticas, a partir de simulações de casos pedagógicos concretos ou da análise de situações pedagógicas reais gravadas em vídeo.

O MODELO ATUAL DE PROFESSOR PROFISSIONAL

Os ofícios relacionados ao ensino existem há muito tempo, e podemos destacar aqui algumas concepções antigas do profissionalismo do ensino e das formações ligadas a eles. Perrenoud (1993) lembra com muita propriedade que os professores são e sempre foram pessoas que exerciam um ofício, isto é, "profissionais"; que existem diferentes modelos de profissionalismo ligados ao ensino e que a corrente da profissionalização está simplesmente descrevendo um processo que se torna atualmente mais visível "à medida que, na educação, a colocação em prática de regras preestabelecidas cede lugar a estratégias orientadas por objetivos e por uma ética". É a passagem do ofício artesanal, em que se aplicam técnicas e regras, a uma profissão, em que cada um constrói suas estratégias, apoiando-se em conhecimentos racionais e desenvolvendo sua especialização de ação na própria situação profissional, assim como sua autonomia.

Definimos o professor profissional como uma pessoa autônoma, dotada de competências específicas e especializadas que repousam sobre uma base de conhecimentos racionais, reconhecidos, oriundos da ciência, legitimados pela Universidade, ou de conhecimentos explicitados, oriundos da prática. Quando sua origem é uma prática contextualizada, esses conhecimentos passam a ser autônomos e professados, isto é, explicitados oralmente de maneira racional, e o professor é capaz de relatá-los.[1]

A profissionalização é constituída, assim, por um *processo de racionalização dos conhecimentos postos em ação* e por *práticas eficazes em uma determinada situação.* O profissional sabe colocar as suas competências em ação em qualquer situação; é o "homem da situação", capaz de "refletir em ação" e de adaptar-se, dominando qualquer nova situação. É um profissional admirado por sua capacidade de adaptação, sua eficácia, sua experiência, sua capacidade de resposta e de *ajuste a cada demanda*, ao contexto ou a problemas complexos e variados, bem como por sua "capacidade de relatar os seus conhecimentos, seu *savoir-faire* e seus atos" (Charlot e Bautier, 1991), *justificando-os*. Contudo, pedimos-lhe ainda mais: que "saiba jogar com as regras e manter uma relação com os conhecimentos teóricos que não seja reverente e dependente, mas, ao contrário, crítico, pragmático e até mesmo oportunista" (Perrenoud, 1993b); em resumo, que esse profissional seja *autônomo e responsável*.

É esse modelo de profissionalismo que parece fundamentar atualmente o processo de profissionalização dos professores e ser predominante. Surge a questão de quais competências no nível do ensino e quais modelos de formação ele acarreta.

Historicamente (Altet, 1991), podemos levantar quatro modelos diferentes de profissionalismos de ensino (ou "paradigmas", de acordo com Paquay, 1994) que foram dominantes na França e os respectivos modelos de formação que os construíram:

- o professor MAGISTER ou MAGO: modelo intelectual da Antiguidade, que considerava o professor como um Mestre, um Mago que sabe e que não necessita de formação específica ou de pesquisa, uma vez que seu carisma e suas competências retóricas são suficientes;
- o professor TÉCNICO: modelo que aparece com as Escolas Normais; a formação para o ofício ocorre por aprendizagem imitativa, com apoio na prática de um ensino várias vezes experimentado, que transmite o seu *savoir-faire*, os seus "truques"; o formador é um prático experiente e serve como modelo; as competências técnicas dominam;
- o professor ENGENHEIRO ou TECNÓLOGO: esse modelo apóia-se em aportes científicos trazidos pelas ciências humanas; ele racionaliza a sua prática, procurando aplicar a teoria; a formação é orientada por teóricos, especialistas do planejamento pedagógico e da didática;

– o professor PROFISSIONAL ou REFLEXIVO: nesse quarto modelo, em nossa opinião, a dialética entre teoria e prática é substituída por um ir e vir entre PRÁTICA-TEORIA-PRÁTICA; o professor torna-se um profissional reflexivo, capaz de analisar as suas próprias práticas, de resolver problemas, de inventar estratégias; a formação apóia-se nas contribuições dos praticantes e dos pesquisadores; ela visa a desenvolver no professor uma abordagem das situações vividas do tipo AÇÃO-CONHECIMENTO-PROBLEMA, utilizando conjuntamente prática e teoria para construir no professor capacidades de análise de suas práticas e de metacognição.

Nesses diferentes modelos de profissionalismo, diferem a natureza das competências profissionais e dos conhecimentos que ensinam. Portanto, é necessário identificar quais são as competências e os conhecimentos que se valem das práticas do professor profissional, após haver definido preliminarmente o que constitui a especificidade da profissão voltada para o ensino.

A ESPECIFICIDADE DA PROFISSÃO DE PROFESSOR

O professor profissional é, antes de tudo, *um profissional da articulação do processo ensino-aprendizagem em uma determinada situação, um profissional da interação das significações partilhadas.*

Definimos o ensino como um processo interpessoal e intencional, que utiliza essencialmente a comunicação verbal e o discurso dialógico finalizado como meios para provocar, favorecer e levar ao êxito a aprendizagem em uma dada situação; é *uma prática relacional finalizada* (Altet, 1994). Ensinar é fazer aprender e, sem a sua finalidade de aprendizagem, o ensino não existe. Porém, este "fazer aprender" se dá pela comunicação e pela aplicação; o professor é um profissional da aprendizagem, da gestão de condições de aprendizagem e da regulação interativa em sala de aula.

A dificuldade do ato de ensinar está no fato de que ele não pode ser analisado unicamente em termos de tarefas de transmissão de conteúdos e de métodos definidos *a priori*, uma vez que são as comunicações verbais em classe, as interações vivenciadas, a relação e a variedade das ações em cada situação que permitirão, ou não, a diferentes alunos, o aprendizado em cada intervenção. Assim, as informações previstas são regularmente modificadas de acordo com as reações dos alunos e da evolução da situação pedagógica e do contexto. O que constitui a especificidade do ensino é que ele se trata de um "trabalho interativo" (Tardif, J., 1992). Esta é a razão pela qual o ensino também pode ser concebido como um processo de tratamento da informação e de tomada de decisões em sala de aula, no qual o pólo da dimensão relacional e da situação vivida com o aluno em determinado contexto é tão importante quanto o pólo do conhecimento propriamente dito. É por isso que, ao modelo pedagógico triangular professor-alunos-conhecimento, preferimos um modelo dinâmico que comporta quatro dimensões em interação recíproca em uma situação ensino-aprendizagem: alunos-professor-conhecimento-comunicação (Altet, 1994).

É no interior dessa vivência interativa de comunicação, em uma situação contextualizada, complexa e incerta de ensino-aprendizagem finalizada, com alunos específicos, que se realizam as tarefas do professor. Daí a dificuldade de defini-las inteiramente e de tê-las todas previstas antecipadamente. O professor pode planejar, preparar seu roteiro, mas continua havendo uma parte de "aventura", ligada aos imprevistos que têm origem nessas ações em andamento e no desconhecido proveniente das reações dos alunos. Isto requer uma grande quantidade de tomadas de decisão, uma mobilização dos conhecimentos dentro da ação e, até mesmo, uma modificação de decisões na ação em sala de aula.

O que torna as tarefas do ensino específicas é o fato de que estas cobrem dois campos de práticas diferentes, mas interdependentes: por um lado, o da gestão da informação, da estruturação do saber pelo professor e de sua apropriação pelo aluno, que é o domínio da *Didática*; por outro lado, o campo do tratamento e da transformação da informação transmitida como Saber para o aluno, através da prática relacional, e as ações do professor para colocar em funcionamento condições de aprendizagem adaptadas, que é o domínio da *Pedagogia*.

A Pedagogia concorre para a transformação da informação em Saber através de trocas cognitivas e sócio-afetivas trazidas pelo professor por meio de interações, retroações, ajustes, adaptações interpessoais e aplicações em situação de sala de aula, durante o tempo real em que ocorre a intervenção. Como escreve Tochon (1989b), "o fato pedagógico refere-se à organização da relação social, aos conhecimentos e à gestão do grupo". Ele se desenvolve no "tempo sincrônico" do ensino, enquanto o fato didático pertence à ordem da "diacronia", do tempo fictício da antecipação dos conteúdos. Podemos, assim, falar da "dupla jornada do professor", retomando a fórmula de Leinhardt (1986). De fato, em sua prática de sala de aula, todo professor exerce duas funções ligadas entre si e complementares, as quais abrangem diferentes tipos de tarefas:

- uma função didática de estruturação e gestão de conteúdos;
- uma função pedagógica de gestão e regulação interativa dos acontecimentos em sala de aula.

Esses dois campos de práticas *articulam-se de maneira funcional na ação* em situações complexas, mobilizando conhecimentos e competências profissionais plurais e de diferentes tipos. Trata-se, pois, de identificar a sua natureza para tentar restituir o seu funcionamento. Como os conhecimentos e as ações estão ligados no trabalho profissional do professor? Os conhecimentos profissionais são conhecimentos SOBRE a ação, DA ação ou EM ação? Esses conhecimentos profissionais são "conhecimentos-em-ação do sujeito", para retomar a fórmula de Vergnaud (1991), ou fontes cognitivas mobilizáveis para a ação graças a "esquemas de pensamento" ou *"habitus"* que articulam diversos esquemas (como o preconiza Perrenoud, 1993b)? É essa questão, objeto do simpósio, que abordaremos aqui.

AS COMPETÊNCIAS E OS CONHECIMENTOS DO PROFESSOR PROFISSIONAL

Entendemos por "competências profissionais" o conjunto formado por conhecimentos, *savoir-faire* e posturas, mas também as ações e as atitudes necessárias ao exercício da profissão de professor. Retomamos a definição de Anderson (1986), que fala em "conhecimentos, habilidades e atitudes necessários para garantir as tarefas e os papéis de professor". Essas competências são de ordem cognitiva, afetiva, conativa e prática. São também duplas: de ordem técnica e didática na preparação dos conteúdos e de ordem relacional, pedagógica e social, na adaptação às interações em sala de aula.

O saber é uma noção polissêmica, e aqui retomamos a definição geral de Beillerot (1989 e 1994): "saber é aquilo que, para um determinado sujeito, é adquirido, construído, elaborado através do estudo ou da experiência". Para diferenciar *saber* de *conhecimento*, adotamos a distinção proposta por Legroux (Altet, 1994) entre informação, saber e conhecimento:

- a *informação* é "exterior ao sujeito e de ordem social";
- o *conhecimento* é "integrado ao sujeito e de ordem pessoal".

O saber situa-se "entre os dois pólos", na interface ou, como diria Lerbert (1992), "em um intermédio interfacial entre o conhecimento e a informação". O saber constrói-se na interação entre conhecimento e informação, entre sujeito e ambiente, na mediação e através dela.

No ensino, as competências abrangem os saberes plurais trazidos pelo planejamento, pela organização, pela preparação cognitiva da aula e pela experiência prática advinda das interações em sala de aula.

As classificações para os saberes que ensinam são muitas e variam de acordo com os paradigmas de pesquisa e com as disciplinas que as construíram (filosofia, psicologia e etnologia). Todas as divisões em categorias propostas, baseadas na natureza do conhecimento dos professores, comprovam a existência de uma pluralidade de *saberes que ensinam*: teóricos e práticos, conscientes e capazes de preparar e guiar uma ação, ou ainda implícitos, empíricos, na forma de rotinas automatizadas e interiorizadas que intervêm nas improvisações ou nas tomadas de decisão interativas na ação.

O trabalho das ciências cognitivas permitiu desenvolver uma corrente de pesquisa sobre o "pensamento dos professores". Os modelos de tratamento da informação e, particularmente, a distinção feita por Anderson entre três formas de saber – o declarativo ("saber que"), o procedimental ("saber como") e o condicional ou contextual ("saber quando e onde") – permitem destacar as diferentes formas assumidas pelos saberes que ensinam e descrever as etapas de transformação desses diferentes saberes, em particular no planejamento, para explicitar os procedimentos de uma ação automatizada pela rotina. Essa abordagem cognitivista colaborou para uma melhor delimitação dos processos de decisão dos professores, sendo o ensino interpretado como uma atividade de resolução de problemas complexos, por raciocínio lógico, indutivo ou dedutivo (Charlier, 1989; Tochon, 1993; Altet, 1993). Por outro lado, tal abordagem não permite identificar a natureza dos saberes subjacentes aos processos de decisão. Os algoritmos, as heurísticas, as regras de ação, os planos racionais preestabelecidos não parecem capazes de explicar o funcionamento adaptativo do professor dentro da ação e frente a uma situação pedagógica sempre singular, incerta e muito complexa. O professor não é um administrador. Tochon demonstra que ele se vale de raciocínios flexíveis, analógicos, intuitivos ou "abdutivos". "A abdução tem a ver com os resultados obtidos pelo instinto, pela introspecção ou pela intuição". Para Tochon, a pesquisa deveria orientar-se para o estudo "das características importantes da especialização profissional que não têm origem no pensamento lógico, mas sim na produção de idéias novas, na criação de soluções originais para situações paradoxais". Ele toma como exemplo um médico especialista que, para chegar a um diagnóstico, vale-se de casos específicos relatados pela experiência e com isso, prevê soluções originais.

Outro modelo conceitual, o do "profissional reflexivo ou reflexivo", de Schön (1983), caracteriza o pensamento de um professor especialista como uma *"reflexão em ação"*, fundamentada em cognições implícitas enquadradas em uma situação que o profissional é incapaz de descrever. É o oposto da *"reflexão sobre a ação"*, que se situa antes ou após a ação e que se baseia em conhecimentos explícitos.

Outras abordagens conferem mais espaço aos saberes profissionais advindos da experiência prática. A corrente fenomenológica que descreve a experiência vivenciada pelo professor nos diz que o conhecimento prático deste seria indissociável de sua vivência pessoal; os saberes profissionais também se desenvolvem em campo, na prática profissional, pela construção singular do sentido. Segundo Tochon (1991), trata-se de "saberes estratégicos", situados na interseção do cognitivo e do afetivo; ou de "saberes pragmáticos", segundo Tardif (1993b): "os saberes dos docentes não correspondem a um conhecimento no sentido usual desse termo; eles se referem muito mais a representações concretas, específicas; são práticas orientadas para o controle das situações, a solução de problemas, a realização de objetivos em um contexto. Em resumo, trata-se de saberes pragmáticos, isto é, no sentido primeiro do termo, de saberes construídos em contato com as coisas em si, isto é, situações concretas do ofício de professor".

Como esses saberes se constroem através da experiência prática? As verbalizações dos professores sobre suas ações e suas explicações informam-nos acerca da natureza desse tipo de saber.

Por nossa vez, propomos a seguinte tipologia de saberes:

1. OS SABERES TEÓRICOS, da ordem do declarativo, entre os quais podemos distinguir:

    – os SABERES A SEREM ENSINADOS, compreendendo os disciplinares, os constituídos pelas ciências e os tornados didáticos a fim de permitir aos alunos a aquisição de saberes constituídos e exteriores;
    – os SABERES PARA ENSINAR, incluindo os pedagógicos sobre a gestão interativa em sala de aula, os didáticos nas diferentes disciplinas e os saberes da cultura que os está transmitindo.

Esses saberes teóricos são indissociáveis.

2. OS SABERES PRÁTICOS, oriundos das experiências cotidianas da profissão, contextualizados e adquiridos em situação de trabalho, são também chamados de saberes empíricos ou da experiência. Também aqui nos parece necessário distingui-los, ao retomar as categorias da psicologia cognitiva:

   – os SABERES SOBRE A PRÁTICA, isto é, saberes procedimentais sobre o "como fazer" ou formalizados;
   – os SABERES DA PRÁTICA, aqueles oriundos da experiência, produto da ação que teve êxito, da práxis e, ainda os saberes condicionais de Sternberg (1985) (saber quando e onde): os *savoirs-faire** e os saberes de ação muitas vezes implícitos; situa-se neste nível o saber do professor profissional que permite distinguir o novato do especialista.

Para compreender como o professor mobiliza tais saberes, que se mantêm não-conscientes na maior parte do tempo, diversos autores introduziram um novo conceito, o do operador, que fala do esquema de pensamento, "um instrumento cognitivo" operatório; para Vergnaud, o esquema "é aquilo que torna a ação operatória".

A abordagem de Malglaive (1990) ajuda-nos a compreender as interações entre os diversos tipos de saberes e a ação. Entre os saberes teóricos, os procedimentais, os práticos e o *savoir-faire*, Malglaive propõe "o saber em uso", o qual articula os diferentes saberes na ação. Ele utiliza o conceito de Sistema de Representação e de Tratamento (SRT) emprestado de Hoc (1987), para representar as operações cognitivas que articulam os saberes e a ação nas práticas profissionais. Os SRTs correspondem a uma "interiorização dos campos de tarefas enfrentados pelo sujeito e nos quais ele desenvolve a sua atividade".

Qual seria a função desses diferentes saberes na ação? Qual é *a relação funcional desses saberes com a ação*? Qual a interdependência entre saberes e ação e qual a sua articulação? Voltemos à questão de Piaget (1974b): como o sujeito pode "ter êxito em pensar" após ter "compreendido na ação"? Parece que os saberes de base utilizados em uma ação desenvolvem-se no decorrer da transformação de uma experiência e de um desempenho em novos saberes, saberes da prática, que permitirão ao sujeito adaptar-se à situação.

Nenhuma forma de conhecimento pode ser reduzida a um saber declarativo, procedimental ou condicional. Como escreve Pieters (1994), "Quando se conhece algo, pode-se conhecer não apenas as informações factuais (saber declarativo), mas também o modo de utilizar esse saber em certos processos ou rotinas (saber procedimental); pode-se ainda compreender quando e onde esse saber pode ser aplicado (saber condicional)".

Nos saberes ligados à ação, intervém outra dimensão, que é a *adaptação à situação*: o saber da prática é construído na ação com a finalidade de ser eficaz;

---

*N. de T. Essa expressão refere-se ao "saber-fazer" em determinada situação.

ele é contextualizado, encarnado e finalizado, transformando-se em um saber adaptado à situação. Essa adaptação do saber é construída a partir da experiência vivida, com a ajuda de percepções e interpretações dadas às situações anteriormente vividas.

A construção do saber oriundo da prática e sua transferência parecem formar-se através da articulação de duas dimensões: a dimensão dos saberes existentes e a dimensão que se refere à "adaptação desses saberes à ação". Isto acontece em dois níveis: o nível das rotinas interiorizadas e não-conscientes e o nível dos esquemas conscientes. Pieters (1994) propõe o seguinte modelo de síntese para a utilização do saber:

Tabela 1.1 Funções do saber em uma tarefa

	Saber declarativo (Como funciona?)	Saber procedimental (Como se faz?)	Saber condicional (Como decidir o que fazer e quando?)
– Automatismo	Encapsulamento Saber rudimentar	Experiência Rotinização	Transferência próxima
– Domínio da rotina – Representação declarativa – Esquemas indutivos – Domínio da adaptação – Representação integrada (compilada)		Encapsulamento	Transferência distante Flexibilidade cognitiva

Adaptada de J.M. Pitres, 1994.

Esse modelo pode explicar a utilização dos saberes oriundos da prática, os quais são *saberes de integração*. O professor reúne um grande número de elementos da situação para se adaptar e agir. Essa articulação entre saberes e adaptação na ação ocorre implicitamente e requer uma reflexão do profissional sobre seus atos.

Esta é a razão pela qual utilizamos o conceito de *saberes intermediários* para analisar, ler, nomear e teorizar as práticas. São conceitos operatórios para *pôr as práticas em palavras*, os quais chamamos de saberes instrumentais e que descrevem a prática. Essas ferramentas permitem o desenvolvimento de uma competência-chave: o *saber-analisar*, uma verdadeira *metacompetência* que permite construir as competências profissionais.

O modelo do professor "especialista-administrador" não é adequado para descrever uma profissão que, antes de tudo, é uma prática relacional, que necessita de múltiplas interações e que sofre limitações de parte de cada situação, além das incertezas provenientes das reações dos demais atores. Ora, a experiência de enfrentar tais limitações e situações é formadora: somente ela permite ao professor desenvolver *habitus* (isto é, disposições adquiridas na prática real e através dela) que lhe possibilitarão, justamente, "fazer face às limitações e ao imponderável do ofício" (Tardif, 1993a). Um trabalho sobre o *habitus* pelo "saber-analisar" fará com que o professor tome consciência daquilo que faz, irá "conduzi-lo à lucidez" (Perrenoud, logo a seguir, Capítulo 9).

UMA FORMAÇÃO BASEADA NA ANÁLISE DAS PRÁTICAS E NA REFLEXÃO

Os resultados das duas pesquisas, DEP e MAFPEN, apresentadas no início do capítulo convergem para alguns pontos importantes:

a. A formação "parte da prática" e "faz refletir sobre as práticas reais". Ela deve "explicar as práticas através da mediação de um questionamento, de uma explicitação".
b. Os professores e os formadores adquiriram seu saber profissional "em campo, na ação, por seus próprios meios, através de sua experiência". O saber profissional oriundo da prática parece-lhes essencial. A formação inicial "iniciou-os" no ofício, mas seu profissionalismo constituiu-se progressivamente através de suas experiências práticas, tendo sido construído por eles próprios. Seja qual for a formação inicial recebida (e as suas formas são extremamente variadas), os professores citam em primeiro lugar a influência de sua formação prática, que lhes fez adquirir "o conhecimento do que é preciso fazer e de como fazê-lo". São exemplos disso o recurso à experiência vivida, o conhecimento íntimo das situações, a imersão no ofício, os estágios para observação do trabalho de colegas, as iniciativas pedagógicas testadas e as inovações. Para eles, a formação profissional é uma construção pessoal que se apóia em ações práticas cotidianas em sala de aula, seguidas da reflexão e da análise dessas ações, análise esta levada a efeito juntamente com um formador, um tutor ou outros professores de mesmo nível. O profissionalismo é construído não só com a experiência e a prática em sala de aula, mas também com a ajuda de um mediador que facilita a tomada de consciência e de conhecimento, participando da análise das práticas, em uma estratégia de co-formação (Altet, 1994).
c. Os formadores dizem que "sentem falta de instrumentos apropriados para analisar as práticas e as situações" e que os conceitos produzidos pela pesquisa didática e pedagógica parecem-lhes capazes de ajudá-los a explicitar suas ações.

Contudo, os saberes pedagógicos são, muitas vezes, empíricos. Como formalizar os saberes provenientes da prática? Que instrumentos de formalização empregar? Como tornar as práticas explícitas a fim de construir as competências profissionais dos professores?

Os dispositivos de ANÁLISE DAS PRÁTICAS e a PESQUISA sobre o processo ensino-aprendizagem parecem-nos ser dois métodos de formação que permitem a construção do profissionalismo através do desenvolvimento de uma metacompetência: o saber analisar.

Na apresentação de uma pesquisa sobre a articulação do processo ensino-aprendizagem (Altet, 1994), fornecemos alguns exemplos de instrumentos conceituais obtidos a partir de pesquisas pedagógicas sobre as variáveis do citado processo, as quais são úteis para a descrição da prática de ensino: funções dos atos pedagógicos, episódios de comunicação e formas de ajuste. A característica específica destes saberes é que eles são produzidos por um pesquisador universitário que também é formador de professores, isto é, "da profissão". Os saberes necessários para apreender a prática somente podem ser construídos por profissionais ou por pesquisadores que conhecem a prática profissional.

Para nós, é *a articulação dos processos de ação/formação/pesquisa e de suas três lógicas heterogêneas* que permite, através de análise, a produção de saberes pedagógicos formalizados (ver Figura 1.1).

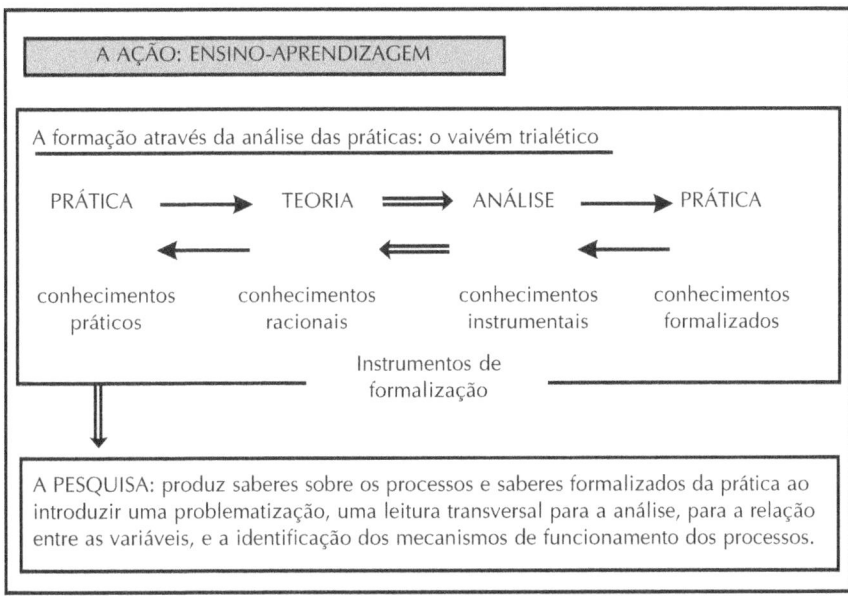

Figura 1.1 Articulação dos processos de ação, formação e pesquisa (Altet, 1994).

A ANÁLISE DAS PRÁTICAS é um procedimento de formação centrado na análise e na reflexão das práticas vivenciadas, o qual produz saberes sobre a ação e formaliza os saberes de ação. Pode ser realizada com a ajuda de dispositivos mediadores, como videoformação, verbalizações de recordações por estímulo ou entrevistas de esclarecimento que favoreçam a verbalização, a tomada de consciência e de conhecimentos.

A trialética prática-teoria-prática é algo que se alimenta de saberes intermediários para nomear, interpretar, distanciar-se das práticas, das situações, das interações pedagógicas, dos instrumentos de formalização e de apropriação da realidade produzidos pela pesquisa.

A formação centralizada em uma prática que procede à própria análise, dentro dos dispositivos de Análise das Práticas (Altet, 1994) é útil aos profissionais e aos formadores para explicitar os conhecimentos empíricos, a partir de confrontações a respeito de suas experiências, assim como com a ajuda de instrumentos de formalização construídos pela Pesquisa: *Ação/Formação/Pesquisa* estão articulados.

Ao construir instrumentos conceituais para nomear e interpretar as práticas e as situações, ao racionalizar os conhecimentos pedagógicos que se transformam em conhecimentos da prática conscientizada, a lógica da Pesquisa conduzida por pesquisadores e professores praticantes pode encontrar a lógica da Análise de práticas em formação, em dispositivos que participam da aplicação de um saber-analisar das práticas e das situações. Essa metacompetência favorece a construção das competências do professor profissional.

Esses saberes pedagógicos, saberes formalizados a partir da prática, intermediários entre os saberes científicos e os saberes práticos não-conscientes, abrangem diversas dimensões:

- *uma dimensão heurística*, porque abrem caminho para a reflexão teórica e para uma nova concepção;
- *uma dimensão de problematização*, pois permitem ampliar a problemática, levantando e determinando problemas;
- *uma dimensão instrumental*, composta de saberes instrumentais e formas de leitura que descrevem práticas e situações que ajudam a racionalizar a experiência prática;
- *uma dimensão de mudança*, uma vez que tais saberes criam *novas representações* e, por isso mesmo, preparam a mudança. São os novos saberes *reguladores da ação*, os quais buscam regrar o problema ou modificar práticas e, a partir daí, tornam-se instrumentos de mudança.

A respeito de seu valor epistemológico, podemos distinguir duas fontes de validade para esses saberes:

- *uma validade a priori* dentro do rigoroso procedimento de investigação;
- *uma validade a posteriori* através da transferência: ocorre quando esses saberes contextualizados são transferidos e corroborados por outros praticantes a novas situações. Os saberes pedagógicos organizados e formalizados são, então, transferíveis e transmissíveis por um discurso argumentado. A reflexão sobre os saberes profissionais e sua explicitação permitem ao professor inventar suas próprias normas estratégicas, as que mais convêm aos contextos, aos alunos, à situação encontrada e que melhor a explica. Assim, passam a constituir a "razão pedagógica" identificada por Gauthier (1993b) e podem ser comparados aos saberes da jurisprudência, que permitem julgamentos sobre as ações conduzidas a partir de casos identificados, como propõem Tardif e Gauthier (Capítulo 10).

Se o professor profissional tomou o lugar do professor administrador, a formação não pode mais consistir em uma modelização das tomadas de decisão, mas deve propor dispositivos variados e complementares que desenvolvam o saber-analisar, o saber-refletir, o saber-justificar através de um trabalho do professor sobre as suas próprias práticas e experiências (ver Figura 1.2). São essas metacompetências que permitem ao professor construir suas competências de adaptação, características do professor profissional.

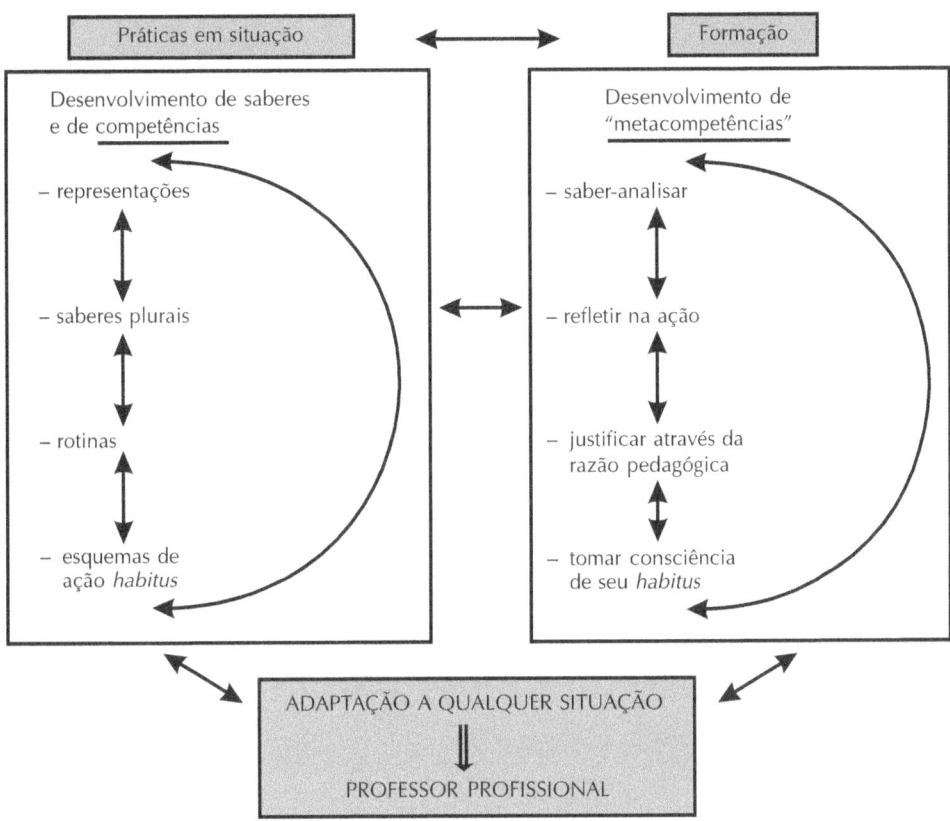

Figura 1.2 O saber-analisar, o saber-refletir e o saber-justificar no cerne da formação de um professor profissional capaz de adaptar-se (Altet, 1995).

NOTA

1 Tal primazia da racionalidade está longamente argumentada por Tardif e Gauthier (no Capítulo 10).

CAPÍTULO 2

TRABALHO DAS REPRESENTAÇÕES NA FORMAÇÃO DOS PROFESSORES

Simone BAILLAUQUÈS

O questionamento das representações tornou-se algo comum no campo da educação. Uma espécie de "moda" parece mesmo ter-se instalado: não há formador ou professor, hoje, que não deseje "fazer aflorar" as representações dos adultos ou dos alunos sob sua responsabilidade. Ele fala em "se apoiar" nessas representações e em "transformá-las", em um impulso poético-didático que poderia muito bem estar ligado a uma mística. Todavia, é difícil evitar a abordagem das representações por aqueles que trabalham com a formação, com o ensino ou, ainda, com a pesquisa nessas áreas. Nós a praticamos, mas talvez sem pôr em prática na mesma medida a devida circunspecção.

Estas páginas representam uma tentativa neste sentido: um ensaio de análise teórica e de reflexão metodológica relativa ao trabalho das representações do ofício e da formação dos professores. Baseamo-nos principalmente em uma pesquisa realizada pelo Instituto National de Recherche Pédagogique sobre a *Modulação da Formação dos Professores* (Baillauquès, Kempf e Rousvoal, 1995). Seu principal objetivo é estudar formas de personalização da formação relacionadas às representações individuais e baseadas nelas.

As *representações* são aqui compreendidas como "instrumentos cognitivos de apreensão da realidade e de orientação das condutas; as representações dos professores podem ser consideradas como um dos meios a partir dos quais eles estruturam seu comportamento de ensino e de aprendizagem" (Charlier, 1989, p.46).

A expressão "trabalho das representações" deve ser entendida aqui em suas três acepções, mesmo que estas não sejam exploradas de maneira uniforme. O termo refere-se:

- aos efeitos das representações do ofício e da formação, tanto sobre o exercício profissional quanto sobre a dinâmica de formação;
- à aplicação de uma formação e ao exercício profissional, os quais fazem com que as ditas representações "funcionem";

– ao trabalho de pesquisa sobre essas representações, particularmente quanto a serem vistas como algo relevante.

Assim, o destaque dado aqui às representações leva-nos a propor de maneira muito particular três hipóteses referentes às três questões centrais desta obra:

1. A natureza das competências profissionais de um professor especialista seria relativa aos pontos de vista dos atores, cada qual tendo sua própria visão dessas competências.
2. O processo central de construção dessas competências poderia talvez consistir em uma evolução das representações do ofício e das representações do "eu" profissional (e vice-versa).
3. Neste caso, uma prioridade para a formação consistiria em fazer com que o estagiário e os professores trabalhassem sobre as representações do ofício e sobre suas representações de si próprios exercendo tal ofício.

Trataremos sucessivamente dessas três hipóteses; contudo, a terceira perpassará toda a exposição. Assim, nossa reflexão atual irá concentrar-se em levantar elementos para a elaboração de uma problemática do trabalho das representações. Para isso, servirão de referência os três pontos mencionados acima. Apresentaremos também os trabalhos realizados na pesquisa já citada sobre a modulação da formação dos professores, quer se trate de instrumentos e de estratégias elaboradas ou de dados já recolhidos.

COMPETÊNCIAS PROFISSIONAIS E REPRESENTAÇÕES DO OFÍCIO E DA FORMAÇÃO

O texto de introdução desta obra apresenta o profissional como um professor reflexivo, capaz de avaliação e de auto-avaliação, de atitude crítica e de tomadas de decisão quanto "à escolha de estratégias adaptadas aos objetivos e às exigências éticas(...) e capaz de, através dessa avaliação, aprender ao longo de toda a sua carreira" (Donnay e Charlier, 1990). Daremos prosseguimento a algumas destas idéias.

Sobre "Modelo" de Ensino e de Competências

Globalmente, podemos pensar que *a definição das competências do professor, seja ele considerado profissional ou não, passa por um modelo esperado desejado, buscado, visado.* Uma tal definição das competências pode provir dos preceptores oficiais da formação dos mestres, de seus organizadores, dos professores futuros ou já em atividade, de seus formadores, dos pesquisadores e cientistas ou da *vox populi*.

Contudo, podemos questionar-nos quanto a isso. Até que ponto o modelo do profissional é explicitado, questionado, reconhecido e aceito? E por quem? (Hameline, 1985; Trousson, 1992). Em que medida ele está apto e chega a relacionar as diversas competências profissionais enunciadas, garantindo-lhes uma significação e uma visão comuns de tal forma que, em troca, essas competências lhe confiram sentido e vitalidade? Como o modelo é transmitido e recebido pelos professores e por seus formadores?

As competências profissionais reconhecidas e aquelas que ainda estão por ser instauradas correspondem, quanto ao discurso que as estabelece, a representações. Como tais, e da mesma maneira que as do perfil de professor ao qual se referem (e – ou – inversamente?), elas irão ao mesmo tempo beneficiar e alimentar – em riqueza e complexidade, mas também em ambigüidade –, o caráter abstrato e racionalizado das dimensões que as compõem tanto quanto seu apoio no concreto, em sua subordinação a este, na sua passagem a níveis menos conscientes e na sua tendência à reificação.[1] Esse conjunto de competências que identificam o professor dito "especialista" (O técnico? O administrador em Pedagogia?) e que compõem (Reduzem? Enrijecem? Deixam em suspenso?) um perfil global do professor a formar corre o risco de ser rejeitado se não for suficientemente questionado e debatido. Ou, inversamente, de se prender e se perder na construção de uma imagem ideal, é bom que se diga, uma imagem modernizada do "bom mestre", com o uso de outros termos e através de argumentos renovados, pelo menos para os responsáveis pelas instituições e para os sociólogos dedicados à profissão. Mas o que pensam os formadores e aqueles que são preparados por eles para o exercício do ofício? Quais são as suas concepções do professor ideal? Elas correspondem a esses enunciados exteriores do mestre especialista?

A questão do "modelo de mestre" tem sido abordada por seus conteúdos e sua influência na psique dos professores. Seja esquema conceitual, figura simbólica ou autoridade encarnada, o modelo de mestre impõe-se como um mestre-modelo. Ele estimula ou bloqueia o desenvolvimento profissional do sujeito de acordo com a intensidade, mesmo em sua recusa, de compromisso com um ideal transformado em dever, ideal este montado prioritariamente como instância ou figura de autoridade (Baillauquès, 1988). Chegamos a um ponto em que podemos questionar em que medida e como essa âncora formada pelas idéias-imagens do ofício de professor (ainda que elas possam apoiar-se em outros pólos [Flament, 1989] e que sejam diferentemente hierarquizadas segundo as categorias profissionais e segundo os indivíduos) permite uma análise mais fina, detalhada e crítica das competências profissionais já exercidas ou a serem adquiridas. Também permite um conhecimento remanejado, reconstruído, enriquecido da profissão. Muitos estudantes de Ciências da Educação e estagiários do IUFM perguntam-nos se "a autoridade é algo que se aprende". Entre os primeiros, há ainda uma expectativa de que os ensinemos "a amar os alunos" ou "a ser pacientes". Essa posição afetiva e essa atitude parecem ser para eles competências a serem possuídas, as mais importantes, talvez as únicas. A concentração das respostas relativas às características do ofício – ao menos para os professores da escola primária – é tão fortemente baseada em seus aspectos relacionais (Baillauquès, 1990; Kempf e Rousvoal, 1994), que podemos reconhecer aí alguma ignorância das realidades da prática como técnica de ensino: algo bastante normal e totalmente admissível para pessoas que não exercem ainda o ofício, mas que não deveria perdurar no tempo.

Segundo recentes pesquisas (MEN, DEP, 1993) que corroboram dados mais antigos (Chapoulie, 1987 e Isambert, 1989), para os professores de séries mais adiantadas, o interesse pela disciplina é geralmente a principal motivação que os levou a esse ofício. Entrevistas com professores estagiários ou principiantes e, principalmente, com os que detêm maior currículo acadêmico confirmam: para muitos deles, é como se a capacidade profissional pudesse ser confirmada desde o princípio apenas pelo domínio da matéria a ser ensinada, como se essa matéria conferisse ao professor autoridade sobre os alunos, que então aprenderiam sem problemas (ao menos para o professor). Chegamos aqui, através de sua tensão conflitual, à função cognitivo-ideológica da representação.

O Mestre (Re)Conhecido

Existe o "saber verdadeiro", o "saber comum" e o "falso saber", a recusa de conhecer e a crença nos conteúdos das representações do ofício de professor e de sua elaboração. A concepção de professor é elaborada a partir de discursos sociais, de posições culturais, de *habitus*. Ela é composta igualmente por projeções de sua experiência com um determinado professor ou com vários professores que ele conheceu quando aluno. Tal concepção inclui e mantém as suas fantasias, suas construções de ideal e suas idealizações. Ele resiste a incluir certos aspectos da realidade profissional que são, portanto, inevitáveis, mas ao mesmo tempo, de uma forma talvez subconsciente, nessa mesma realidade a concepção do professor lida com as suas ignorâncias, contradições, resistências e oscilações entre suas organizações subjetivas e suas manobras de objetivação.

Por exemplo, ensinar, para os estudantes de Ciências da Educação, para os novatos do IUFM e para os veteranos, é antes de mais nada, e com toda razão, uma prática, ou seja, uma atividade em sala de aula. No centro dessa atividade e para essa modalidade, o professor é um personagem que tem seu estilo naquilo que faz e naquilo que é. As outras dimensões do ofício – referentes às relações entre colegas, aos aspectos institucionais, às pressões e às finalidades sociais – aparecem somente bem depois ou nem aparecem nos questionários e nas reflexões coletivas obtidas em nossas enquetes. A atividade em si do praticante, ponto básico da representação, gira essencialmente em torno dos aspectos relacionais: a função cognitiva, tanto para os postulantes e os novatos quanto para seus colegas já em atividade, assim como para os seus formadores nas escolas, aparece em segundo plano se comparada às definições relativas ao trabalho pedagógico.

Nas séries mais adiantadas, como já dissemos, os professores sentem-se mais vinculados ao conteúdo disciplinar. Em abordagens posteriores (e como desvio de manifestações de ansiedade), eles tocam na questão do domínio técnico e das características relacionais do ato de ensinar a partir de sua própria paixão pelo saber e pela capacidade, que eles deveriam possuir, de demonstrar este saber diante dos alunos. Dessa forma, estes, como os próprios professores, também aprenderão. F. Clerc (1994), recordando tais pontos de vista, fala-nos da função de compromisso entre o que é desejado e o que se deseja acreditar, bem como aquilo que se sabe "de qualquer maneira".

Essa asserção relativa à arte de "transmitir paixão" é um exemplo extremo, mas bastante freqüente (nós mesmos já a ouvimos diversas vezes), da dificuldade que pode haver antes da formação e, portanto, antes da entrada no ofício no que se refere a analisar em seus detalhes e diversidade as atividades do profissional, os problemas que ele pode encontrar, as necessidades de preparação e de aprendizagem das múltiplas competências requeridas e, sem dúvida, as soluções para tudo isso. Na representação do professor que se deseja vir a ser há talento, saber e poder – como em um só bloco. Podemos enunciar a seguinte hipótese: o professor, antes de ser racionalmente identificado e aceito (na formação e em sala de aula) por seus esforços, sua eficiência e sua eficácia, é um personagem reconhecido, isto é, procurado e encontrado na experiência individual e coletiva de passado escolar. A imagem de professor que a criança incorporou quando foi solicitada a aprender algo, reapresenta-se no momento de tornar-se professor em suas figuras concretas e em suas teorizações comuns e primeiras para reconstruir-se em uma dinâmica cognitiva renovada. Esta última será ainda mais enraizada nas realidades objetivas, depois questionadas e, por fim, inspirada em uma reflexão conceitualista. Porém, sempre será sustentada, como já dissemos, por experiências e projetos pessoais. É que o mestre conhecido – (re)conhecido – está em relação com o professor desejado por ele e/ou temido, rejeitado, admirado. A representação do ofício – do mestre em seu ofício – coloca-se e funciona como fonte e como objetivo das motivações a ensinar.

As "visões pessoais de si próprio no ofício" também aparecem nos primeiros trabalhos da nossa equipe, trabalhos estes relativos aos projetos pessoais de formação profissional dos futuros professores (Baillauquès, Kempf e Rousvoal, 1994). Apesar de algumas limitações na pré-enquete, pudemos destacar algumas posições interessantes, que colocamos aqui na qualidade de hipóteses: os estudantes, futuros professores em sua maior parte, têm uma imagem bastante singular de si próprios em sala de aula; alguns deles orientam-se principalmente pelo seu próprio prazer (vêem-se tocando violão ou ensinando inglês, porque desejam aprofundar essa língua para si próprios ou porque desejam trabalhar em teatro); outros estão investidos de um engajamento pedagógico militante (quero aprender a avaliar melhor os alunos, para poder avaliar os trabalhos junto com eles, em uma verdadeira democracia); outros estudantes, pelo contrário, "não se vêem" trabalhando... Ou, então, não têm "idéia formada". Todas essas assertivas, assim como as demais, ainda podem ser exploradas. Por outro lado, a afirmação segundo a qual se entra nesse ofício "porque se gosta de crianças" é a tal ponto disseminada e proclamada, e mesmo como que recitada por vezes, que se torna suspeita quanto à sua significação, taxada de formalismo, quando não de proclamação ideológica, questionada quanto à sua coerência com as realidades psicológicas profundas e isto ao ponto de que, em alguns locais, os candidatos que participam das entrevistas de admissão à IUFM e que oferecem tal explicação são alvo de implicância, quando não de grosserias ou mesmo de penalizações por parte do júri... É que pode haver um engodo nas motivações enunciadas... e para começar para os próprios enunciadores.

Poderíamos referir-nos a P. Ricoeur (1965) e a R. Kaës (1976) para explicar e levar adiante as análises de Freud relativas às complexas relações entre representações e pulsões, bem como cada uma delas com o processo de projeção. A representação, assim, declina-se como um processo de reinvestimento em situações, acontecimentos ou personagens encontrados, e objetivados em graus variáveis. Inicialmente a partir deles, como investimento e reprodução da imagem de si mesmo. Como um espaço em que se encontram o interior do indivíduo e os dados que lhe são exteriores, pessoal mas socializada, a representação elabora-se e pronuncia-se em "termos" de discurso. Assim agindo, ela trabalha a apresentação aos outros do assunto por si mesmo, quanto aos projetos de tornar-se professor, no que diz e pensa sobre isso e no que pensa dever dizer: como um personagem recebido/ construído a definir e posteriormente a desempenhar. Nesse sentido, a representação constitui-se em um instrumento de integração social e de identidade profissional. Enraizados na complexidade de suas interações com as motivações que as oferecem e os discursos que as formulam, as idéias-imagens do professor relativas ao ofício e à formação orientarão as suas condutas: inicialmente, quanto à decisão de ensinar e, logo a seguir, dentro de sala de aula. Essas idéias-imagens influenciarão desde então as competências que serão exercidas, determinando, assim, a aquisição dessas mesmas competências.

Impacto das Representações nas Práticas

Diversos trabalhos estudaram o impacto das representações do mestre em sua atividade pedagógica. Um exemplo é o das relações estudadas entre as expectativas dos professores quanto aos alunos, os comportamentos relacionais desses professores e sua prática pedagógica quando estão ensinando e quando estão avaliando.

As relações de papéis e de representação de papéis entre os professores e os alunos também são objeto de análises qualitativas e quantitativas (Gilly, 1980) e de aprofundamentos empreendidos em uma abordagem clínica. Assim, aquém das representações da cena educacional e em relação a elas, foram realizados testes. Eles são ilustrados por toda uma fantasia fantasmática associada ao exercício do ofício. Desejos e angústias pouco a pouco se revelam: ideais relativos ao ofício, e a si mesmo exercendo o ofício, mobilizam a pessoa e a fazem progredir, ou a freiam quando estão embebidas de imagens idealizadas poderosamente atraentes, mas inadaptadas. Imagens da criança e do aluno, da "boa relação" ou da "aula que funciona" podem assim superar a conceitualização ou, no mínimo, a análise do trabalho que será realizado a partir, desta vez, de configurações teóricas.

O grau de coerência entre o modelo pedagógico memorizado, escolhido ou preferido e aquele que é exercido na realidade cotidiana guarda relação estreita com a maneira pela qual o professor vive a situação da questão da autoridade e do poder, do saber, do grupo, em função de seu sucesso profissional, das representações por ele elaboradas e dos investimentos por elas sustentados. Juntamente e no mesmo grau de importância, há que se considerar a situação objetiva com que ele se depara, o local, as condições de exercício e a sua cultura profissional, assim como as referências que ele recebe, de imediato ou como reação às suas próprias, tudo somado a imagens e expectativas de papéis e de comportamentos da parte de seus parceiros. Sua capacidade neste momento de identificação e de gestão de suas próprias definições essenciais (e, portanto, de seu conformismo), de seus investimentos e ansiedades, é posta à prova através de sua competência para gerir pressões externas e internas a ele próprio, assim como as tensões que elas suscitam em conjunto, tanto externa quanto internamente. M.L. Brunel (1990) demonstra que os estudantes escolhem, durante a formação, os modelos pedagógicos mais liberais de um grupo de quatro que lhes é oferecido; contudo, eles retornam a práticas diretivas assim que são confrontados com a prática de sala de aula.

Ruptura nas Representações

Em algum momento, pensamos: "Acabo de me dar conta de algo terrível. Se conseguir passar no CAPES, eu não vou fazer história. Eu vou ensinar história" (Clerc, 1994). Mais adiante, reconhecemos: "Eu achava que teria mais poder, mas o ofício não é assim" (Baillauquès, 1990).

No momento em que assumimos a função, o "choque de realidade" relatado pelo conjunto dos psicossociólogos é relacionado a uma defasagem crucial entre as representações preliminares e as primeiras experiências. É como se, mesmo ao final da formação, os saberes e as imagens que fundamentavam as expectativas em relação ao ofício e a si mesmo em exercício não fossem adequados à situação concreta cotidiana de tudo o que é descoberto, quase que com surpresa, em sala de aula. Ouvindo os professores iniciantes, o que ressalta são as *angústias provocadas pela consciência da responsabilidade na busca de autonomia*. Essa última contém um sentimento de solidão e mesmo de abandono, sendo percebida também com seus riscos e amarras, tanto quanto com as gratificações que oferece. Destaca-se ainda a decepção, para não dizer o desânimo, diante de comportamentos imprevistos dos alunos, incertezas quanto ao desenvolvimento não-previsto de situações, ambivalência dos afetos e fragilidade inesperada de si próprio como professor. Em situação de crise, ele percebe por algum tempo o risco de se desintegrar nesses enfrentamentos com a complexidade de um ofício que se acreditava – e se desejava – fácil. Sente-se desnorteado com a idéia de conhecimentos e competências que não tem, que acreditava possuir ou cuja pertinência não havia percebido. Os comportamentos pedagógicos e racionais ressentem-se de tudo isso e podem submeter-se aos modelos de ensino ditos "tradicionais": coletivos, verbais, rígidos, enunciados como provindos de mestres, buscados nas memórias da infância. O aprendizado adquirido na formação profissional é, assim, abandonado (Baillauquès e Breuse, 1993).

Sem dúvida, esses modelos estão mais próximos de crenças míticas do que de realidades objetivas. A hipótese foi formulada a partir de um arquétipo, o do mestre todo-poderoso, imago severa e tenaz que determina em profundidade o esquema figurativo da representação do ofício e sua "passagem à ação". Esse núcleo de imagens está compreendido dentro de um conjunto que inclui brincadeiras de teatro e de marionetes, caricaturas teatrais e cinematográficas. Ele compreende a angústia e o desejo – e por vezes a ridicularização – dirigidos à vinculação com a autoridade (Baillauquès, 1990).

As diversas hipóteses enunciadas até o momento levantam várias questões relativas à formação institucionalizada dos professores. Elas têm traços da natureza e mesmo da adequação das competências relacionadas à aquisição e ao nível de perda ao qual estas competências estão sujeitas. Também é fundamental a relação com o grau e a eficácia da apropriação dessas competências pelo futuro praticante. É de se perguntar até que ponto da estrutura do sistema das representações a intervenção formadora pode agir e mexer com os saberes, as expectativas e os afetos que já se encontravam aí inscritos. Se, como já o dissemos anteriormente, admite-se que as representações influenciarão as condutas e o nível das competências profissionais, por outro lado não se tem certeza da medida ou da forma pela qual a atividade profissional, ao se desenvolver, intervirá nas significações, nas opiniões e nos valores ligados à profissão.

FORMAÇÃO: UM ESPAÇO DE TRABALHO SOBRE AS REPRESENTAÇÕES

A Defasagem é Mobilizadora?

O praticante, sem dúvida, evolui e forma-se através de seus encontros com outros (colegas, formadores, superiores hierárquicos), mas principalmente sob o efeito da experiência com a classe e de si mesmo em situação de sala de aula. Não somente ele apreende os conteúdos e as condutas úteis a um melhor domínio de seu trabalho, como também de si mesmo, de todo modo, dentro e quanto a seu trabalho. Entra assim nessa dinâmica que o identifica e com a qual se identifica, ao invés de ser "como um conjunto de competências", como "uma pessoa em relação e em processo de construção para o futuro". Procedendo assim, ele estará desenvolvendo o essencial das competências que definem o profissional, tal como ele é identificado, por exemplo, na introdução desta obra.

O professor "autônomo", "responsável", "capaz de avaliação e de iniciativa" na adaptação criativa de seus atos e de suas posturas às realidades do ofício é um praticante que ultrapassa o imediatismo da realização cotidiana de suas tarefas, pois posiciona a relação ensinar-aprender na dinâmica de um projeto para os alunos e para si mesmo na sociedade. Esse projeto dará forma definitiva às tarefas e às ações e operações que o concretizam. Seu projeto pedagógico e seu projeto profissional são projetos humanos: conferem sentido e finalidade ao ofício e a ele próprio dentro do ofício. Ambos concorrem para o reconhecimento construtivo e criativo da identidade profissional e da própria personalidade profissional. Também posicionam o indivíduo dentro de seu grupo e relativamente a ele como ator: no cenário pedagógico, ele é ao mesmo tempo objeto, agente e sujeito da prescrição socioinstitucional. Nessa perspectiva, a prática torna-se uma práxis. O eixo do teleológico, pouco enfocado nos trabalhos relativos à formação do mestre, dá suporte ao questionamento filosófico e ao estudo psicológico, mesmo nas tensões surgidas a partir dessas abordagens.

O profissional do ensino, voltamos a insistir, é um "praticante *reflexivo*". Ele revê mentalmente seu trabalho e a situação por ele organizada e vivenciada, ou que está sendo preparada para otimizar o conjunto de seus atos. Por isso se diz dele que é um "praticante *reflexivo*": ele retorna, sempre em pensamento, para contemplar-se dentro da situação criada. A reflexão sustenta o progresso; ao mesmo tempo, é sua conseqüência. É graças a essa dinâmica de reciprocidade, e porque ela é orientada e mediatizada pela percepção do papel, que ela constitui o fundo, o final e o investimento de toda formação.

Porém, é preciso que se (re)diga, nada disso é fácil. Já destacamos anteriormente as dificuldades, muitas vezes sérias, dos professores quanto à diferença existente entre o momento em que a classe é assumida com o investimento de responsabilidade pessoal na autonomia para as tomadas de decisão e as tentações que representam a imobilidade e a rotina. Estas são conseqüências não apenas de obstáculos institucionais, conjunturas ambientais e freios corporativos, mas também das resistências psicológicas do próprio praticante. São mantidas, quando não fomentadas, pela situação pedagógica na qual interagem investimentos motivacionais inevitáveis, fenômenos de transferência inesperados entre o mestre e seu – ou seus – aluno(s), dentro do grupo e em relação a ele próprio. Elas se estruturam em função do local e do *status* conferido aos diferentes elementos dinâmicos que entram em jogo e conferem sua intensidade e sua maneira de ser à atividade de ensino.

Para qualquer pessoa, colocar-se a distância para melhor observar a própria atividade profissional é algo difícil; talvez o seja mais ainda para o professor, devido aos investimentos psicológicos que caracterizam a relação entre ensinar e aprender. A reflexão do praticante sobre seu trabalho, que implica uma reflexão sobre ele próprio, representa um engajamento crítico em uma auto-avaliação. Ambas as reflexões citadas definem uma ação de retorno às representações da prática e de si mesmo na prática. Elas se referem a normas, mas também a ideais e expectativas do indivíduo e de sua comunidade cultural. Após um conhecimento mais preciso da realidade pessoal e profissional, as reflexões suscitam remanejos, além da renúncia a imagens, valores, crenças e convicções. Esse trabalho, que corresponde ao "trabalho sobre o eu" de G. Ferry (1983), faz parte do processo pessoal e íntimo de formação. Vista sob tal ângulo, a formação define-se através de um conjunto de questionamentos, de adesões e de obstáculos, de compromisso com renúncias, de formalizações, no sentido de alianças e de adesão a novas idéias, saberes e, talvez, novas ilusões. Esse processo de formação é um trabalho de criatividade, mas, antes de tudo, é uma elaboração de luto.

Através de que caminhos e sob que formas a profissionalização do professor pode designar não apenas essa análise da própria atividade – com tudo o que ela implica para a pessoa – como uma competência a ser adquirida, mas ainda instituí-la no treinamento? Em que circunstâncias e condições? Assim, impõe-se não apenas uma reflexão metodológica, mas também deontológica. Ela inclui o questionamento de uma "pedagogia das representações" em seus aspectos mais profundos e delicados. Mais do que citar tais aspectos, queremos destacar o interesse e mesmo *a necessidade de uma adesão mínima do professor nesse tipo de engajamento reflexivo, e mais globalmente, na sua adesão à idéia e às ações de formação*. Em outras palavras, a questão é saber se a decisão de exercer o ofício e o seu próprio projeto pessoal são impulsos suficientemente fortes para manter elevado o desejo de se formar no estudante, no estagiário e depois no mestre já experiente.

Os pesquisadores e os formadores que se dedicam aos projetos profissionais dos jovens em orientação falam da dificuldade e dos limites de um procedimento de individualização da formação que se apoiaria nesses projetos. Em geral os sujeitos em questão não permanecem fiéis ou estáveis quanto à visão que projetam de si mesmos no futuro. Falta-lhes realismo ou, ao contrário, aspirações precisas. Uma reflexão que nos interessa particularmente aqui é a seguinte: os esforços cognitivos fundamentados em projetos de ofício enfim delineados fecham-se em um utilitarismo de conteúdos que, opondo-se ao aprendizado através do prazer, afastam-se e afastam os indivíduos das dinâmicas e das relações culturais. Aumenta, então, o fosso entre as categorias sociais (Rochex, 1992). Sem confundir as populações abordadas nem as situações ou os objetos profissionais que suportam os projetos sociais, podemos questionar a relação estabelecida entre os professores, futuros ou em ação, e seu desejo de ser professor, por um lado; ou suas ações e posturas de – ou em – formação, por outro. É o momento de questionar também a dimensão cultural de suas aprendizagens. A redução aos saberes úteis é talvez uma opção em face das profundas contradições entre a cultura e a pedagogia (De Peretti, 1969).

Desse modo, pode-se pensar que os esforços de aprendizagem serão aceitos e fornecidos na medida do sentido e do interesse que lhes serão conferidos quanto à expectativa de realização de si mesmo dentro e através do exercício da profissão. É ainda necessário que os conhecimentos e as competências a adquirir não estejam muito distantes daqueles que haviam sido pressentidos e do objetivo que havia sido construído com as imagens, idéias, valores e sentimentos que lhe dão personalidade e que fazem com que sejam adotados. Outra condição é a existência de competências e conhecimentos pouco esperados, que devem ser colocados em relação explícita com uma imagem e uma definição reconstruída.

Em resumo, seria tentador afirmar, muito racionalmente, que as atividades de aprendizagem serão tanto mais aceitas, desejadas e exitosas quanto mais se perceberem como algo capaz de preencher a lacuna existente entre a avaliação que o estudante, o estagiário ou mesmo o professor experiente faz de seus conhecimentos, técnicas e posturas e aquilo que é reconhecido como necessário ao profissional.

É na percepção dessas lacunas que surge a demanda de formação do aprendiz, tanto quanto a oferta dos responsáveis e dos formadores. Estes estariam aptos, através da avaliação dessas lacunas, a *definir as necessidades da formação* relativamente às necessidades profissionais. Talvez esta seja uma percepção demasiadamente racional, mas estudos aprofundados demonstram realmente a complexidade, as contradições e o caráter paradoxal da formulação e até mesmo dos fundamentos das demandas de formação.

Algumas Prioridades da Formação

As pesquisas realizadas até o momento (aliás pouco numerosas) e nossos próprios trabalhos (que se encontram no início) já levantam alguns questionamentos cruciais relativamente a no mínimo três pontos:

- As demandas de formação pedem reforço nos conhecimentos e nas competências já adquiridas, na mesma medida que o preenchimento das lacunas, senão mais (Pithon, 1981).
- O segundo ponto refere-se ao próprio sentido e à abordagem da demanda, quando ela existe, e à forma como ela se percebe em seus desvios e falta de clareza: que expectativas e desejos mais profundos se escondem sob uma "formulação formal" como esta e que resposta poderia satisfazer tal demanda?
- Concentrando-nos mais uma vez nas competências profissionais, a questão é se a formação inscreve-se nas representações do ofício de professor. Em caso afirmativo, como essa formação se afigura e a que raciocínios corresponde? Em caso negativo, quais são os pontos de apoio para seu esvaziamento ou rejeição?

O conhecimento do meio docente, através da experiência e de estudos, coloca em relevo o quanto é problemática para os professores a questão da formação, tanto no que eles verbalizam a respeito da parte inicial dessa formação quanto no seu engajamento no princípio e no decorrer do trabalho no Ensino Fundamental e Médio. A formação inicial é considerada "demasiadamente teórica" ou "não suficientemente prática", "muito afastada da realidade de sala de aula" ou "demasiadamente ligada a modelos". Os professores queixam-se que seus formadores "não explicaram o suficiente" sobre as dificuldades que seriam encontradas, nem da influência dos problemas sociais sobre a classe; que não "forneceram informações suficientes" sobre a psicologia do aluno, as técnicas, etc. Acusam-nos ainda de haverem "infantilizado" o ofício (Louvet e Baillauquès, 1992). Por outro lado, eles mesmos são taxados de resistentes à mudança e ao autoquestionamento, de pouco participantes e de conformistas, quando não de apresentarem comportamento infantil; de rejeitarem qualquer teorização e de esperarem de maneira primária por receitas prontas... receitas estas que os formadores evitarão fornecer. Chega-se ao extremo de pesquisadores e profissionais ligados a instituições questionarem as vantagens e os efeitos da formação institucionalizada, tanto para o período inicial quanto para a seqüência do trabalho. Haverá utilidade nessa formação? (Prost, 1973a). Lançamos a idéia da existência de uma "pré-personalidade profissional", mas outros pesquisadores consideram também que, mesmo antes de entrar para a formação, aqueles que chegam à instituição de ensino já estão formados (Lessard, 1991). A formação seria somente mais uma das peças do conjunto que poderíamos chamar de "visão do mestre", que o futuro professor elabora quando aluno e que carrega ao longo de toda a sua formação, quando não de toda a sua carreira.

Hoje, é costume afirmar (embora sem uma análise suficientemente confiável) que *uma boa formação é aquela que leva os profissionais a desejar prosseguir formando-se através de ações concretas*. Nesse caso, porém, o sentido dessas ações concretas precisa ser especificado, como também o dos quadros e das modalidades aceitos e propostos pela instituição aos professores que tivessem cultivado tal desejo e que se propusessem a tais ações. O principal continua sendo tentar destacar quais dessas ações, tomadas relativamente às facilitações e às iniciativas institucionais (estágios, jornadas de estudos, trabalhos em grupo ou individuais, nos locais de trabalho ou no exterior) levam em conta a dinâmica, a vontade e as ações pessoais de formação, assim como o espaço que elas ocupam e os processos que as caracterizam.

Os principiantes no ensino colaboram para aprofundar a reflexão. Nessas circunstâncias, nós nos perguntamos atualmente quais são os critérios para qualificarmos de "formação" qualquer empreendimento organizado em um determinado local para "adaptação ao emprego"; assim como o que pode haver de formação nos iniciantes, quando eles produzem "em cima da hora" capacidades de resposta aos problemas encontrados, e isto sem levar em consideração quais são essas respostas. Os mesmos professores fizeram compreender que na situação real, complexa, móvel, aberta a múltiplas pressões e em total responsabilidade com o ensino, uma outra maneira de formar, diferente daquela vivida até então, é posta em prática ou é descoberta. Ela é personalizada, enraizada nas situações da classe e da profissão, baseada nas atividades locais; é também, nesses locais e dentro desse período de tempo, uma interpelação do sujeito sobre o que ele é, o que ele sabe, o que ele faz, o que ele está se tornando ou deseja tornar-se. É algo personalizado, mas também socializado, e parece muito mais em confronto com a formação inicial instituída do que um seu prolongamento ou complemento. A essa ruptura que é quase anulação alguns chamariam de "autoformação". "Eu me formei sozinho", declaram os professores quando se referem a essa época. Sim, mas formou-se em quê? Esta é uma questão que se mantém constante: basta lembrarmos as assertivas de Huberman (1991) ou de Vonk (1988), que demonstram que a primeira superação das dificuldades iniciais, o primeiro domínio dos grandes problemas imediatos da classe, permanecem sendo os mesmos, posteriormente, para um grande número de professores.

Será suficiente para esses professores o mínimo de domínio profissional, constituído de "remendos" pedagógicos e de pequenos impulsos ou avaliações do trabalho, o qual é tão rapidamente encerrado? Para eles, a formação será considerada uma passagem obrigatória, um parênteses inevitável, rapidamente fechado com a obtenção do certificado de aptidão... Outras opiniões esparsas nas entrevistas com professores informam que "nunca se sabe o suficiente para ensinar", ou sugerem que talvez alguns colegas estejam muito cansados e mesmo decepcionados com o trabalho realizado e que nem podem imaginar "além de tudo continuar a formação". Nesse contexto, isto significa "fazer estágio", no qual serão "questionados demais", "modificados" sem que "realmente o desejem". São tantas as idéias e as imagens que parecem capazes de obstaculizar a ação voluntária de profissionalização, que a última delas mal ousa mostrar-se. Nós nos perguntamos, contudo, se a concepção e as expectativas – quando elas existem – de uma formação definida somente como ensino-aprendizagem de competências profissionais mínimas, essencialmente práticas, estacionadas em um referencial de base, não iriam por si sós ao encontro de uma ação cultivada e desejada de formação pessoal no ofício... Por outro lado, concebe-se a formação como um impulso para além do imediatismo da prática e, ao mesmo tempo, em direção a um aquém capaz de reter os sujeitos, os formadores e os responsáveis à beira de ações mais implicativas, personalizadas e, porque não, culturais. Algo que se colocaria como uma relação de tensão, senão de conflito, diante das definições de uma formação em termos de "ensino profissional", ligada à uniformidade, às normas e à prescrição enunciada e talvez esperada de utilidade e de eficácia, as mais imediatas possíveis.

Tais concepções de formação, obtidas a partir de entrevistas estruturadas em diferentes graus de flexibilidade, de questionários direcionados aos professores iniciantes ou experientes e de suportes situacionais projetivos suscitam algumas interrogações básicas:

- Quais são as representações da formação no ofício entre os postulantes?
- Eles estão convencidos das vantagens e da necessidade de se formar? As ações de formação são importantes para eles na definição das atividades do professor, de seu papel e de sua identidade profissional?
- Em que e como essas representações intervêm no aprendizado e naquilo que eles sentem e, portanto, em que podem influenciar o seu profissionalismo?

Enfim, o interesse concentra-se na evolução das representações da formação durante a profissionalização, no princípio e no decorrer do trabalho e, mais pragmaticamente, no que é posto em funcionamento nas ações e nos processos concretos de formação. O grupo de pesquisa concentra-se na questão das demandas e dos projetos de formação.

A investigação conduzida, portanto, não poderia deixar de ser de tipo básico. O outro objetivo relaciona-se às práticas de formação: do lado daqueles que organizam ou que a "prodigalizam", como entre os atores que se mobilizam por si próprios em ações de evolução pessoal e/ou profissional. A pesquisa tem, pois, uma visão praxiológica e "processual", não no sentido prescritivo, mas sim descritivo e analítico e, em alguns locais, interpretativo.

PRÁTICAS E PROBLEMAS DE PESQUISA SOBRE E A PARTIR DAS REPRESENTAÇÕES

Planejando uma Pesquisa

Dentro da pesquisa sobre a "modulação da formação dos professores", trabalhamos nas duas frentes de representações do ofício e das formações, perguntando-nos permanentemente sobre as suas relações e sobre a representação dessas relações. Diversos instrumentos foram desenvolvidos. Iremos apresentá-los sucintamente.

a. *Um questionário* sobre as representações do ofício foi aplicado a 360 estudantes da pré-profissionalização e do IUFM. Ele foi utilizado em transversalidade (demarcamos a situação em que nos encontrávamos nas respostas em diversos momentos da formação, ou do primeiro ano de exercício, e estudamos sua relação com as variáveis previstas) e/ou longitudinalmente (neste caso, as análises voltaram-se para as evoluções). Nesse instrumento, as concepções possíveis do ofício são abordadas em diversas rubricas. Para além das dimensões consideradas quanto às atividades, às relações dentro da classe e suas finalidades, quanto às expectativas relativas ao mestre e às idéias sobre as relações entre escola e instituição ou escola e sociedade, *a consideração, em um mesmo documento, das motivações a ensinar e dos projetos de carreira fundamenta a modelização daquilo que poderia ser um sistema representativo do ofício*.[2] A esse conjunto agregou-se uma página de itens referentes às representações da formação. A intenção é estudar a relação entre as representações do ofício e as da formação.

b. *Um Q-sort* desenvolvido por M. Levin procura captar a especificidade das imagens, dos conhecimentos e das expectativas relativas à formação para o ensino entre os estudantes e os estagiários que se preparam para exercê-lo. Sua intenção é encarar de maneira mais personalizada, e também mais imaginativa e mais refletida, as reações dos sujeitos diante de proposições às vezes provocantes que os comprometem em suas próprias posições, em relação à idéia da necessidade ou não de se formar, de se engajar em grupo ou de se sentir individualmente engajado, em sala de aula ou de outra forma, quanto a seu próprio desenvolvimento profissional, etc. Enquanto o questionário é, em geral, distribuído anonimamente e abordado individualmente, o Q-sort é praticado no contexto de um grupo, no qual ele pode, na seqüência, dar lugar a discussões, funcionando como uma ferramenta de "formação-reflexão".

c. *Entrevistas referentes a professores marcantes:* os estudantes foram convidados não a "falar sobre as suas representações do ofício e da formação", mas a descrever o perfil dos professores que os haviam marcado em seu tempo de escola. As recordações fizeram surgir nos componentes desse grupo projeções deles próprios na hipótese de vontade real de exercer esse ofício. Haveria também a vontade de se preparar para ele? De se formar? Em que sentido e em que área? E como? Entrevistas livres levaram a uma proposição mais estruturada de reflexão sobre esse tema. Os estudantes realizaram redações que foram analisadas não só pelo que elas dizem do mestre e das dinâmicas (contra-) identificadoras suscitadas, como também pelo que revelam quanto às posições psicológicas entre os escolares e que é recuperado através das lembranças. Predominam entre essas manifestações as características relacionais, a complexidade e as ambigüidades das representações, e é possível marcar o contexto e a temporalidade das gêneses. Nas entrevistas que se seguiram, também foram expressas reticências individuais, pressões grupais, culturais e institucionais.

d. Diversas *"pesquisas-formações"* com base na personalização da formação deram ocasião à análise de certas representações do ofício e da formação, permitindo estudar seus determinantes. Primeiramente, em um instituto universitário de formação de mestres, quatro professores, com a aquiescência de um grupo de estudantes, aplicaram uma "formação modulada".[3] A intenção foi recapitular em conjunto os pontos, as atividades e as noções-chave da problemática de personalização da formação inicial dos futuros professores das escolas, encarados em suas características pessoais e confrontados às necessidades e limitações institucionais e organizacionais de profissionalização.

Paralelamente, uma *"pesquisa-intervenção"* conduzida por G. Ferry em torno do tema das demandas e dos projetos de formação baseou-se na hipótese das múltiplas e recíprocas raízes das demandas, das experiências de formação e dos projetos pessoais em seu contexto habitual de trabalho.

Já F. Tournier (1993) analisa *dispositivos de formação*. Ele mostra que o trabalho das representações não é algo que se instala no vazio, mas que é influenciado pelo contexto, pelas limitações e pelas adaptações tangíveis ou simbólicas em que se inscreve.

Tanto quanto questionar os dispositivos, também é necessário refletir sobre esse apoio da formação nas representações, não apenas daqueles que estão aprendendo o ofício, mas também de quem os prepara. Nessa perspectiva, uma pré-enquete através de questionário permitiu levantar as representações do ofício que são explicitadas pelos formadores.[4]

Portanto, foi através de procedimentos diversos que exploramos as representações. O questionário principalmente, mas também o Q-sort, sob diversos aspectos, são meios de investigação de ordem sociológica, mesmo quando tratam de um objeto psicossocial. Eles são indispensáveis para fornecer aos estudiosos, aos responsáveis pela formação dos professores e aos interessados diretos, contextos e referências de grupos e de categorias, elementos socioculturais, econômicos e talvez históricos, que sirvam como grandes linhas para as reflexões e os projetos referentes à profissionalização dos professores em sua época e em seu lugar. Assim sendo, *permanecemos atentos para trabalhar dentro de uma perspectiva qualitativa, tornando coerentes os procedimentos e as ferramentas de pesquisa em relação a seu objeto. Como a representação do ensino e da formação não é mais do que um produto, o objeto citado é um processo, cujo estudo é particularmente importante para quem se interessa pela profissionalização dos professores.* Ele é pessoal e subjetivo, grupal ou societário e objetivo; está carregado de afetos e do imaginário, sendo ao mesmo tempo intelectualmente elaborado; institui-se em diferentes níveis de consciência; constitui-se a partir da experiência individual (clara ou fantasiada, em graus diversos) e também dos discursos formais. Enfim, o processo a que nos referimos é pluridimensional. Podemos pensar que seja também profundamente "articulacional", se podemos permitir-nos tal neologismo. Para alguém que deseja tornar-se professor, o passado e o presente encontram-se no projeto social e também pessoal do eu. A idéia/visão da pessoa em seu ofício refere-se à sua experiência com os diferentes mestres com os quais teve contato: ela se projeta em seu horizonte e produz-se dentro de um estilo próprio nas expectativas e nos procedimentos de formação. Em resumo, ela se desenvolve onde o indivíduo e o grupo têm pontos em comum, mantendo-se também à parte.

Nossa sensibilidade para essa "ordem das coisas" que tem a ver com a representação encontra sua formulação mais detalhada em Kaës (1989), quando ele enuncia o interesse em "analisar as relações entre o objeto da representação, o processo da representação e a posição subjetiva e social dos sujeitos que os produzem". Ele destaca o "investimento subjetivo do objeto da representação" e o fato de que o "conceito econômico de investimento social ainda precisa ser construído", bem como a necessidade de tratar da questão "dentro da própria situação através da qual a representação é solicitada e obtida".

Nessa perspectiva, os participantes deste estudo privilegiaram as pesquisas-intervenção e optaram por valorizar a expressão e a elaboração individuais mais profundas reunidas em alguns locais das representações do ofício e da formação. Eles optaram também por se engajar em um processo de compreensão que se vale de procedimentos diversificados, integrando ainda mais a experiência e o tempo.

Ocorre que não é grande a distância entre os procedimentos de estudo das representações sob uma abordagem de pesquisa e os procedimentos de análise das representações, cujo objetivo principal é a intervenção imediata.

Rumamos para uma "Pedagogia das Representações"?

Outra finalidade de nossos trabalhos relativos às representações dos professores é de ordem pedagógica e mesmo didática. Os primeiros resultados tendem a demonstrar que levar em consideração as representações contribui para a formação de professores profissionais ao longo de toda a sua evolução.

a. O trabalho sobre as representações serve, em primeiro lugar, para *"sensibilizar" em relação ao ofício*. Trata-se de um trabalho de reconhecimento das motivações e de reflexão sobre elas a partir das primeiras imagens expressas por um princípio de adequação destas às realidades profissionais. Procede-se a atualizações através de discussões e, posteriormente, através de contatos com o ambiente do exercício profissional e com teorizações *entre os estudantes em pré-profissionalização* na Universidade.

b. *Na profissionalização inicial*, quando a atividade pode ter continuidade, a proximidade entre as imagens e as expectativas do ofício e as realidades deste último torna-se ainda maior, dando lugar a movimentos psíquicos individuais e grupais importantes, tanto nas suas redefinições quanto em suas aberturas. O mais importante é a avaliação feita pelo estudante e depois pelo estagiário de si próprios em relação aos saberes, ao *savoir-faire* e às atitudes requeridas pelo exercício profissional. A auto-avaliação organizada pode tornar-se base de um empreendimento modulado de formação profissional... mesmo quando as reflexões emitidas acima quanto aos desvios e às distorções entre a percepção e o discurso relativos às lacunas a serem preenchidas e aos procedimentos de formação permanecem sempre presentes no espírito, uma formação que se apoiaria nas representações em questão sustentaria com um outro grande movimento a atribuição de sentido e de abordagens cognitivas e técnicas realizadas de outra forma do que por eles mesmos ou pelo concurso a ser preparado. Uma formação assim os mobilizaria muito mais – podemos acreditar – estando inserida em um processo de apropriação das competências identificadas em sua necessidade e arrematado do ponto de vista sociocultural.

Desse modo, o praticante poderia tornar-se, na melhor das hipóteses, um criador de seu trabalho, de seus progressos, de seu posicionamento e de suas posturas pessoais dentro da profissão visada, para si mesmo e para o outro. Isto se daria em seu contexto de normas, regras, dispositivos e ambientes. Ele participaria da elaboração psicossocial do papel, atingindo, assim, sua própria concepção deste último, com a projeção de si mesmo nessa abordagem.

Na formação do professor, as relações entre identidade do ofício e a percepção de sua própria identidade para o ofício e através dele, assim como a constituição da personalidade profissional, são marcadas por dúvidas entre forças opostas e até mesmo conflitos, particularmente perceptíveis no trabalho das representações e naquele construído sobre as representações. Tanto como indivíduos abertos, capazes de originalidade e de adaptabilidade criativa e de evolução, quanto como atores sociais, a profissão de educador pede funcionários obedientes e uniformes na sua manutenção de valores e conservação dos saberes; pessoas que coloquem os alunos dentro de modelos. *A atividade pedagógica referente às representações do ofício tem duplo sentido: liberatório e modelizante*. Esse duplo sentido pode bem ser percebido como uma dupla ligação e também pode instaurar esses dois elos. Na linha das pesquisas-ações levadas a efeito por Lewin, o interesse pelas referências e pelo trabalho das dissonâncias cognitivas notificadas por Festinger, assim como pelos processos de redução de diferenças estudados por Sherif, tende à adoção de atitudes, convicções e gestos profissionais comuns. Estes respondem, aliás, às necessidades dos sujeitos, da comunidade e da corporação. Os futuros mestres, assim, estariam conformados a um mesmo perfil que deles se espera no contexto de sua época. Uma tal identidade profissional – quase uma similaridade – seria obtida a partir de textos oficiais enunciados como prescrições do papel de professor: "ele deve..."; "espera-se dele que...". Contudo, as prescrições oficiais devem ser sempre analisadas, pois são tão redutoras e contraditórias quanto imperativas e ambíguas; são submetidas às pressões políticas do momento, confrontadas com influências sociais, históricas e corporativas, marcadas por estereótipos e perturbadas por conflitos.

O saber explorado, trazido ou construído a partir de um trabalho das representações do ofício em um professor constitui uma base para o conhecimento dele próprio relativamente ao papel a representar em sua efetivação das tarefas pedagógicas. Este é o sentimento expresso pelos formadores e pelos estudantes. Mas quais são os seus efeitos reais?

c. *As representações do ofício mudam ao final da pré-profissionalização e da formação inicial?*

Trabalhando sobre a pré-profissionalização e seus efeitos, J. Rousvoal (1993), em sua pesquisa "Modulação", mostrou que havia poucos progressos nas respostas ao questionário. As conclusões provisórias falam-nos de pequenas diferenças entre os professores jovens e os mais experientes quanto aos aspectos essenciais das representações de seu papel (p.8). Quando existem, essas mudanças nas representações ao final da formação são associadas a influências de situações específicas. Referem-se a um maior destaque da dimensão "transmissão do saber" relativamente aos aspectos relacionais (no caso do ensino fundamental) ou dos puramente cognitivos (no ensino médio), os quais permanecem, de qualquer maneira, respectivamente preponderantes.

Referindo-se aos efeitos da formação inicial nas representações dos estudantes, A. Louvet e J.F. Barrault (1985) levantaram informações na contracorrente de suas hipóteses. Eles descobriram uma maior dispersão dessas representações no final do percurso de formação. Para eles, é como se a preparação profissional tivesse suscitado mais questionamentos do que fornecido respostas, ou, poderíamos acrescentar, como se o leque ampliado dos conhecimentos teóricos e práticos do ofício permitisse a cada um encontrar sua posição ou sua "pré-posição" profissional. A questão que surge refere-se à necessidade e ao grau de "recristalização" das representações do ofício antes do grande avanço dos novos professores no campo de trabalho, de uma maneira que os consolida, sem engessá-los na aplicação de sua identidade.

No final do processo de formação, é interessante disponibilizar as precauções tomadas em outros locais. Faz-se, assim, um balanço prospectivo organizado com os estagiários, formadores do instituto e outros, já em exercício nas escolas, acompanhados de conselheiros pedagógicos ou de inspetores. Já em 1984, Breuse e colaboradores integraram essa idéia à sua "enquete sobre as opiniões e as atitudes dos normalistas". Liberado de qualquer avaliação... e talvez liberador, esse balanço colegial (Breuse, 1976) quer ter um papel recapitulador e preventivo, preparatório e mobilizador: atua por vezes como um trampolim para a adaptação ao primeiro posto. Consiste em uma reflexão sobre as expectativas, os medos e as necessidades sentidas pelos professores quanto ao posto a assumir ou, pelo menos, quanto às "idéias" que têm dele, em confronto com a formação recebida.

d. *O que se passa na cabeça do estudante durante o verão que separa os seus últimos dias de formação inicial do seu primeiro dia como responsável por sua primeira classe?*

O que ele é neste tempo de "no teacher's land", de remanejo dos conhecimentos e talvez também das motivações, assim como das expectativas relativas à profissão... e das representações aferentes a tudo isso? Que movimentos se operam no claro-escuro desse período de latência?

Sabemos apenas o que acontece depois – e que já foi comentado nestas páginas: algo que nos permite questionar fortemente os locais e os momentos, as atividades e os processos, que formam os laços entre as representações do ofício e da formação que constroem para si os professores, seus formadores e os responsáveis pelas instituições, e as competências profissionais identificadas, propostas como algo a adquirir, instauradas e reforçadas – ou, na prática, guardadas na gaveta.

CONCLUSÃO

Ao final desta análise, o investimento fundamental do trabalho das representações do ofício e da formação por parte dos professores, que é o da construção da identidade profissional, aparece em toda a sua delicada complexidade. Ele questiona antes de tudo o próprio sentido da formação dos mestres: esta não é somente um treinamento para competências profissionais, mas constitui um processo de integração e de transcendência dessas competências em uma outra visão – para um "projeto do humano". No entanto, devemos perguntar-nos até que ponto pode ser conferida aos indivíduos e aos grupos, estimulados ou levados a exercer o ofício, a autorização para se apropriarem integralmente desse projeto, personalizando a sua aplicação, debatendo-o e mesmo concebendo-o?

A pergunta põe em foco a difícil dialética das relações entre a pessoa e a profissão, entre o indivíduo e o sujeito social... seja ele estudante, formador ou professor em exercício. O estudo desse trabalho das representações leva à questão do procedimento e do desejo de formação em suas relações com as competências profissionais do professor. Sem dúvida, podemos imaginar que tal procedimento e este desejo influenciarão a aquisição ou o reforço dessas competências, mas deveríamos chegar ao ponto de dizer que fazem parte delas? Nosso próprio desejo do ideal nos levaria vivamente a responder pela afirmativa, mas a consciência da sedução ideológica é demasiado forte para não exigir um retorno mais aprofundado – e crítico – a essa questão.

NOTAS

1. Quanto às referências teóricas relativas às representações, propomos aqui, entre tantas outras possíveis, os textos de base de Belisle, C. e Schiele, B. (1984); Kaes, R. (1968); Jodelet, D.(dir.) (1989); Moscovici, S. (1961) e Herzlich, C. (1969).
2. A maior parte da elaboração do questionário sobre as representações do ofício e seu tratamento deve ser atribuída a M. Kempf e J. Rousvoal.
3. Equipe de Melun: Mahieu, P., Montfort, E., Chatain, J. e Lefevre, C.
4. Equipe do IUFM de Nice: Laporte, G., N'Guyen, L. e Rocca, D.

CAPÍTULO 3

A FORMAÇÃO PARA A COMPLEXIDADE DO OFÍCIO DE PROFESSOR

Louise BÉLAIR

Nos últimos seis anos, a administração da Faculdade de Educação da Universidade de Ottawa decidiu utilizar diferentes aberturas de programas para a formação inicial de professores primários. Os objetivos visados eram, sobretudo, encontrar uma ou várias maneiras de conceber percursos que respondessem às demandas dos estudantes-estagiários e também suprir o melhor possível as necessidades sempre crescentes das escolas e dos meios escolares minoritários franco-ontarianos, desejosos de professores mais aguerridos às metodologias novas e ativas.

Vários mecanismos foram testados e possibilitaram percursos originais a muitos futuros professores. Este texto apresenta, principalmente, as últimas descobertas que sucederam esses percursos e visa, através de uma reflexão *a posteriori*, a introduzir uma certa lógica científica. De fato, até então, a organização desse mecanismo era mais intuitiva; tratava-se de uma conduta na ação que se poderia considerar como inovadora. Contudo, primeiramente, situemos essas experimentações no seu contexto.

CONTEXTO SOCIOPOLÍTICO DOS MECANISMOS TESTADOS

As necessidades atuais da população francófona de Ontário somam-se àquelas que se atribui a todo tipo de minoria forçada a defender sua língua, sua cultura e seu lugar em um mundo majoritário, no caso, o mundo anglófono. Essas necessidades fazem com que a escola torne-se o pivô dessa cultura a ser reconhecida e salvaguardada, e de modo que o professor permaneça como um pilar em toda essa apropriação cultural e lingüística. Por outro lado, as estatísticas demonstram que 40% da atual população francófona não conclui seus estudos obrigatórios em francês e que 50% destes não vão além desses estudos (Desjarlais, 1990). Disso resulta um sentimento de derrota na apropriação de um poder político e econômico para os franco-ontarianos. A língua de comunicação privilegiada é o inglês, mesmo nas famílias francófonas (sem esquecer os recém-chegados), e o francês, para uma grande maioria, é falado exclusivamente na sala de aula. Por isso, a demanda atual é ensinar os fundamentos didáticos às crianças, oferecer-lhes um ensino de base nas disciplinas, mas também incitá-las a viver, falar e exprimir-se com a maior freqüência possível em francês.

Os diferentes parceiros da educação debateram durante dois anos sobre as perspectivas da formação de professores* preparados para responder tais desafios. Holh (1994) agrupa-os em quatro categorias, a saber:

- Os professores[1] que se consideram experientes em seu campo de trabalho, como profissionais que teriam a linguagem da prática.
- O sindicato de professores, que visa a proteção dos interesses dos professores não somente em termos de condições sociais, mas também da relação com as inovações impostas pelas instâncias ministeriais. Em geral, seu discurso crítico é condensado em *slogans*.
- O Ministério da Educação, que, por sua vez, tenta responder à sociedade de hoje, faz-se porta-voz das demandas dos pais e da esfera do trabalho. Seu discurso é político e invoca principalmente decisões a serem respeitadas pelos outros três parceiros.
- A Universidade, no âmbito da formação inicial e contínua e acompanhando a diversas pesquisas, pretende questionar a prática, compreendê-la e submetê-la; e para além de formações, utiliza uma linguagem mais erudita.

Ainda que esses parceiros manifestem o desejo de estabelecer pontos de intervenções, o problema atual reside no fato de que cada um tem seu tipo de linguagem e que há pouca comunicação entre eles. Todos acreditam ter o direito de suprimir uma ou outra questão e nenhum, não obstante as discussões e os debates, parece perceber verdadeiramente a importância dos pontos de vista dos outros.

Por exemplo, o Ministério produz programas para a maioria anglófona, estabelece as diretrizes de aplicação nesse sentido e traduz tudo para a minoria francófona. Disso resulta um grande distanciamento entre as necessidades da população francófona e os conteúdos apresentados. Os membros da Universidade, por sua parte, não são efetivamente consultados e, com freqüência, apontam incoerências entre as finalidades e as articulações propostas desses programas que eles devem ensinar, no âmbito das didáticas, aos futuros professores.

Em um outro contexto, destacam-se intermináveis discussões entre os membros da Faculdade e os do sindicato de professores a propósito da organização de estágios de formação prática. Os primeiros desejam uma colaboração estreita e constante entre formadores do centro universitário e formadores de campo;** os outros afirmam que os professores formadores da universidade não têm lugar na formação prática. Essa incompreensão provém justificadamente de uma interpretação errônea da formação que se dispensa à universidade, onde muitos estagiários dizem que ela tem pouco a lhes oferecer, que os estágios ensinam mais e onde

---

*N. de R. Nesta obra, utilizaremos os termos "professores" e "estudantes", no masculino, embora se refiram a ambos os gêneros.
**N. de R. O termo *formador* refere-se aos responsáveis pela formação dos professores.

muitos professores afirmam aos estagiários que os trabalhos e as demandas dos cursos são irrealistas e ajudam pouco na realidade cotidiana da classe.

Para responder melhor às necessidades de comunicação entre os parceiros da educação, revelou-se útil refletir e organizar percursos diferenciados de formação inicial. Sem violar as normas ministeriais, isto é, um programa de oito meses com um mínimo de dois meses de estágio prático, essas aberturas experimentais deram lugar a diversas interrogações sobre a formação para o ofício de professor.

OS PRINCÍPIOS SUBJACENTES AO MECANISMO DE FORMAÇÃO

Os resultados aqui apresentados são da última experimentação feita fora do *campus* com 29 estudantes de ambos os sexos e sete formadores (Toronto), em que foi elaborado um programa de ensino integrado à prática e centrado na reflexão na ação. A logística do programa de Toronto visava a que os estagiários em formação pudessem adquirir competências gerais de base no ensino para poder empreender uma gestão de classe o mais adequada possível, em um tempo relativamente curto. Assim, o ensino foi integrado de tal maneira que as observações e as práticas em classe pudessem ser levadas em conta no curso e analisadas no âmbito de reflexões coletivas e individuais.

Na linha de uma conduta reflexiva, segundo Schön (1994), o ensino foi realizado a partir de necessidades e expectativas dos estagiários após suas observações e experimentações em sala de aula. Assim, um primeiro princípio de organização era favorecer nos estagiários o desenvolvimento de seu próprio estilo de ensino, através de uma apropriação de diferentes estilos existentes, da observação de situações fictícias e reais, da análise de situações, da reflexão sobre elas e das pesquisas em contexto didático.

O segundo princípio que inspirava a conduta visava a uma articulação entre a prática na classe e a teoria, tal como vivenciada no centro de formação, levando em conta o contexto dado. Desse modo, os estagiários podiam confrontar suas reflexões pragmáticas com teorias lidas ou vistas em função de suas demandas. As pesquisas efetuadas permitiam, então, estabelecer uma rede sistêmica de reflexões, na qual a ação estava no centro de suas preocupações. Essa articulação, por outro lado, estendeu-se às situações de estágio, nas quais, desta vez, a teoria é que oferecia pontos de referência para as vivências práticas. Com isso, o estagiário, com a ajuda do professor anfitrião, podia confrontar suas ações, atribuindo-lhes uma função teórica subjacente.

O último princípio de elaboração desse percurso era desenvolver as atitudes necessárias à profissão educativa. Com base em pesquisas realizadas a partir de percursos anteriores de formação (Bélair, 1922, 1993), as atitudes visadas prioritariamente pelos professores entrevistados eram a autonomia, a responsabilidade, a tomada de decisão, a rapidez da ação e a comunicação. No contexto descrito, essas atitudes foram desenvolvidas a partir de comunicações escritas, como o jornal, as apresentações, as reflexões e as leituras. Uma grande parte das ações de formação referia-se, ao mesmo tempo, a atitudes a desenvolver e estilos de ensino a descobrir.

OS CONCEITOS ARTICULADOS NA FORMAÇÃO

À luz da articulação dos princípios de elaboração desse percurso, parece essencial definir os conceitos que, intuitivamente, impregnaram a conduta empreendida. Como afirma Develay (1994, p. 46):

> A competência profissional que os professores têm a adquirir está a serviço de uma certa concepção da aprendizagem que eles têm de implantar com seus alunos.

Aprender

A concepção de aprendizagem exigida pelo Ministério da Educação em seus programas de estudo remete às teorias construtivistas e holísticas, baseadas na transdisciplinaridade dos saberes transversais, em que o aprendiz deve antecipar um resultado, transferir seus aprendizados em diversas situações e criar sua própria dinâmica de formação. Essa concepção de aprendizagem vai ao encontro das de Meirieu (1985) e de Astolfi (1992), os quais afirmam que ninguém pode substituir o aluno em seu aprendizado e que este deve construir para si redes entre os conceitos e ligar os saberes veiculados em classe e em torno de si. Portanto, o programa foi elaborado a partir dessa ótica, para que o estagiário pudesse confrontar seus próprios saberes já estabelecidos com diferentes saberes, tanto eruditos quanto experimentais. Em uma conduta como esta, convém dinamizar o percurso de formação para que este seja o mais transdisciplinar possível e permita, assim, transferir as habilidades desenvolvidas em um contexto para outras situações.

Ensinar

De acordo com essa concepção construtivista do aprendizado, o ensino deve ser concebido mais como uma animação, uma ajuda, um estímulo do que como transmissão autoritária do saber. Artaud (1989) situa bem a relação educativa que, de autoritária no início dos anos 50 e passando a ter um caráter não-diretivo nos anos 70, tornava-se uma espécie de comunicação em que o professor conduz à reflexão para "reavivar esse saber em seu íntimo para estar em condições de levar o aluno a reconstruí-la por si mesmo" (p.135).

Essa conduta privilegia, portanto, um ensino que se constrói como uma ação de comunicação e de tomadas de decisão na transparência e no respeito em relação ao outro, no sentido da transformação de si e do outro. Na linha de Peyronie (1990), o programa de formação devia responder a tais prioridades, estabelecendo essa comunicação entre os formadores e os estagiários tanto em situação de cursos como de estágios. Essa dinamização do ensino permitiu, então, um confronto entre os saberes já presentes dos estagiários, os saberes eruditos, os saberes experimentais e, evidentemente, os saberes ensináveis. Nesse ponto, os mecanismos de formação estabelecidos para responder a essa conduta, como o jornal, as apresentações orais, as contextualizações e as observações, serviram de modelos a transpor para a sala de aula junto aos alunos, e puderam ser retomados em uma conduta de meta-análise, na qual os estagiários refletiam sobre a importância de certos mecanismos após terem vivido eles próprios essas ações como aprendizes. Essa conduta, ainda que em um contexto um pouco diferente, foi explorada nos diversos meios e revelou-se portadora de resultados tangíveis (Hétu, 1988; Carbonneau e Hétu, 1993).

Ser Pedagogo

O fato de respeitar a relação entre várias pessoas que têm como função aprender e ensinar conduz a uma reflexão sobre o sentido a ser atribuído à pedagogia. Gauthier (1993a), em uma concepção mais centrada nos poderes estabelecidos, fala da astúcia do pedagogo diante de um adversário para quem ele deve revelar todos os segredos a fim de "vencer a batalha do aprendizado"; Leinhart e Greeno (1986), mais direcionados à democratização, falam da improvisação ligada à gestão de conteúdos, à qual Yinger (1987) acrescenta várias características de uma improvisação mais ou menos estruturada e mais ou menos consciente do professor especialista. Outros, em uma abordagem mais pragmática (Perrenoud, 1995a; Astolfi, 1992), falam de diferenciação em função de alunos e de situações, com vistas a enriquecer a maneira como os alunos concebem seus aprendizados.

É nesta última perspectiva que o percurso estabelecido e descrito até agora encontra seu lugar. Na classificação de Paquay (1994), o professor pode ser o professor-pesquisador, isto é, aquele que analisa sua prática, coloca questões, reflete e age na ação; segundo Schön (1994), ele é também um prático reflexivo e busca rever constantemente suas ações e compreender seu sentido. Daí a necessidade, segundo Perrenoud (1994b), de desenvolver a capacidade de auto-análise, de auto-avaliação e de auto-regulação, de repensar suas estratégias, de se inspirar em pesquisas de outros e de comunicar para evitar estar sempre reinventando a pólvora no seu canto. Portanto, é desenvolvendo tais habilidades que o estagiário adquirirá sua especialização de professor já no princípio da carreira, através da repetição dessa conduta reflexiva adotada durante a formação inicial.

COMPETÊNCIAS A REDEFINIR E ESTRUTURAR

Como, então, definir as competências de um professor reflexivo, que tem como eixo as necessidades e as demandas de seus alunos e que colabora e discute com eles? Como articular esse referencial com a prática, ao mesmo tempo em que ela se desenvolve com um grupo de alunos e em um ambiente determinado? Como ensinar essas competências, que são afinal pouco teorizadas, mais pragmáticas e, em geral, provêm de atitudes? São tantas as questões para as quais não se parece oferecer verdadeiras respostas.

Contudo, ao longo dos diversos percursos testados, parece surgir uma estrutura que permite a emergência de campos de competências a serem adquiridas pelo novo professor. Esses cinco campos, determinados por professores, conselheiros pedagógicos, formadores, e desenvolvidos por estagiários, permitiram adequar os percursos de formação a fim de responder às necessidades até então inexprimidas. Eles são determinados da seguinte maneira:

- *As competências ligadas à vida da classe.* Elas agrupam tarefas relativas à sua gestão, à organização do horário e do tempo, ao arranjo e à utilização do espaço, à escolha de atividades, à exploração de recursos variados, à adaptação ao clima da sala.
- *As competências identificadas na relação com os alunos e suas particularidades.* Englobam as tarefas que implicam a comunicação, o conhecimento e a observação de tipos de dificuldades de aprendizagem e de mediações possíveis, o conhecimento e a observação de estilos de aprendizagem, a diferenciação do ensino, o encorajamento constante a um envolvimento real dos alunos, a personalização e a individualização de diversas tarefas e atividades, a apropriação de uma avaliação positiva e saudável que permita uma retificação eficaz para cada um.
- *As competências ligadas às disciplinas ensinadas.* Exigem uma apropriação de saberes eruditos que envolvem toda disciplina, uma capacidade de integrar esses saberes eruditos a saberes ensináveis, a partir de vivências e saberes já presentes dos alunos, um planejamento dos conteúdos a serem ensinados através da interdisciplinaridade, um conhecimento aprofundado de programas impostos pelo Ministério a fim de recorrer a eles em função de temáticas abordadas e de necessidades dos alunos.
- *As competências exigidas em relação à sociedade.* São de várias ordens, conforme as interações do professor com o meio. Assim, será preciso estabelecer comunicações informativas com os pais através de boletins e de reuniões; discussões com envolvimentos sociais e profissionais com os colegas; condutas de pesquisa, de inovação e de formação contínua em relação com centros universitários e outros.
- *As competências inerentes à sua pessoa.* São as mais importantes de todo o processo. É, de fato, o saber ser e o saber tornar-se do professor reflexivo sobre sua própria ação e sobre sua conduta. Ações como a busca de sentido, a apropriação de novas estratégias, a experimentação de técnicas ou de métodos diferentes merecem atenção, mas a competência será demonstrada pelo questionamento contínuo e cotidiano do professor, e por uma tomada de decisão clara logo após os acontecimentos da jornada.

Esses campos de competência permitem, então, visualizar o percurso desenvolvido e descrito aqui. Os estagiários e futuros professores de ofício devem cobrir todos esses campos de competência de acordo com suas necessidades, suas forças e suas fraquezas, em um contexto mais personalizado, no qual os cursos servem de pontos de referência para suas reflexões originadas de suas práticas em sala de aula. Sem atingir a todos, sobretudo porque seria mais difícil avaliar esses êxitos, o futuro professor deve percorrê-los e prever, conscientemente ou não, um plano de formação pessoal, tendo em vista apropriar-se deles ao longo de toda a sua carreira.

Nesse contexto, para cobrir o mínimo que seja esses campos de competências, não basta estruturar a formação sob a forma de uma alternância entre a escola e a universidade; não basta tampouco alternar os cursos teóricos e os espaços práticos.

Trata-se, antes de mais nada, de articular o percurso de formação a partir da prática, a qual se torna então o centro desse aprendizado para o ofício de professor. Nessas condições, é preciso permitir aos estagiários e aos professores que os recebem desenvolverem uma colaboração entre adultos, visando a construção de uma harmonia em que cada um tem seu lugar, com suas escolhas epistemológicas, suas crenças, suas atitudes e seu estilo (Koerner, 1992). Faingold (1993b) também confirma essa posição quando sugere que o estágio seja um lugar onde o aprendiz deve apropriar-se de situações, reformulá-las, padronizá-las, experimentá-las e analisá-las com a ajuda de sugestões de mediação por parte do professor anfitrião. O percurso desenvolvido aqui apresenta esses diferentes aspectos por uma centralização no estágio, uma análise das práticas, uma formação de professores associadas a essa formação e uma mediação tanto por parte do professor anfitrião quanto dos formadores do centro universitário.

Estabelecidos esses diversos princípios, conceitos e campos de competências, seria bastante lógico apresentar em detalhe o mecanismo de formação testado. Para não alongar o texto, nós na verdade apenas resvalamos aqui e ali alguns aspectos-chave desse mecanismo. Trata-se agora de verificar se essa formação testada foi eficaz e de abrir algumas perspectivas, tendo em vista uma padronização das práticas.

EFEITOS DE FORMAÇÕES TESTADAS

Primeiramente, resumiremos os eixos essenciais do conteúdo da formação:

- a aprendizagem é definida como um processo organizado pela pessoa que aprende;
- o ensino é definido como uma ação de comunicação orientada no sentido da transformação do aprendiz em sua formação;
- a formação implica a necessidade de se auto-avaliar e de se questionar regularmente sobre suas ações para compreender seu sentido;
- as competências a serem adquiridas pelos estagiários dizem respeito à classe, à sociedade, às disciplinas, mas também ao aluno e a si mesmo.

Para que as representações dos futuros professores quanto a esses diversos conceitos evoluam, a formação foi estruturada segundo uma conduta indutiva a partir das aquisições de cada um e de seus saberes com referência a situações concretas que permitissem uma reflexão sobre o ofício; uma pluralidade de condutas e de estratégias deveria favorecer a aquisição dessas competências essenciais. Esse percurso teve como eixo a transformação da pessoa; ele visava a que todo estagiário tomasse consciência de suas próprias ações e de suas representações de seu universo futuro. Será que esses objetivos foram atingidos?

No âmbito de uma avaliação da conduta de formação, foi implantada uma pesquisa sobre a evolução das representações dos estagiários a propósito dos conceitos de ensino e aprendizagem ao longo do ano de experimentação. Como foi ressaltado por Elbaz (1983) e retomado por Develay (1994), é necessário "... utilizar as representações para, através das divergências que elas exprimem, conseguir trabalhar os obstáculos" (p. 124). Assim, as representações, requisitadas sob forma de definições escritas quatro vezes por ano, serviram primeiramente para ilustrar as evoluções dos estagiários, mas também permitiram uma tomada de consciência de sua própria evolução através de uma retrospectiva das definições feitas ao longo de toda a sua formação.

As pessoas interessadas enviaram suas cópias para fins de análise da evolução de suas representações teóricas relacionadas aos dois conceitos. Nas análises realizadas, a evolução é acentuada e demonstra claramente a importância de cada fase desse programa e, ao mesmo tempo, reafirma a necessidade de articular a teoria e a prática. Eis alguns exemplos (extratos) relacionados ao ensino, seguidos dos comentários necessários:

1º caso:

Setembro:
"... Ensinar é a oportunidade de transmitir conhecimentos, valores, de educar as crianças mais ou menos como fazem os pais..."

Outubro:
"... Comunicar conhecimentos, aptidões e atitudes... mantê-lo atento e disciplinado para que esteja aberto ao aprendizado..."

Novembro:
"Ato de conduzir o aprendiz. Levá-lo a descobrir o mundo e a gostar de aprender..."

Fevereiro:
"... Um processo para conduzir o aprendiz em seus aprendizados, para que haja transferência de conhecimentos e de atitudes... dando de si..."

2º caso:

Setembro:
"... Ensinar é a oportunidade de aprender, despertar o interesse dos alunos..."

Outubro:
"... Levar o jovem a aprender, fazê-lo viver (...) tocar sua vivência e sua experiência..."

Novembro:
"Assegurar-se de que ele conhece bem seus aprendizes e dar o tom à classe"

Fevereiro:
"... Um processo em contínua mudança... conservar uma moral sólida e uma atitude positiva..."

O primeiro caso mostra uma tendência a conceber o ensino a partir do contato e da relação entre o professor e seus alunos, em que se percebe a passagem de uma concepção mais transmissiva do professor para uma abertura à participação do aprendiz em seu aprendizado. A evolução ilustrada no segundo caso é marcada pela utilização progressiva de um vocabulário mais relacionado às teorias construtivistas e transformacionais.

No que diz respeito à aprendizagem, o comentário geral dos estagiários, na primeira seção, é que era praticamente impossível definir esse conceito. Contudo, os trechos seguintes apresentam uma evolução na apropriação da conduta de aprendizagem:

1º caso:

Setembro:
"... Aprender se faz *progressivamente alternando a teoria e a prática* para efetuar um retorno à teoria..."

Outubro:
"... *Crescer,* partilhar sua vivência e viver independente para abordar os problemas..."

Novembro:
"... *Reconhecer-se em sua vivência* e tirar vantagem do processo de aprendizagem através de ações e de retroações..."

Fevereiro:
"... Um *processo* em que o aprendiz vive, toma decisões, resolve problemas e está em situação de pesquisa... e não somente na classe, *mas o tempo todo...*"

2º caso:

Setembro:
"... Aprender é um processo *para dominar a matéria* e a maneira de compreendê-la..."

Outubro:
"... *Processo de aquisição de conhecimento* com a condução do professor, partindo de sua vivência... é contínuo..."

Novembro:
"... *Processo de aprendizado que parte de sua experiência*, que o leva a colocar questões e deseja ir mais longe."

Fevereiro:
"...*Processo de descoberta de conceitos novos através de seu trabalho*, sua vivência e suas buscas, a ajuda de pessoas-recursos..."

O primeiro caso vê o aprendizado como um estado pessoal, mas o estende progressivamente a um meio de vida permanente. O conceito de aprendizado, tal como ilustrado no segundo caso, demarca-se mais por uma evolução em função do objeto e do processo de aprendizagem. Percebe-se, então, uma progressão no sentido de uma abertura e de uma integração de conceitos teóricos com realidades da sala de aula.

Na última seção, as análises de cada uma dessas representações levaram os estagiários a redefinir tais conceitos, e a discussão que se seguiu demonstra a aquisição de uma linguagem decorrente de um saber erudito pouco habitual nos grupos em formação inicial. Dessa forma, pode-se postular que a pesquisa e a reflexão na ação permitiram a essas pessoas se instrumentalizarem melhor e compreenderem mais a contribuição teórica e sua importância em sua realidade cotidiana de ensino.

Esta análise de discussões e representações dos estagiários destaca a importância de prever estratégias de formação inicial transferíveis a situações concretas de sala de aula. Resta que o fato de viver uma situação, de comentá-la, de analisar seus efeitos positivos ou perversos permite a cada um compreender melhor sua importância para os alunos em sala de aula. Paralelamente a isso, constata-se que muitos estagiários sentiram a necessidade de se reabastecer do ponto de vista teórico a fim de responder eficazmente à realidade à qual eram submetidos no estágio. Diante disso, contata-se mais a longo prazo que alguns prosseguem sua graduação em uma ou outra das problemáticas desenvolvidas nesse programa, ou simplesmente decidem dar uma orientação diferente a sua carreira, sem esquecer, por outro lado, os princípios refletidos na formação; à guisa de exemplo, um estagiário iniciará no próximo ano seus estudos em medicina, no âmbito de um programa de formação dirigido à contextualização e à resolução de problemas.

Em uma outra experiência, que se seguiu a uma demanda feita dois meses após o fim dos cursos, foi possível constatar que certos estagiários haviam repensado sua concepção do ofício. Embora não se trate de uma pesquisa generalizável, pode-se constatar que as representações do ofício de professor, como foram feitas por esses estagiários, estão mais relacionadas às competências que têm como eixo a comunicação positiva gerada pelo professor e pelos alunos, que a observação assume um papel importante no ofício e que a mediação torna-se a pedra angular da ajuda ao aprendizado que se pode conceder aos alunos. Nenhum enunciado fez menção à capacidade de transmitir conhecimentos ou à eficácia do "controle" da classe. Pode-se perceber, portanto, que as tendências manifestadas visam a uma abordagem integrada do ensino, baseado no respeito ao outro e, sobretudo, na ajuda ao aluno em uma situação em constante comunicação.

QUE PROCESSOS ATIVAR NA FORMAÇÃO?

O ofício de professor é adquirido em uma articulação entre as situações vividas (fictícias ou reais) e as teorias que tentam explicá-las através de uma generalização de processos. As formações que têm como eixo conceitos teóricos não apoiados verdadeiramente na realidade fazem com que o futuro professor não possa retomar tais conceitos posteriormente quando ele se situa em sua prática. Disso decorre uma grande distância entre uma formação acadêmica que acaba revelando-se inútil e uma prática intuitiva que responde aos imprevistos e aos problemas do momento, dando, assim, a impressão de um eterno recomeçar.

Portanto, o percurso de formação esboçado neste texto sustenta que o aprendizado de um ofício complexo como o ensino, deve compreender, ao mesmo tempo, uma teoria associada à prática e uma prática decorrente de uma teoria. Tal forma de articulação proposta implica, então, uma alternância entre o centro de formação e a escola; implica, sobretudo, que cada formador suscite em seu próprio meio a emergência de aspectos teóricos ligados às problemáticas vividas pelo estagiário.

A abordagem reflexiva, entre outras, das representações dos conceitos sugere uma formação mais personalizada, que possa ajudar cada um a determinar suas próprias competências e aquelas que ainda lhe resta adquirir. Nessa linha de pensamento, muitos estados americanos realizam uma formação através de *"mentoring"* (Jerich, 1990), em que o "mentor" torna-se o amigo e ajuda na autoformação do iniciante já alocado em uma escola, após uma formação inicial. A inovação do percurso definido adquire significado quando se introduz essa dimensão tanto no centro de formação quanto nos locais de estágio. Desse modo, um problema levantado por uma situação concreta pode ser tratado com o professor anfitrião, podendo também ser discutido nos seminários de mediações organizados pelo centro de formação. Nesse contexto, parece que esses formadores trabalham em colaboração e fazem emergir os aspectos mais questionados do ofício de professor para além das didáticas e das metodologias.

Se definimos o "bom professor" como aquele que tem como eixo de suas ações o aprendizado e que, desse modo, torna-se o elemento detonador de uma transformação do aluno em seu encaminhamento pessoal, é desejável que a formação inicial seja organizada nesse mesmo sentido, favorecendo uma "meta-análise" das situações de formação. Nesse caso, o formador, quer se encontre no centro universitário ou em campo, representa o elemento detonador do aprendizado do estagiário, permitindo ao aprendiz descobrir suas forças e atenuar suas dificuldades. A formação não pode ser percebida como uma lista de aquisições lineares, cuja soma equivale ao todo. Pelo fato de compreender um conjunto de tarefas complexas e exigir saberes experimentais, esse ofício é ensinado mais do que tudo em uma relação com essa complexidade e na organização personalizada de aprendizados nessa rede de tarefas; trata-se de valorizar as atitudes que dão conta da globalidade do ofício de ensinar, mais do que a soma descorticada de competências múltiplas.

NOTA

1. O termo professor (*enseignant*) designa aqui a pessoa que atua na escola, também chamada especialista (*expert*); professor universitário (*professeur*) designa aquele que atua na Universidade ou no centro de formação; estagiário (*stagiaire*) ou estudante (*étudiant*) indica o futuro professor, também chamado iniciante (*novice*); aluno (*élève*) indica a criança de 4 a 12 anos.

CAPÍTULO 4

FORMAÇÃO PRÁTICA DOS PROFESSORES E NASCIMENTO DE UMA INTELIGÊNCIA PROFISSIONAL

Michel CARBONNEAU e Jean-Claude HÉTU

INTRODUÇÃO

Já há três anos, trabalhamos para montar um banco de situações pedagógicas em vídeo. No início, o objetivo visado era essencialmente dispor de um material que permitisse proceder à análise do ato pedagógico, tendo em vista obter daí o saber da experiência do professor. Mas, simultaneamente aos registros, ocorreu-nos a idéia de estruturar um curso cujo elemento principal seria este banco de vídeos. Essa experiência iria envolver-nos em um processo de reflexão sobre os saberes práticos e a formação. O presente texto constitui uma forma de síntese provisória. Nele abordaremos nossa experiência de formação para a prática, uma tentativa de padronização e a formulação de princípios de formação para a prática.

UMA EXPERIÊNCIA DE FORMAÇÃO PARA A PRÁTICA

Preliminares

A pesquisa sobre o profissionalismo do ensino deu lugar a uma tamanha explosão de terminologias relacionadas às competências e aos saberes dos professores que se poderia duvidar de sua contribuição real para um conhecimento maior do ato pedagógico e de seus fundamentos (Raymond, 1993). Ao optarmos por falar em saber prático, nossa intenção não é alimentar um debate nem tampouco reunir uma escola de pensamento. Desejamos simplesmente recorrer a um termo que não tem outra pretensão senão referir-se a um conjunto de meios ao qual os professores recorrem no exercício cotidiano de sua profissão. A palavra já se presta à confusão, apesar ou por causa de seu predicado. Pode-se de fato pretender que o prático recorra apenas a um saber prático no fogo da ação? Certamente não, pois, sem dúvida, ele também recorre a um saber acadêmico ou a saberes acadêmicos múltiplos, isto sem falar dos saberes culturais e outros. E eis que ressurge a armadilha da dicotomia teoria-prática!

O modelo de formação proposto por Saint-Arnaud (1992), em continuidade aos trabalhos de Schön (1983,1987,1988), procura contornar a dificuldade do arranjo entre o saber científico, particularmente em sua dimensão aplicada, e o saber prático, fazendo intervir o princípio organizador dessa formação. Mesmo que não seja evidente que isto evita a armadilha, na medida em que uma preparação para a intervenção dificilmente pode fazer abstração daquilo que a ciência diz das condições dessa intervenção, seu discurso do método (em que a ciência-ação, diferentemente da ciência-aplicada, resulta da competência na ação para a qual contribui) tem o mérito de operar um deslocamento da ênfase. Depois de um certo tempo de prática, o saber acadêmico torna-se o segundo, enquanto a prática profissional torna-se o primeiro na conduta empreendida pelo profissional para continuar a construir sua competência. Além disso, nessa perspectiva, o saber acadêmico privilegiado na formação é aquele resultante da reflexão sobre a ação da qual são obtidos leis e princípios, ou seja, um saber estreitamente associado à intervenção.

É essa competência ligada à ação, essa ciência-ação, que nos interessa aqui e da qual certas facetas nos foram reveladas à luz de um novo dia no contexto de nosso curso.

Por outro lado, convém lembrar que a centralidade na intervenção remete ao ator que a produz. Como assinala Haramein (1991), não se pode conceber a interação entre saberes práticos e teóricos sem um ator que a porte. De acordo com esse ponto de vista, a transformação da prática educativa e do saber do professor está estreitamente ligada à transformação da identidade pessoal e profissional. Essa dimensão revelou-se importante no momento de circunscrever o saber da experiência da professora envolvida nesse projeto. As representações implícitas ao saber prático são carregadas de sentido, e isto exige muito respeito e atenção por parte dos observadores externos. Levar em conta tal perspectiva é determinante no desenvolvimento da abordagem de formação prática dos aprendizes em nosso curso.

O Material em Vídeo e a Pedagogia do Curso

Os registros em vídeo foram realizados em uma classe de 4ª série da escola fundamental (crianças de 10 a 11 anos) com a ajuda de quatro câmeras telecomandadas, instaladas permanentemente nos muros do local. Doze microfones distribuídos na classe permitem captar relativamente bem as interações professora-alunos e, em geral, mesmo as interações entre crianças. Nesse dia, foram produzidas mais de 60 fitas magnéticas, que tratam da organização e do funcionamento da classe, de intervenções didáticas e de experiências vividas por estagiários nessa classe. Os modelos de intervenção limitam-se, portanto, a esses veículos na abordagem da professora e, em alguns vídeos, na dos dois estagiários acolhidos pela professora, nos últimos dois anos, no âmbito de seu programa de formação inicial; entretanto, as situações registradas são numerosas e variadas.

Os vídeos a que nos referimos resultam de montagens reduzidas a sua mais pura expressão. Os registros, em geral feitos semanalmente, têm duração de aproximadamente uma hora e são filmados sem interrupção. A estratégia de montagem consiste em reter as seqüências que apresentam uma unidade e constituem um todo coerente. A título de exemplo, se o registro de uma hora comporta mais de uma atividade (recapitulação de uma lição anterior, correção de exercícios, introdução de uma nova noção, instruções sobre o funcionamento do grupo e sua gestão disciplinar, etc.), uma montagem reterá apenas um desses elementos, a menos que a ênfase seja dada à gestão da transição entre atividades. A duração da montagem raramente ultrapassa 25 minutos, seja pela correspondência à duração da atividade registrada, seja pela preocupação de evitar os "tempos mortos" que nada acrescentariam à compreensão da estratégia de ensinar ou da dinâmica de aprender dos alunos. O objetivo é estar o mais próximo possível da realidade ou do cinema-verdade.

O curso-alvo no âmbito do qual decidimos trabalhar nestes últimos dois anos intitula-se *O professor em face dos modelos de intervenção* e é dirigido aos estudantes do primeiro ou segundo anos do *baccalauréat** de formação inicial de professores da educação infantil/escola fundamental. Pensamos em usar abundantemente os vídeos a fim de prover nosso ensino de raízes concretas. Portanto, a abordagem constitui uma forma de retorno à exploração de protocolos (ver Cruickshanks e Haefele, 1987) para fins de formação.

Nas seções do curso, diferentes modalidades de visualização foram exploradas, todas visando a assimilação de conceitos ligados à compreensão e à análise da gestão da classe. Conforme a natureza do vídeo e os conceitos que eram objetos de estudos, as visualizações precediam ou seguiam exposições teóricas ou discussões de grupo. Em algumas ocasiões, os estudantes tinham de imaginar uma intervenção didática ou pedagógica correspondente a um determinado vídeo. A visualização prosseguia para ilustrar a resposta do professor e dar a conhecer uma reflexão sobre as outras respostas ou abordagens possíveis. Do mesmo modo, as discussões de grupo variaram em sua forma, algumas ocorrendo em um grande grupo, em torno de 35 estudantes, e outras ocorrendo em subgrupos de 5 a 7 estudantes.

A duração dos vídeos utilizados variava de 7 a 25 minutos. A experiência rapidamente permitiu constatar que a capacidade de concentração dos estudantes durante a visualização não ultrapassava 25 minutos, salvo exceções, e que a duração ótima variava entre 10 e 20 minutos. Nas seções do curso, com duração de três horas, era possível assim proceder a duas visualizações, sobre temas afins ou não, cada uma ocupando metade do tempo.

Assim, todas as exposições do curso foram seguidas ou precedidas de projeção. Se a idéia original era aproveitar um material audiovisual que nos parecia interessante, o planejamento do curso logo nos colocou diante da contradição de que a própria fórmula do curso era portadora. De fato, embora os vídeos tenham surgido da vontade de circunscrever a prática de uma professora experiente na sua realidade cotidiana, eis que nos deparamos com a situação de querer iniciar os estudantes nessa realidade através da imagem, isto é, através de uma representação apenas parcial dessa realidade e, ao mesmo tempo, dessa professora experiente.

---

*N. de T. O *baccalauréat* (bac) corresponde ao grau universitário conferido pelos exames de conclusão do ensino secundário na França.

Reflexões Decorrentes da Experiência

A análise da experiência do ano anterior (Carbonneau e Hétu, 1993) permitiu concluir com êxito o empreendimento, não obstante sua contradição. A reflexão lançada para compreender esse êxito levou à formulação de uma hipótese segundo a qual a visualização de numerosos "vídeos-verdade"[1] teria conduzido os estudantes a se projetar na ação da professora para, de algum modo, definir uma primeira identidade profissional e uma primeira gestualidade profissional por antecipação interativa. Essa hipótese apoiava-se no fato de que, em um balanço no fim do curso, os estudantes testemunharam um importante questionamento interior sobre o seu agir profissional no futuro, sinal de que a conduta proposta para o curso foi a oportunidade de um contato com a realidade profissional, ainda que simbolizada. Uma leitura construtivista do evento sugere que o curso tornou possível uma ação interiorizada, é certo que antecipadora, mas que contribuiu para a construção de um "pensamento profissional" nascente nos estudantes.

A retomada da fórmula no curso do inverno de 1994 levou a atribuir à professora um papel mais sistemático, através de um documento de acompanhamento no qual ela própria comenta cada um dos vídeos apresentados.[2] Dessa vez, o curso colocou-nos em contato com uma outra dimensão do aprendizado dos estudantes, com uma outra faceta de sua conquista de uma competência profissional. Nossa nova questão inscreve-nos à margem de nossas reflexões anteriores, na medida em que não apóia nem invalida nossas primeiras leituras; ela se refere a um outro registro e, sem dúvida, poderia ter emergido um ano antes, por menos que estivéssemos presentes nessa outra dimensão da vivência dos estudantes. Porém, esse questionamento é trivial, pois remete à ausência de uma visão de conjunto nos estudantes ou a uma falta de distanciamento, de um tempo para analisar um evento pedagógico. A constatação bastante simples é de fato que eles não chegam a ver a seqüência visualizada em uma continuidade, a apreendê-la como elemento de um todo, tanto temporal quanto cognitivo. Cada acontecimento é tomado como definitivo, cada gesto feito pela professora é visto como irreversível, cada julgamento emitido é considerado inapelável.

Além do efeito redutor inerente ao meio, a questão não seria aí a inexperiência? Como esperar outra coisa de estudantes que não têm do ensino a não ser a lembrança que lhe resta de seu passado de escolares, apenas reavivada por um curto estágio? Essa perspectiva não resultaria de um longo e complexo processo de integração muito bem circunscrito nos estudos sobre a inserção profissional? Sem dúvida, mas é instrutivo justamente observar mais de perto o que essas reações traduzem como diferença entre um olhar de aprendiz e um olhar experiente.

Alguns exemplos de reações aos vídeos são esclarecedoras. Já no ano anterior (Carbonneau e Hétu, 1993), nós nos impressionáramos com a superficialidade que emanava dos comentários dos estudantes; seu principal componente era afetivo. Assim, seu primeiro reflexo era identificar-se com os alunos, o que os levava a deplorar a atitude considerada muito autoritária da professora. Contudo, eles reconheciam, ao mesmo tempo, o caráter muito descontraído do clima da classe. Por outro lado, dificilmente chegavam a qualificar a pedagogia da professora, como se não conseguissem distinguir o essencial do acessório. Finalmente, quando eram solicitados a antecipar a intervenção da professora imaginando uma intervenção possível, suas simulações tinham como eixo essencialmente a dramatização da situação, em detrimento de um componente mais didático, por exemplo, introduzir longamente uma lição sobre as frações imaginando uma pequena comédia, em vez de problematizar a noção de relação.

Este ano, somaram-se novas observações que convidam a uma releitura da dinâmica presente. Diante de uma lição em que a professora ignora ou finge ignorar alunos que, manifestamente, não compreenderam a noção ensinada, os estudantes reagiram de uma maneira muito crítica. Eles julgaram que a professora não estava presente para aqueles alunos e que, ao fazer isso, ela infringia um princípio didático fundamental: deve-se assegurar permanentemente a compreensão dos alunos. Outra reação típica dos estudantes: diante de uma medida disciplinar, mesmo relativamente suave, eles logo concluíram pela baixa qualidade da relação afetiva da professora com seus alunos. Último exemplo: em um exercício visando o desenvolvimento da capacidade de se orientar no espaço, como preparação para uma seção de trabalho no computador (logo), a professora deixou alguns alunos no erro. Mais uma vez, críticas severas, porque ela não ajudou aqueles que precisavam.

Solicitada a comentar conosco seu comportamento, a professora respondeu com toda naturalidade, com ar de quem acredita que sua leitura era da ordem da evidência, que não se pode jogar tudo em uma lição. Seu conhecimento do desempenho de cada um de seus alunos, sua familiaridade com o conteúdo dos programas a cumprir, assim como a memória de seu plano de atividade para a semana ou o mês, garantem-lhe uma margem de manobra tal que ela pode se permitir ser seletiva em suas respostas aos inúmeros sinais e estímulos que lhes são apresentados.

> Um não compreendeu? Bem, eu lhe darei atenção amanhã, quando pretendo voltar a esta noção. Por ora, acho mais importante prosseguir de forma a não quebrar muito o ritmo e a permitir um bom encadeamento de atividades. Além disso, as crianças sabem que terão a oportunidade de se recuperar. A mesma coisa com os erros. Não se pode garantir que tudo o que se ensina seja sempre compreendido da melhor forma no primeiro instante. O tempo de que disponho é limitado, e é preciso aceitar que as crianças vão embora com entendimentos incompletos ou errados. O importante é guardar esse fato na memória, manter-se vigilante e aceitar perder tempo para fazer as recapitulações que forem necessárias. É mais ou menos a mesma coisa no plano afetivo. Uma relação não se constrói nem se desfaz em uma única intervenção. Uma cumplicidade bem-estabelecida também é feita de confrontos. Além disso, as crianças não aceitariam que eu não desempenhasse meu papel. Elas sabem, porque eu lhes disse no início do ano, que assumo a responsabilidade de gerir o funcionamento do grupo. É meu trabalho criar boas condições de aprendizado e, se eu não cumprisse minha tarefa, as crianças seriam as primeiras a me criticar.[3]

É o saber da experiência.[4] Essas leituras da professora não surpreendem a ninguém. Contudo, como se explica que os estudantes percorram com tanta dificuldade essa distância se eles estão vindo de um segundo estágio? A pseudo-ausência de uma ligação teoria-prática decorreria mais de uma dificuldade que se apresenta tanto nas dimensões práticas quanto teóricas de uma situação do que da falta de atividades de integração nos programas de formação ou de uma apresentação muito depurada dos conteúdos teóricos desses programas? Além disso, os estudantes de nosso curso mostraram dificuldade tanto de "ver" vídeos nas seqüências quanto de jogar com os conceitos. Falta de habilidade para estabelecer as ligações? Falta de dados para estabelecer relações? Falta de saberes condicionais (Tardif, 1992)?[5]

Certas reações de professores em fase de inserção profissional, normalmente chamados de *probanistes* no Québec, parecem decorrer de uma mesma dinâmica. Em uma conferência recente de Serge Desgagné,[6] uma jovem professora recém-diplomada interveio para relatar brevemente sua experiência. Ela não disse nada que já não tivesse sido ouvido por Katz (1972) ou Huberman (1989)[7], mas a maneira de narrar suas desventuras era bastante eloqüente. Em essência, ela relatou que sua principal dificuldade era ficar completamente desconcertada quando um aluno, ou todo o grupo, não reagia em função de seu planejamento ou como ele deveria fazer se fosse comportado "como nos livros". Esses comportamentos inesperados, que podem ser relativamente anódinos, fazem com que ela "perca o pé" e afaste-se de seus objetivos, mobilizando todas suas energias. Essa dificuldade é a mesma que a dos estudantes? Falta de saberes estratégicos (Van der Maren, 1993) ou complexos (Hétu, 1991a)?

Com a experiência, o professor constitui sua reserva de intervenções. Cada situação recomenda uma intervenção singular e, por menos que se lhe apresente a ocasião, ele pode justificar a escolha dessa intervenção. Tal justificativa pode ser de duas ordens (Carbonneau, Hétu e Trudel, 1994). Tenha ela relação com a leitura do evento, ou se refira a princípios emanados de teorias (ciência fundamental e ciência aplicada) ou emanados da experiência. Ciência-ação? Saber condicional? Saber estratégico? Saber complexo? Com toda certeza, "saber e fazer" com a marca da idiossincrasia.[8] Daí a dificuldade também quando se pensa em formação. Por ora, o melhor caminho parece-nos ser o do aprendizado não tanto de fórmulas acabadas, mas da maneira de construí-las, na situação e entre as situações, para respeitar essa idiossincrasia. É essa hipótese que orienta cada vez mais a transformação de nossa estratégia de formação.

TENTATIVA DE PADRONIZAÇÃO

Essa forma de ver aproxima-nos muito daquela de Perrenoud (1994d) quando ele propõe introduzir nas representações atuais dos componentes do saber do professor uma dimensão estrutural, uma invariante funcional.[9] *Habitus* ou esquemas de ação, pouco importa o nome, impõe-se a idéia de que sem um mecanismo de mobilização de saberes não poderia haver expressão de competência profissional. Essa idéia de considerar o professor como um operador de esquemas de ações libera em parte da exigência de esclarecer a questão dos "saberes", particularmente na sua habitual dicotomia teoria-prática, na medida em que, em um esquema de ação, confundem-se idéias, valores, conhecimentos e experiências porque estão fundidos.

A premissa também é interessante na medida em que permite interpretar nossas observações. A partir do estudo de Piaget (1963) sobre o nascimento da inteligência, pode-se compreender o esquema que é, de qualquer modo, uma ação possível, isto é, um arranjo tal de elementos de ação que se torne uma intervenção, uma reação ou uma passagem ao ato possível. Da mesma maneira, a reserva de intervenções do professor constitui uma ação pedagógica potencial. Verificando a lógica desse modelo teórico, nossa experiência tenderia a demonstrar que, no aprendiz de professor, não é tanto a ausência de esquemas de ação que explicaria a dificuldade, mas os limites daqueles disponíveis (muito simples ou muito estritos) ou a dificuldade em coordenar mais de um, seja pela estreiteza do campo de apreensão, seja pelo efeito hipnótico de interferências que gerariam o acesso aos saberes ou dariam ao estudante pistas falsas, seja pela dificuldade, em uma espécie de rigidez ou lentidão cognitiva, de passar de um esquema a outro ou de selecionar o esquema apropriado.

Por outro lado, nessa lógica piagetiana, os esquemas são construídos e transformados por assimilação e acomodação, isto é, por uma confrontação com a realidade que permite julgar sua força e seus limites. Portanto, uma formação prática deve-se apoiar não unicamente na prática e no saber prático de um professor experiente, mas também na prática dos próprios aprendizes, o que supõe que se atribua um papel crescente à expressão dessas práticas em nossas estratégias gerais de formação. Nos dois casos, a lógica do modelo piagetiano quer que haja assimilação e acomodação. Contudo, na medida em que o estudante não tem oportunidade de mensurar a justeza, a pertinência ou a eficácia de suas competências em via de aquisição, pode-se pensar que a primeira situação é preponderantemente assimiladora. Ao contrário, o trabalho de tipo análise reflexiva a partir de experiências e práticas dos estudantes deveria favorecer a dimensão acomodadora.

Ainda com referência ao modelo piagetiano, resultam desse processo plataformas de equilíbrio. Em uma transposição para a realidade pedagógica, o equilíbrio a atingir, mas sem dúvida nunca atingido totalmente, é o do domínio da economia pedagógica, entendida no sentido da organização de seus diversos componentes. Mas é apenas progressivamente que o estudante, ou o professor, chega a captar a complexidade dessa mecânica e a ajustar sua reserva de saberes em função disso.

Na parte que se segue, tentamos compreender como se adquire esse saber prático. A delegação que as universidades herdaram em matéria de formação de professores assemelha-se a todas aquelas que enfrentam as faculdades ditas profissionalizantes, ou seja, que elas devem preparar para o exercício da profissão estando fora dessa profissão. Donde a questão mil vezes abordada da ligação entre teoria e prática, mil vezes mantida sem resposta, que não seja parcial nem provisória. O problema poderia ser um falso problema ou um problema mal-colocado. O problema requer, sem dúvida, novas leituras, particularmente naquilo que se refere aos limites, para não dizer à inflexão que a formação inicial pode acarretar.

Metáforas e Modelo

Três metáforas permitem ilustrar a compreensão que temos dos mecanismos em jogo. A primeira é extraída da experiência de dirigir um automóvel à noite. Dirigir de dia e dirigir à noite são duas realidades muito diferentes. No primeiro caso, o campo visual apreendido apresenta uma grande envergadura. Temos a sensação de ter olhos em torno de toda a cabeça, e o menor movimento que surge nesse campo é imediatamente detectado e uma parada imediatamente programada, haja o que houver. No segundo caso, o campo de visão é limitado ao clarão que se projeta, e a menor faísca de luz recebida ameaça ofuscar. Portanto, a previsão é mais difícil e de importância mais restrita. O ensino do especialista é comparável a dirigir de dia, enquanto o iniciante estaria em situação de direção noturna. Este dispõe apenas de alguns projetores conceituais[10] para a iluminação e, mais raramente, de projetores extraídos da experiência. Por isso, há uma percepção truncada da realidade, e o menor imprevisto funciona como o clarão de luz que ofusca e vem interferir no seu controle de uma situação. Ele tem acesso a menos referências para dirigir e, normalmente, perceberá tarde demais os sinais que sugerem uma atitude a ser mudada, um programa a ser alterado. Nessa concepção, o desafio da formação inicial consistiria em reduzir a névoa que envolve as percepções dos iniciantes. Mas como?

Uma segunda metáfora é extraída do universo dos jogos com regras. Os estagiários ou *probanistes** geralmente se comportam como jogadores surpresos, porque as regras do jogo não são mais ou menos respeitadas. O jogo no qual foram iniciados durante sua formação parece subitamente transformado, fora de controle: os alunos não se comportam conforme o previsto, na verdade, como "deveriam".[11] Nessa perspectiva, o desafio da formação inicial consistiria em familiarizar o aprendiz com jogos com regras flexíveis e mutáveis, a preveni-lo contra a ilusão de toda potência da explicação teórica, ao mesmo tempo indispensável e enganosa porque parcial e condensada.[12]

Para tentar ver com mais clareza, recorreremos a uma terceira metáfora extraída da fisiologia do olho e a uma transposição que Metzner e Leary (1967) fizeram ao mandala. A premissa parece-nos tanto mais interessante na medida em que, no universo conceitual jungiano, o mandala é percebido como uma representação simbólica do estado psíquico, ao mesmo tempo ferramenta de projeção e de interiorização, oportunidade de integração e de síntese. Segundo a tese de Metzmer e Leary, o mandala se compararia à retina, superfície de recepção do conjunto dos estímulos visuais. O centro do mandala corresponderia ao ponto cego da retina, lugar de convergência dos estímulos visuais vindos do exterior e via de acesso ao córtex, ou seja, ao interior. O grande paradoxo reside no fato de que esse ponto de origem da visão, ou de expressão de uma síntese psíquica, é o ponto cego, como se o lugar onde se realiza uma operação fosse inacessível à consciência. Aqui se interrompe a inflexão no mundo da psique, já que o objetivo é tomar emprestada a idéia da transposição do modelo fisiológico do olho mais do que transpor a realidade do ensino a um universo conceitual mais ou menos psicodélico.

Mas queremos reter a idéia do ponto cego, pois ela oferece uma boa imagem. No fogo da ação, a intervenção propriamente dita de um profissional corresponde com muita freqüência a um momento cego, tanto do ponto de

---

*N. de T. O termo *probaniste* não tem uma correspondência direta na França; o que mais se aproxima é *probatio*, que significa período de noviciato religioso (*Le Nouveau Petit Robert*, 1996).

vista da teoria quanto da prática. De fato, no momento em que se desenvolve a atividade, em que se mobilizam os esquemas de ação, aquele que intervém raramente toma consciência dos processos em curso. A que elementos da ação ele reagiu? A que memória profissional apelou? A que conjunto de saberes recorreu e por quê? Porém, suas reações não são fruto do acaso, como atestam as justificativas que ele pode apresentar *a posteriori*, ou como testemunha sua personalidade profissional: elas constituem a síntese de sua especialização.[13] A Figura 4.1 apresenta uma forma de ilustrar essa padronização. Nessa figura, o grande círculo representa de qualquer modo uma retina cognitiva, a rede de saberes, eventualmente estimulada por elementos de uma situação pedagógica. O ponto cego, simbolizado pelo pequeno círculo, corresponde à mobilização de esquemas de ação, dando lugar a uma intervenção. Ao exercício repetido desses mecanismos corresponde, simultaneamente como fonte e resultado, uma percepção da economia pedagógica.

Figura 4.1

Aplicada à conduta do estudante em formação inicial de professores, que carece de distanciamento, que percebe no ato ou que apreende apenas uma parte da realidade, a metáfora sugere uma nova forma de observar seu funcionamento. Enquanto o especialista passa instantaneamente da percepção à ação, o iniciante tem de perder tempo em analisar, para o que foi fortemente encorajado por sua formação teórica, a reconhecer uma situação já encontrada, a julgar a melhor explicação dos mecanismos em jogo ou, ainda, a decidir qual o princípio didático mais pertinente a ser aplicado. Em lugar da ação, é a análise que se torna o ponto cego, análise da qual resulta uma representação truncada da realidade. Essa representação, por sua vez, é objeto de interpretação, não mais através da rede de saberes, mas sobretudo através daquela dos esquemas de ação. É somente após esse "segundo tempo cognitivo" que o iniciante está preparado para arriscar uma intervenção. E o resultado final ainda não é a percepção da economia pedagógica, mas uma compreensão ampliada da realidade pedagógica. A Figura 4.2 ilustra essa idéia de um processo em dois tempos.

```
                    Percepção da                    Interpretação da
                      situação                   representação através
                   através da rede                 da rede de esquemas
                     de saberes                   de ações pedagógicas
                         │                              nascentes
                         │                                  │
   Elementos de        ╲│╱          Representação         ╲│╱         Compreensão
   uma situação  ──→ ──(○)── ←──      truncada     ──→ ──(○)── ←──   progressiva de
    pedagógica        ╱│╲           da situação           ╱│╲         uma realidade
                         │                                  │          pedagógica
                         │                                  │
                      Análise                       Intervenção através
                    fragmentária                  da mobilização de esquemas de
                                                    ações pedagógicas controladas


                       Tempo 1                           Tempo 2
```

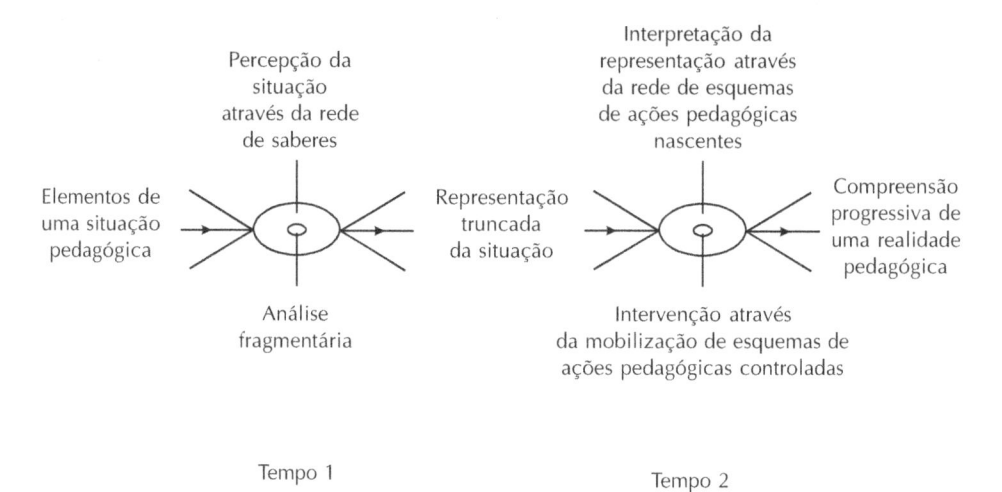

Figura 4.2

Em que isto nos ajuda? À semelhança das partes do quebra-cabeça, pode-se fazer do iniciante o retrato de uma pessoa que, a par a formação recebida, está condicionado a recortar a realidade em uma infinidade de componentes, a avaliar que no momento de intervir é importante considerar igualmente cada um desses componentes, a imaginar que uma boa intervenção é necessariamente refletida, a crer que terá todo o tempo para refletir sobre sua ação, a pensar que o domínio de saberes teóricos fragmentados é a principal chave de uma intervenção bem-sucedida e a considerar que o êxito profissional será proporcional à sua aptidão para ativar um "programa" específico de intervenção. Terá compreendido também que os aprendizados práticos recortados, assim como os outros, têm um estatuto comparável a todos esses outros e que eles podem ser ordenados separadamente em uma grande reserva de saberes mágicos até o grande dia de assumir sua própria classe. Sem dúvida, essa herança trazida da formação contribui para obscurecer o céu de seus primeiros passeios profissionais e para intrincar sua compreensão de fenômenos presentes.

Dito de outra forma, pode-se levantar a hipótese de que uma formação profissional direcionada em primeiro lugar a uma análise e a uma compreensão teóricas da intervenção contribui para retardar a percepção da economia pedagógica, encorajando uma leitura fragmentária das situações. Mais do que favorecer a emergência ou o desenvolvimento de esquemas de ações pedagógicas, ela favorece a emergência e o desenvolvimento de esquemas de análises pedagógicas. Esses últimos não deixam de ter seu interesse. Pode-se mesmo acreditar que eles são a garantia de uma prática esclarecida e o reflexo de uma maturidade profissional. A questão é antes saber se os programas universitários de formação oferecem um bom equilíbrio entre esses dois tipos de instrumentação. As pesquisas sobre inserção profissional levam a crer que não. O funcionamento do estudante em formação inicial parece ser antes a resultante de uma abordagem de formação que dicotomiza, por não enfatizar o suficiente a intervenção propriamente dita ou, mais precisamente, porque a inscreve nos substratos da ação em detrimento do agir. Seria sem dúvida esclarecedor verificar se a reação em "dois tempos" é confirmada, qualquer que seja a abordagem de formação, mas a visão de uma apreensão em dois tempos da realidade pedagógica sugere já a busca de abordagens não-lineares, por respeitarem mais aquilo que se sabe da dinâmica de construção de esquemas de ações. Essa dinâmica provém da ação, da qual poderão ser abstraídos e interiorizados certos elementos e da qual emergirão princípios a serem aplicados às novas ações, formando uma espiral sem fim, cujo fio condutor continua sendo a ação.

Princípios de Formação para a Prática

Assim, envolvidos inicialmente em um processo de construção de uma representação do saber do ensino através de vídeos, estamos diante da necessidade de perseguir conjuntamente a construção dessa representação a propósito do saber de intervenção educativa própria dos aprendizes. Esse esforço de compreensão é paralelo à construção de nossa própria prática de formação no âmbito desse curso e à tomada de consciência de princípios diretores de nossa ação de formação. Formulamos alguns deles que nos parecem determinantes.

1º princípio: Acelerar o ritmo da alternância entre a formação para a análise conceitual e a formação para a intervenção.

A experiência de nosso curso permitiu confirmar a idéia de que a formação para a intervenção pode assumir uma multiplicidade de formas. A presença no meio é, sem dúvida, uma das mais eficazes, ainda que nem sempre seja a oportunidade para um distanciamento suficiente e que ela postule uma qualidade de parceria que não se observa em todas as escolas que acolhem estagiários e iniciantes. É preciso, portanto, desenvolver meios complementares, de modo a ampliar o espaço de intervenção e a tornar mais significativa e harmoniosa a alternância de formações. Tal alternância deveria favorecer o desenvolvimento de *habitus* paralelamente e em interdependência com o desenvolvimento da capacidade de análise, e não em seqüência com ela. Em certas condições, das quais alguns princípios aqui formulados são a expressão, a utilização sistemática e múltipla de vídeos-verdade pode constituir um desses meios. O recurso ao microensino, ao estudo de caso, à intervenção junto a grupos de crianças em ambientes escolares e não-escolares, etc., apresentam-se como tantos outros meios.

2º princípio: Multiplicar as situações e os "modelos" pedagógicos.

Se é verdade que certos problemas pedagógicos universais conhecem soluções universalmente conhecidas, todos os problemas com os quais os professores são confrontados não se enquadram nessa categoria. Cada professor deverá enfrentar situações para as quais terá de elaborar sua própria resposta. Muitos práticos do ensino estão sempre atentos à promessa da última panacéia em termos de método, como sabem muito bem as editoras de manuais escolares. Como, então, favorecer uma autonomia profissional e um sentido da crítica prática?

Pensamos que uma via possível consiste em, desde a formação, colocar os alunos em contato com o caráter relativo das modas pedagógicas e, fazendo isto, com a obrigação de construir cada qual sua identidade profissional e equipar sua caixa de ferramentas em função dessa identidade[14]. Por outro lado, essa identidade é sempre o resultado de um equilíbrio entre esquemas de ação mais ou menos antagônicos e é tanto mais rica quanto mais bebe de fontes diversificadas.

*3º princípio: Valorizar no aprendiz a tomada de consciência
de seus próprios esquemas de ação e de sua singularidade.*

Princípio estreitamente associado ao precedente, ele foi sustentado em nosso curso, entre outros, pela redação de um relato de vida educativa no qual se encontram a descrição e a análise de situações educativas significativas experimentadas no passado, e cuja lembrança é sempre reavivada pela visualização do vídeo. Outros trabalhos práticos realizados durante o curso permitem a expressão de divergências no grupo de estudantes e conduzem cada um a assumir mais sua singularidade. Os esquemas de ação são ligados aos valores, e a exploração de saberes do professor veiculados na documentação acessível não pode escamotear esse fato. Finalmente, atenuamos a importância atribuída à professora experiente em nosso curso por meio de atividades que veiculavam uma valorização da interação entre aprendizes ou iniciantes de modo a, por um lado, relativizar o "modelo" da professora e, por outro, a assegurar uma dimensão sociocognitiva aos aprendizados.

*4º princípio: Identificar enquadres conceituais
flexíveis que possam respeitar a diversidade de
esquemas de ação e sustentar seu desenvolvimento.*

Se os modelos são múltiplos e as práticas singulares, os enquadres conceituais devem corresponder a tal fato. Nessa perspectiva, a apresentação de modelos teóricos de intervenção em nosso curso tem como finalidade oferecer escolhas aos aprendizes. Sua apresentação pode ser feita por ocasião da análise de uma situação pedagógica no vídeo, permitindo um debate sobre as transformações possíveis da intervenção em função de intenções diversas que se manifestem nos estudantes. Para o formador universitário, é a oportunidade de oferecer uma contribuição específica e significativa, valorizando as alternativas mais do que um modelo.

*5º princípio: Não propor um modelo,
mas a pessoa ou as pessoas.*

Por meio de vídeos e documentos de acompanhamento, constituídos de reflexões da professora, tivemos acesso ao saber da experiência de uma pessoa particular. Trata-se de um modelo? É inegável que se inicia um processo de aprendizagem por imitação. Contudo, pode-se transferir aos estudantes a responsabilidade da construção de sua prática. Através da multiplicidade de situações retidas pelos vídeos, é possível descobrir diversos modelos de intervenção em operação, diversos saberes cuja combinação provém de uma escolha apoiada sobre valores pessoais. No desenrolar do curso que demos juntos, freqüentemente exprimimos pontos de vista diferentes e divergentes ao analisar um vídeo: isto contribui para a responsabilização, mas, na medida em que não há certeza evidente a propósito da intervenção, também contribui para inquietar alguns estudantes, visivelmente pouco confiantes em si mesmos. Porém, tal inquietude bem poderia ser a origem de uma prudência, se não de uma sabedoria, profissional.

6º princípio: Tomar cuidado com as armadilhas da prática reflexiva.

O paradigma da prática reflexiva[15] conheceu, nesta última década, tamanho prestígio na pesquisa em educação e proporcionou tantas práticas diversas, muitas vezes contraditórias entre elas, que dá lugar a formas edulcoradas de referências para julgar a qualidade de uma prática, ou melhor, de uma formação recebida ou dada. É nesse ponto que os estudantes que compreenderam a importância de parecerem reflexivos acrescentam sistematicamente esse ingrediente a seus diferentes trabalhos com a intenção de impressionar seu professor. Em um outro nível, uma insistência muito grande na "reflexão reflexiva" leva a crer que tudo é igualmente matéria para a análise reflexiva, ou que em todas as circunstâncias é preciso atribuir-lhe um papel central. Sem querer de forma alguma minimizar a importância da atitude reflexiva para uma prática esclarecida, o que nos ocorre é que na formação inicial há lugar para dosar esse exercício. Formulamos a hipótese de que a obstinação reflexiva é suscetível de contribuir para a emergência de uma compreensão fragmentada da realidade, em detrimento da capacidade de agir, na medida em que todo elemento da vida escolar pode vir a ser a ocasião e o objeto de uma análise apurada que resulte em uma percepção eventualmente hipertrofiada da importância desse elemento.

CONCLUSÃO

Os trabalhos do *Laboratório de pesquisa sobre a ação pedagógica na escola primária e a formação profissional de professores*, laboratório em cujo âmbito foi feita a experimentação do curso sobre os modelos de intervenção, foram realizados com a colaboração de práticos em exercício e dizem respeito principalmente à formação prática de professores da escola primária. Essa perspectiva de pesquisa fundamenta-se na necessidade de enraizar na prática pedagógica cotidiana o discurso da universidade sobre a profissão de professor. Nesses projetos, portanto, nosso laboratório visa a desenvolver, a propósito da profissão de professor, estratégias de pesquisa que permitam desvendar sua prática e, assim, vincular a formação ao exercício da profissão mesma.

O projeto *La Classe en Direct*, cujo primeiro objetivo foi a produção de vídeos em uma classe,[16] pretende circunscrever a situação pedagógica com aquilo que ela comporta de restrições, de obstáculos e de problemas cotidianos a resolver. Em nosso esforço de captar a intervenção educativa na sua realidade concreta, fica mais clara nossa convicção de que seu desenrolar não constitui a aplicação de um modelo qualquer, mas constitui, a cada vez, um exercício de adaptação que põe em jogo componentes pessoais e conjunturais, de um lado, e a integração de saberes teóricos e práticos, de outro. Há de se convir que não é um desafio pequeno querer traduzir esse fenômeno em vídeo. De fato, esse meio, sendo uma janela aberta para a realidade, tende, por sua natureza, a transformar em modelo aquilo que expõe e, com isso, suscita mais a admiração ou a crítica do que a reflexão sobre sua própria prática. Por outro lado, expor sua prática profissional é um processo difícil para todo prático. Que condições devem ser estabelecidas para chegar a isso? Como essa exposição pode contribuir primeiro para consolidar a prática e, além disso, para nos instruir sobre os componentes do ato de ensinar?

O fato de ser observado desencadeia ou acelera no prático um movimento reflexivo, o que supõe um estado de disponibilidade. Ajudar um prático a formular sua práxis é envolvê-lo em um processo no qual ele estará vulnerável. As exigências postas pela conduta de um prático para descrever sua prática não deixam de ter relação com as da conduta que queremos iniciar com os estudantes que serão confrontados com a práxis da professora experiente, tendo de aprender a formular a sua. Desse modo, não se trata de uma pesquisa que pretenda substituir, na formação, a transmissão de um saber prático pela de um saber teórico, mas sim que cada um deles, práticos experientes ou em formação, contribua para definir um verdadeiro saber profissional que lhe seja próprio. Trata-se, para nós, de um saber que descreve adequadamente a realidade, isto é, aquela vivência através dos práticos, sem representar, contudo, um novo tipo de gargalo para o desenvolvimento profissional, e sim uma fonte de maior liberdade de ação, de uma ação cada vez mais reflexiva e integradora.

Além das condições que favorecem a disponibilidade de um prático a se expor, há aquelas que permitem inscrever a pesquisa em um movimento da prática que lhe escapa. A pesquisa em classe supõe uma grande flexibilidade nos pesquisadores. Nossa preocupação não é restringir a vida da classe às exigências da pesquisa, mas o contrário. Daí que a observação, tal como definida em nosso projeto, não implica qualquer mudança pré-definida. Trata-se, sobretudo, de seguir o movimento da prática na ação cotidiana. Então, no interior desse movimento, a professora fará escolhas, simbolizará e formalizará descobertas. Foi no âmbito de nosso curso de formação inicial de professores que decidimos perseguir tais questões e desenvolver uma abordagem pedagógica interativa.

Os estudantes reclamam freqüentemente da falta de correspondência entre os conteúdos de curso e a realidade da classe tal como a descobrem desde que vão fazer estágio. O qualificativo negativo de "teórico" é utilizado, então, para designar os cursos universitários que produzem essa dissociação.

De fato, quando iniciam sua formação na universidade, sua motivação é orientada para essa prática em classe, de modo que os conteúdos de curso são considerados interessantes, ao que parece, na medida em que, segundo eles, iluminam essa realidade prática que os motiva. Assim, para que seu aprendizado apóie-se nessa motivação, é importante que o professor consiga fazer valer não só o rigor e os fundamentos do saber que deseja transmitir, mas também sua pertinência.

Se a referência ao ato de ensinar na sua realidade concreta é feita pela presença de um documento em vídeo, a interação, no discurso do formador, dos conteúdos de aprendizagem com os elementos da situação observada não pode deixar de suscitar interesse. É o postulado que está na base da organização da prática desse curso. Em suma, não é tanto o conteúdo do vídeo que importa; basta que os estudantes reconheçam que se trata de uma professora experiente e que é o tratamento dado a isto que conta. Mais do que simplesmente envolvê-los em um trabalho de recorte da ação que pretendesse oferecer-lhes uma representação adequada, é sobretudo envolvê-los em uma interação entre pessoas reflexivas que fazem escolhas para agir, para favorecer uma singularização da ação. Esse fato obriga a não mais situar sua prática na dinâmica da perspectiva de um professor ideal. Esta é a condição para poder expor o saber de que uma pessoa é portadora, levar ao seu desenvolvimento e a se tornar experiente.

Por outro lado, diante de uma situação observada, o estudante não pode ser neutro; seu próprio passado escolar, suas experiências de trabalho, contribuíram para o desenvolvimento de um saber da experiência implícito que não deixa de ter relação com sua escolha, com sua motivação para a carreira de professor. Diante da situação observada, sua reflexão e sua eventual ação pedagógica são forçosamente orientadas por seu próprio saber da experiência; a tarefa do professor universitário que deseja apoiar a formação prática dos estudantes em formação para o ensino não é apenas transmitir-lhe um novo saber, mas criar condições para transformar aquilo que já está presente. O objetivo da formação prática é ativar a reflexão em ação nos futuros práticos, levá-los a formular seu saber da experiência de maneira a colocá-los em interação com os saberes que as tradições científica e profissional tornam acessíveis a eles. Tal interação conduzirá a uma reorganização do saber da experiência e, assim, a uma perspectiva prática renovada, de acordo com os critérios de pertinência aos quais, na sua opinião, ela permitiu responder. Na linha de Artaud (1989), pensamos que a formação de um profissional em educação supõe a acomodação de condições que articulam o saber teórico e seu saber da experiência.

É importante assinalar que a utilização de um documento em vídeo que permita observar o ato de ensinar em sua realidade concreta possibilita um duplo distanciamento. De fato, se a presença da situação real permite aos estudantes avaliar a pertinência do ensino que eles recebem na universidade e julgá-lo por si mesmos, ela também permite ao formador levá-los a tomar distância em relação à realidade concreta, a aprender a duvidar da evidência imediata que ela lhes causa e a descobrir seus próprios esquemas, os quais subjazem à sua compreensão espontânea. Isto significa dizer que a reflexão do formador, na medida em que está ligada à ação, permite a emergência nos estudantes de uma capacidade de ação que estará ligada à reflexão. Nesse sentido, esta pesquisa inscreve-se na perspectiva do desenvolvimento de uma prática reflexiva no próprio processo de formação, mas de uma prática reflexiva que desejamos que esteja ancorada tanto na realidade das intervenções pedagógicas quanto na da elaboração de esquemas de ação que essas intervenções suscitam, de uma prática reflexiva que contribui, partindo dela e sendo parte dela, para a eclosão de uma inteligência profissional.

NOTAS

1. Uma das preocupações na produção de registros era refletir o mais fielmente possível o cotidiano de uma professora, mais do que procurar realizar aulas-modelo, talvez inspiradoras, mas geralmente inacessíveis ao estudante típico e, por isso, geralmente desmobilizadoras.
2. Independentemente da utilização que se faz dele no âmbito do curso, esse documento dá acesso ao saber da experiência da professora, por si só interessante.
3. Essas palavras da professora resultam de uma colagem de suas reações escritas durante uma visualização das montagens, reações coligidas em um documento de acompanhamento de vídeos (Carbonneau-Hétu, Trudel, 1994). As discussões realizadas no simpósio do REF incitam-nos a assinalar a diferença eventualmente importante entre a natureza dessas reações e as entrevistas de explicitação feitas por Nadine Faingold quando de sua pesquisa (ver seu texto na presente obra). De fato, as reações da professora não estão livres da racionalização *a posteriori*. Contudo, avaliamos esse nível de distanciamento, essa distância reflexiva ou crítica, suficiente para as necessidades do curso, ou seja, dispor de uma leitura que permita um reenquadramento ou que suscite um debate, uma discussão, pouco importando, no limite, seu valor de verdade.
4. No simpósio, Nadine Faingold, designada para contestar nosso texto, levantou justificadamente a questão de saber se a capacidade de distanciamento, a visão globalizante, não seria apenas fruto da experiência. A questão certamente se coloca e, sem a convicção de que uma iniciação ou uma introdução à prática de formação inicial possa minimamente preceder a experiência, todos os esforços nesse sentido seriam em vão. A expressão era utilizada aqui para significar que uma tal especialização é questão de experiência, sem querer significar que sua aquisição não possa começar desde a formação inicial.
5. O simpósio também foi a oportunidade para uma discussão de fundo sobre a pertinência do conceito de saberes condicionais. Em uma lógica classificatória em que todos os saberes devem enquadrar-se em três casos – declarativos, procedimentais e condicionais –, a noção de saberes condicionais parece apresentar um interesse. Contudo, após a discussão, permanecia a questão de saber se a introdução de uma nova categoria, saberes condicionais, não viria na verdade esvaziar de seu sentido ou de sua importância os dois outros tipos de saberes. De fato, como imaginar um saber declarativo abstraindo o contexto ou as condições que o circunscrevem e o definem? O que resta do conceito sem suas contingências? Do mesmo modo, um saber procedimental pode ser concebido independentemente de elementos que expliquem sua funcionalidade em termos absolutos ou nos casos particulares? A introdução da noção de saber condicional poderia ser apenas o reflexo da incapacidade de reconhecer esta dimensão nos saberes declarativos e/ou procedimentais ou de uma leitura simplificadora desses dois saberes. O futuro dirá se, de um ponto de vista pragmático, tal distinção é mesmo útil e fecunda.
6. Em 1993, Serge Desgagné defendeu uma tese de doutorado sobre o saber da experiência de professores do Ensino Médio em matéria de gestão disciplinar. A explicitação de seu saber foi solicitada no âmbito de sua conduta de acompanhamento de professores *probanistes*.
7. Os professores não são os únicos profissionais a atravessar uma difícil primeira etapa de socialização quando de sua entrada no mercado de trabalho. Kramer (1974), Besner (1982) e Frenette-Leclerc (1989, 1992) descrevem um processo e etapas de socialização de enfermeiras que recordam estranhamente a aventura de ensinar.
8. Alguns membros do simpósio, particularmente Maurice Tardif, assinalaram a ambigüidade associada à idéia de querer formar para um saber da idiossincrasia. Dito de outra forma, o saber do professor é essencialmente um saber da idiossincrasia e, nesse caso,

deve-se renunciar a "ensinar", visto ser inacessível à generalização para o ensino por sua própria natureza? Caso contrário, é preciso aceitar a idéia de que esse saber não é uma questão de idiossincrasia. Nossa posição é acreditar que certos princípios que subjazem à intervenção do professor gozam de uma universalidade passível de ser formalizada e transmitida, mas que tal coisa existe no estilo de um professor e que esse estilo, forma de integração personalizada dos universais pedagógicos, é marcado pela idiossincrasia. Na verdade, nosso curso toca os dois pólos dessa dialética.

9. Deve-se falar de um *habitus* ou de vários *habitus*? Nadine Faingold, que levantou a questão, não quer resolvê-la, apenas expressando sua preferência pelo plural. Com toda certeza, deve-se falar de esquemas de ações que, no limite, poderiam ser considerados como fundados em um *habitus* reflexo da pessoa. Contudo, o *habitus* plural não é incompatível com o que diz Bourdieu (1972), ainda que o plural para nós devesse ser reservado a esferas de intervenções diferentes mais do que às diferentes facetas de um profissionalismo.

10. Nadine Faingold, em seu comentário crítico sobre o texto, questiona-se sobre o caráter "iluminador" dos projetores conceituais. Na medida em que, segundo sua observação, ela quer fazer referência à pouca utilidade prática de uma iniciação a conceitos teóricos pouco ou não apoiados na realidade profissional, ela está inteiramente de acordo com nossa posição. O recurso à metáfora de dirigir à noite quer sugerir justamente a idéia de que os projetores conceituais são insuficientes e que não protegem do ofuscamento funcional ou situacional.

11. Esta reação constitui uma bela ilustração da existência de uma "forma escolar", como tende a demonstrar a obra de Vincent (1994).

12. A idéia de recorrer a metáforas não significa reinventar a roda. O exercício amigável feito por nossa colega Marie-Françoise Legendre de transpor nossas metáforas para a linguagem cognitivista contemporânea convenceu-nos, se ainda fosse necessário, que elas acrescentavam pouco nesse registro, na medida em que "ilustravam" conceitos conhecidos, tais como a seleção de bons indícios, o saber descontextualizado, a automatização dos procedimentos, etc. Contudo, pensamos que elas acrescentam uma dimensão afetiva, particularmente nos dois primeiros casos. O ofuscamento da direção do iniciante diz bem como pode sentir-se o estagiário ofuscado por um imprevisto, um incidente grave ou outro. A confusão diante do não respeito às regras do jogo traduz bem o sentimento do iniciante, que tem a impressão não mais de ser ofuscado, mas agora de ser traído, enganado ou abandonado só em seu jogo. Quanto à terceira metáfora, ela é de outra ordem.

13. Nadine Faingold reagiu a essa passagem, lembrando que a entrevista de explicitação podia permitir que se penetrasse em uma parte da caixa-preta do ponto cego. Partilhamos seu ponto de vista. Visto que o objeto de nossa reflexão era antes de tudo circunscrever e representar (para não dizer padronizar) um mecanismo de resposta de iniciantes a situações concretas, não quisemos entrar na caixa-preta a não ser para formular a hipótese de que haveria não uma, mas duas. A idéia de que em uma delas, a do especialista, encontrem-se sistemas de identificação sensorial, para retomar sua tese, não apenas nos parece uma hipótese extremamente interessante, mas também um clarão que reforça nossa hipótese.

14. A apresentação de modelos pedagógicos variados não pretende minimizar a importância da prática, nem sugerir a idéia de que não se possa aprender a ensinar escolhendo entre um leque de modelos; ela visa simplesmente à associação de modelos e à construção de uma identidade profissional.

15. Nadine Faingold criticou-nos por uma utilização abusiva do termo reflexivo, tendo em vista a ausência de uma prática real nos estudantes, quando muito compensada por uma vivência como estudante ou aluno, que tem pouco a ver com a experiência de ensinar. A única resposta possível à objeção é aquela que já formulamos mais acima

neste texto, a saber, que os estudantes testemunharam em seus trabalhos uma reflexão real, argumentada, sobre seu agir profissional por vir em referência aos vídeos e às balizas conceituais às quais foram apresentados. Talvez fosse preciso dar um outro nome a essa conduta, mas pareceu-nos que ela era irmã mais nova da outra. Por prudência – e para evitar contribuir demais para uma inflexão de sentido, já diagnosticado por Tremmel (1993) em Grimmet e em Zeichner – vamos reter a idéia de uma análise e de uma reflexão feitas sobre uma identidade profissional emergente, estimuladas pela visualização e pelo estudo de vídeos sobre uma prática especializada (ou exemplar, para retomar a expressão de Nadine Faingold).

16. Os registros foram feitos na classe de Pierrette Trudel, professora da quarta série na escola primária St-Germain d'Outremont e, na época, estudante de mestrado do Departamento de Psicopedagogia e de Andragogia.

CAPÍTULO

FORMAR PROFESSORES PROFISSIONAIS PARA UMA FORMAÇÃO CONTÍNUA ARTICULADA À PRÁTICA[1]

5

Évelyne CHARLIER

Este capítulo é estruturado em torno de três questões centrais debatidas nesta obra. Na primeira parte, propomos alguns elementos de definição do profissionalismo do professor. A segunda parte contém uma interrogação sobre a construção de competências profissionais, mais especificamente sobre os saberes que as subjazem e a forma como essas competências são aprendidas. Finalmente, a terceira seção identifica premissas para uma formação contínua articulada à prática a partir de uma experiência de formação de professores da escola primária (Charlier, E. e Hauglustaine-Charlier B., 1992b).

O PROFESSOR, UM PROFISSIONAL

Em um artigo recente, Perrenoud (1994h) identifica duas vias possíveis de evolução do ofício de professor: de um lado, a proletarização e, de outro, a profissionalização:

- os professores vêem-se progressivamente despossuídos de seu ofício em proveito da noosfera de pessoas que concebem e realizam os programas, as condutas didáticas, os meios de ensinar e de avaliar, as tecnologias educativas e que pretendem oferecer aos professores modelos eficazes de ensino – é uma forma de proletarização;
- os professores tornam-se verdadeiros profissionais, orientados para a resolução de problemas, autônomos na transposição didática e na escolha de estratégias, capazes de trabalhar em sinergia no âmbito de estabelecimentos e de equipes pedagógicas, organizados para gerir sua formação contínua – é a profissionalização.

Perrenoud chama a atenção para o risco de proletarização do ofício de professor e, na seqüência do artigo, preconiza uma formação visando a ajudar os professores a se tornarem mais profissionais. No entanto, o que é um profissional? Retomamos a seguir leituras sociológicas e pedagógicas do profissionalismo do formador.

Leitura Sociológica

Com Monasta (1985), pode-se definir o profissionalismo do professor a partir de várias leituras. Lemosse (1989) propõe classificar as definições da noção de profissão em dois tipos. As primeiras são estáticas e consistem em identificar os critérios que permitem reconhecer o profissional; as outras enfatizam as estratégias desenvolvidas para aceder ao estatuto de profissional.

Assim, segundo o inventário crítico da literatura que ele realizou, para os primeiros autores, a profissão pode ser definida a partir dos critérios que se seguem. Trata-se de uma atividade:

– intelectual, que envolve a responsabilidade individual daquele que a exerce;
– erudita, não-rotineira, mecânica ou repetitiva;
– prática, na medida em que se define como o exercício de uma arte mais do que puramente teórica e especulativa;
– altruísta em termos de que um serviço valioso é oferecido à sociedade;
– cuja técnica aprende-se ao final de uma longa formação;
– além disso, o grupo que exerce essa atividade é regido por uma forte organização e uma grande coerência interna.

Lemosse assinala que o ensino responde a um certo número desses critérios. Com efeito, o ensino é uma atividade intelectual que envolve a responsabilidade daquele que a exerce. É um trabalho criativo que implica também o domínio de um bom número de técnicas. Trata-se ainda de uma atividade de serviço à coletividade. Por outro lado, alguns critérios não são encontrados. De fato, pode-se questionar a organização dos professores enquanto grupo que apresenta uma forte coerência interna tanto na duração quanto na qualidade da formação que conduzem a esse ofício.

A segunda categoria de autores, estabelecida por Lemosse, enfatiza a responsabilização por parte do grupo profissional pelo controle das fileiras de formação inicial e contínua, pelo desenvolvimento do saber e da ética na qual se baseia a profissão e, finalmente, pelo controle das condições de admissão nela. Lemosse conclui com isto que o ensino ainda é uma semiprofissão.

Qualquer que seja a alternativa escolhida, as leituras sociológicas enfatizam a importância da formação no reconhecimento do profissionalismo do professor. Nessa perspectiva, parece imperioso definir as bases de uma formação que permita ao professor tornar-se mais profissional.

Leitura Pedagógica

Shavelson (1976) define o profissionalismo do professor a partir de decisões que toma. Ele desenvolve um modelo baseado em um paradigma objetivista do tratamento da informação. Nele, o professor é considerado como um profissional que escolhe, em meio a um arsenal de condutas disponíveis, aquelas que lhe parecem mais adequadas a uma situação de classe.

O modelo de decisão foi o fermento de uma série de pesquisas interessantes, particularmente no âmbito do planejamento do ensino, mas também suscitou inúmeras críticas:

- mecanicista, esse modelo enfatiza insuficientemente as regulações que intervêm nas atividades do professor;
- sua racionalidade é contestável;
- ele ignora o papel da afetividade nas condutas do professor.

Pesquisas recentes questionam a validade da metáfora do decisor para refletir o pensamento do professor durante a fase interativa.

Riff e Durand (1993) lembram a diferença fundamental entre a fase interativa e a de planejamento. Esta última desenvolve-se sem uma forte limitação temporal; trata-se de uma atividade de antecipação, mas poucos eventos são previsíveis. O professor opera com informações incompletas em função de objetivos longínquos e pouco definidos. Ao contrário, durante a interação, ele deve agir de imediato, de maneira pública, em um meio sobrecarregado de informações, mas sempre incerto.

Para explicar o funcionamento do professor em classe, Doyle e Ponder (1977) partem do postulado inverso ao de Shavelson. Segundo eles, não é "o professor que controla a situação, mas a situação é que controla o professor". Assim, as condutas do professor em classe seriam mais respostas a estímulos percebidos no meio do que produtos de decisões racionais. O professor que dirige a classe recorreria essencialmente a rotinas e esquemas de ação que lhe permitiriam ser eficaz no imediato, enfrentar dilemas e conciliar objetivos contraditórios no âmbito de condutas com finalidades múltiplas.[2]

Outros ainda rejeitam o modelo decisional. Yinger (1977) utiliza uma outra metáfora para explicar o funcionamento do professor. Ele padroniza o ensino como um processo de resolução de problemas, isto é, como o produto da ativação de padrões. Estes consistem em conjuntos de relações entre um contexto, um problema e uma solução. Yinger enfatiza a importância de tais padrões no funcionamento do formador. Eles asseguram uma certa estabilidade a suas atividades e reduzem o tempo de tratamento da informação.

Finalmente, Schön (1987) propõe a noção de "prático reflexivo". Ele rompe com o paradigma objetivista racionalista e opta por um modelo construtivista existencial centrado na apropriação e na relação interativa dos atores sociais que produzem essas condutas em situações específicas. Enfatiza o aspecto circunstanciado dos saberes dos práticos e as ligações que os primeiros têm com a prática. Também define o profissional como funcionando essencialmente segundo rotinas. Estas constituiriam a essência mesma de sua ação. Seriam ativadas automaticamente em resposta a indicadores do meio e articuladas umas com as outras para permitir ao profissional ser eficaz no imediato. Este não recorreria a outras modalidades de funcionamento, como, por exemplo, a reflexão na ação, a não ser no caso de situações inesperadas. Tal modalidade de pensamento levaria o profissional a experimentar condutas diferentes para explorar um fenômeno novo. O aprendizado na e a partir da prática constituiria, para Schön (1987), uma característica do profissional.

A controvérsia entre as escolas racionalistas e as outras é antiga. Newell e Simon (1972) já constatam os limites da metáfora racionalista. O professor desejaria agir racionalmente, mas os limites intrínsecos de sua atuação enquanto processador de informações o levariam a escolher a solução globalmente mais aceitável. Outros, como Clark (1986) e, antes dele, Jackson (1968) vão mais longe e consideram que se trata de uma condição de eficácia dos professores. Para este último, dada a complexidade do meio no qual o professor atua, sua eficácia depende da existência de um sistema de pensamento simplificado, isto é, de uma concepção simplificada das relações de casualidade, de opiniões categóricas sobre o valor das estratégias didáticas, de uma compreensão intuitiva do funcionamento da classe e do estreitamento da significação de certos conceitos.

Passando em revista os diferentes modelos descritivos da atividade do professor, Riff e Durand (1993) concluem, em consonância com Berliner (1988), que o professor concilia dois tipos de funcionamento: um "automatizado, fluido e econômico; o outro pensado, deliberado, descontínuo, penoso e lento". O primeiro faz referência à utilização de rotinas de funcionamento; o segundo, às decisões tomadas pelo professor. Por exemplo, o formador utiliza rotinas para gerir suas interações com os alunos em um período de questionamento; inversamente, escolhe de forma deliberada os objetivos a perseguir durante uma seqüência de curso.

Tentando combinar essas diferentes perspectivas, definimos (Donnay e Charlier, 1990) o professor profissional como um formador que, em função de um projeto de formação explícito:

- leva em conta de maneira deliberada o maior número de parâmetros possíveis da situação de formação considerada;
- articula-os de maneira crítica (com a ajuda de teorias pessoais ou coletivas);
- considera uma ou várias possibilidades de condutas e toma decisões de planejamento de sua ação;
- põe-nas em prática em situações concretas e recorre a rotinas para assegurar a eficácia de sua ação;
- ajusta sua ação de imediato se perceber que isto é necessário (reflexão na ação);
- tira lições de sua prática para mais tarde (reflexão sobre a ação).

Durante a fase de planejamento, o professor aborda (referencia, reúne, analisa em função de seus projetos, etc.) informações de origens diversas (representações de elementos que constituem o atual sistema ensino-aprendizado, experiências anteriores, antecipações, etc.) para escolher esquemas de ação e condutas pedagógicas a desenvolver na fase interativa. No decorrer desta, o formador, envolvido pelo curso da ação, aplica decisões tomadas durante o planejamento e ativa esquemas de ação e rotinas em resposta a certas características da situação.

Em caso de incidentes importantes ou considerados como tal pelo professor, ele pode refletir na ação e adaptá-la experimentando novas condutas. Deixar-se interpelar pela realidade é uma atitude de profissional favorável ao aprendizado a partir da prática. Paralelamente, o professor guarda na memória certos esquemas de ação aos quais poderá recorrer posteriormente.

Essa definição combina duas abordagens. Ela define o planejamento como um processo de tomada de decisão e do tratamento racional da informação e a fase interativa como o produto da ativação de esquemas de ação e de reflexão na ação. A fase pós-interativa e a fase de planejamento seriam lugares privilegiados para uma reflexão sobre a ação. Ela desperta a atenção para a importância do saber construído pelo professor a partir de sua prática. É o ponto de partida e o desfecho da ação, na medida em que a experiência da classe é teorizada, formalizada, para enriquecer a "base de dados" de referência do professor (aprendizagem pela prática a partir da prática).

No entanto, essa definição abarca apenas uma parte da atividade do professor: a gestão dos aprendizados em sala de aula. Não se leva em conta todo o trabalho de ajustamento na equipe educativa. Ela se centra essencialmente no professor. Silencia sobre a dimensão afetiva subjacente a todo comportamento. De fato, a análise da situação que precede a decisão supõe um conjunto de atitudes, como poder afastar-se da situação e tomar o distanciamento necessário.

Essa visão do professor profissional é coerente com aquela desenvolvida por Altet (1992c). Ela enfatiza a adaptabilidade do profissional, isto é, sua possibilidade de agir em situações diferentes, de gerir incertezas e de poder enfrentar as mudanças no exercício de sua profissão.

AS COMPETÊNCIAS PROFISSIONAIS?

Um Tríptico de Base

Antes de mais nada, gostaríamos de lembrar que as competências profissionais do professor constituem um dos três elementos indissociáveis do tríptico "projetos-atos-competências".

- *os projetos:* o sentido, os fins, os objetivos que o professor estabelece para sua ação (seu projeto pessoal no âmbito de um projeto do estabelecimento);
- *os atos:* as condutas apresentadas enquanto professor (ajudar os alunos a aprender, mas também gerir o grupo, trabalhar em equipe com os colegas, etc.);
- *as competências:* os saberes, as representações, as teorias pessoais e os esquemas de ação mobilizados para resolver problemas em situação de trabalho (Charlier e Donnay, 1993).

As competências são significativas apenas quando se traduzem em atos e quando estes assumem um sentido em função dos projetos que encarnam.

O que é uma Competência?

Para nós, as competências profissionais são a articulação de três registros de variáveis: saberes, esquemas de ação, um repertório de condutas e de rotinas disponíveis. As relações entre esses conjuntos de variáveis estão esquematizadas na Figura 5.1. Vamos comentá-las.

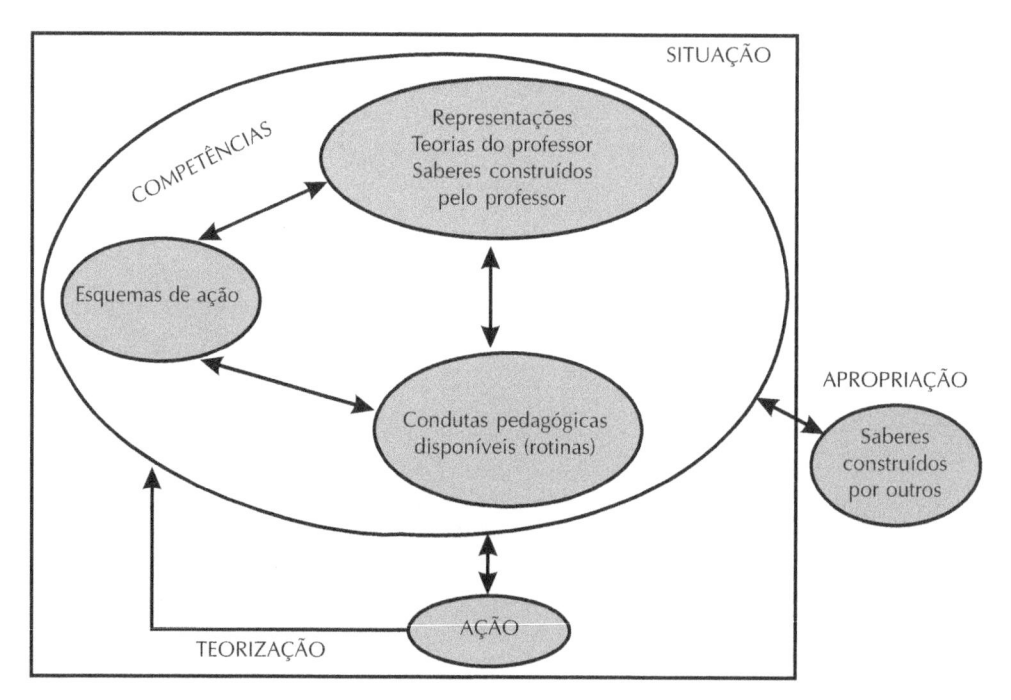

Figura 5.1 As competências (Charlier, 1996).

a. *Os saberes*

Muitas tipologias de saberes foram propostas. Cada uma tem sua pertinência em um dado contexto. Não empreendemos aqui uma revisão dessa tipologia. Preferimos reter certas formas de leitura úteis para explicar as escolhas realizadas na formação descrita na terceira parte deste capítulo.

Raymond (1993) diferencia dois tipos de saberes:

– *saberes do professor*, construídos pelo próprio professor, ou que o professor julga serem apropriados; saberes transformados e construídos a partir de sua prática ou de experiências vividas no âmbito escolar. Esse conjunto de representações e de teorias pessoais serviria de fundamento para avaliar a pertinência de saberes provenientes de outras fontes";
– *saberes para o professor*, que seriam elaborados por outras instâncias, em contextos distintos daquele do professor, que deveriam sofrer múltiplas transformações para serem utilizados pelos professores em um contexto particular".

A distinção feita por Raymond (1993) traduz uma visão cognitivista do aprendizado. Ela põe em evidência o trabalho de apropriação indispensável para que um saber elaborado exteriormente a ele torne-se elemento de um repertório disponível para agir em uma situação particular.

Tais saberes combinam-se em *representações* e teorias pessoais que são reinvestidas pela pessoa na ação. As representações são "entidades hipotéticas definidas como organizações dinâmicas multidimensionais de significações carregadas afetivamente, que uma pessoa ou um grupo de pessoas atribui a um ou a várias características, classes, relações ou estruturas em uma situação dada, sendo dado um projeto específico" (Charlier, 1989). Portanto, as representações são situacionais. Elas não são observáveis diretamente, mas se efetivam em contextos e sob formas próprias (discursos, desenhos, esquemas, atos, etc.).

Partilhamos a posição de Bourgeois e Nizet (1992), que observam:

> ... as teorias (e as representações), sendo definidas como construções intelectuais, estabelecendo relações entre representações em um sistema dado, podem ser pessoais, isto é, próprias a um indivíduo, ou coletivas, na medida em que são partilhadas por um grupo... (...) Essa construção é finalizada com a tarefa e a natureza das decisões a tomar. As representações assim elaboradas levam em conta o conjunto de elementos da situação ou da tarefa.

b. *Os esquemas de ação*

Perrenoud (1994i) propõe distinguir os *esquemas de ação* dos saberes, das representações e das teorias pessoais e coletivas. Estes são "esquemas de percepção, de avaliação e de decisão" que permitem mobilizar e efetivar saberes e que os transformam em competências. É por seu intermédio que os saberes podem ser "ativados". Indispensáveis à ação, esses esquemas podem ser objeto de aprendizagem. Perrenoud (1994i) acrescenta: "o profissional reflete antes, durante e após a ação. No curso de sua reflexão, utiliza representações e saberes de fontes distintas. Sem essa capacidade de mobilização e de efetivação de saberes (através dos esquemas de ação), não há competências, mas somente conhecimentos".

Nessa perspectiva, a formação de professores deveria visar não apenas ao desenvolvimento de representações e de teorias do professor, mas também ao enriquecimento dos esquemas de ação.

Os esquemas de ação servem de ligação entre a pessoa e seu meio. Por um lado, são filtros que tornam as situações compreensíveis (esquemas de percepção) e, por outro, direcionam a ação (esquemas de decisão e de avaliação). Eles permitem à pessoa, em interação com os saberes e seu repertório de condutas disponíveis, atribuir uma significação à situação encontrada e dispor de ações adequadas ao contexto.

c. *O repertório de condutas disponíveis*

Pode-se levantar a hipótese de que o professor dispõe igualmente de um certo número de condutas mais ou menos automatizadas que pode mobilizar por intermédio de esquemas de ação para agir em uma situação particular. Esses encadeamentos de condutas (rotinas) podem ser acionados durante a fase de ação por intermédio de esquemas de ação. Eles são as respostas possíveis a estímulos percebidos no meio e formas de traduzir em atos decisões tomadas na fase de planejamento.

É através da articulação desses três registros de elementos – os saberes (representações e teorias pessoais), os esquemas de ações e o repertório de rotinas – que definimos as competências do professor.

Como Essas Competências São Aprendidas?

Em uma abordagem construtivista, aprender consiste em uma modificação durável de esquemas cognitivos do indivíduo a partir de suas interações com o meio. Essa forma de ler a aprendizagem destaca a importância de estruturas de partida no aprendizado, isto é, esquemas de ação, saberes, representações e teorias do repertório de condutas disponíveis com as quais o professor "chega" à formação. Ignorá-los poderia levar a desenvolver dois sistemas de referência paralelos (Closset, 1983), um utilizado na formação e o outro na classe. Isto se traduziria por uma ausência de transferência das aquisições da formação em campo.

Portanto, considerar os esquemas de partida do professor, dar-lhe oportunidade de manifestá-los, de testá-los, de pô-los em questão, constitui uma condição de articulação da formação com a prática. Nessa perspectiva, a formação consistiria, entre outras coisas, em organizar as interações com o meio de modo a favorecer uma modificação de esquemas de partida do professor e a dar-lhe a oportunidade de testar os novos esquemas na ação.

Porém, quais seriam as condições mais favoráveis para essa modificação? Como fazer para que ela seja duradoura? A questão permanece intocada. Alguns introduzem aqui a noção de ruptura indispensável à acomodação, conforme Piaget. Essa fissura constituiria um requisito para a mudança, mas um elemento de ruptura para um professor não é necessariamente para outro. Como dosar as rupturas de forma a não provocar bloqueios? Todos esses problemas devem ser geridos pelo formador de professores.

Schön (1987) debruça-se sobre o aprendizado do profissional e define-o nas interações com a prática. O profissional desenvolve suas competências essencialmente na prática e a partir da prática. Distingue a reflexão *na* ação da reflexão *sobre* a ação.

Em seu local de trabalho, o professor aprende na ação. É possível identificar diferentes momentos nesse mecanismo:

- o profissional emite uma resposta rotineira a um conjunto de indícios percebidos em uma situação;
- ele se surpreende com as conseqüências de sua ação; estas diferem do que foi imaginado;
- ele reflete sobre esse acontecimento e experimenta uma nova ação para resolver o problema;
- se esta tem êxito, ele a memoriza.

Logo, é a prática que suscita e valida a nova conduta experimentada. O prático pode igualmente refletir sobre a ação difundida, analisando e tirando partido da experiência passada.

Schön toma emprestado de Watzlawick, Weakland e Fish (1975) a metáfora do reenquadramento. Esse mecanismo cognitivo e afetivo permite ver as coisas de outro modo, sob um outro ângulo (ousaríamos falar em ruptura), e superar a leitura atual que se faz de uma situação para substituí-la por outra. Esse processo não é lógico, e temos muito pouco controle sobre ele. Esses reenquadramentos interviriam tanto na reflexão sobre a ação quanto na ação. Schön desenvolveu estratégias para provocar esses reenquandramentos, especialmente a partir do relato de experiências passadas e do trabalho através das metáforas. A confrontação com outros atores, especialmente colegas, também pode engendrar esse reenquadramento (Donnay, Charlier e Cheffert, 1994).

Yinger (1977) também é muito afirmativo. Para ele, o aprendizado só é possível na prática. Esta coloca o professor em contato com conhecimentos que não estão disponíveis em outra parte e permite-lhe assimilar condutas, rotinas circunstanciadas, isto é, nas circunstâncias e no momento em que elas são eficazes. Além disso, permite vivenciar seus resultados. Esse aprendizado na ação supõe um posicionamento de ator (*insider*) por parte do professor, ele pode agir nas situações, modificá-las experimentando novas condutas, mais do que sofrê-las. Isto supõe atitudes específicas, tais como:

- aceitar cometer erros;
- considerar o erro como inerente ao aprendizado;
- assumir riscos;
- administrar incertezas.

A leitura do aprendizado profissional retomada acima não leva em conta a sua dimensão temporal. Huberman (1989) assinala a importância de recolocar o aprendizado na história de vida do professor e destaca vários fatores suscetíveis de influenciar o desenvolvimento profissional. Dados os objetivos deste capítulo, destacaremos dois (entre muitos outros citados pelo autor) que parecem ser primordiais a ser geridos na formação contínua:

- as redes de colegas que oferecem ao professor oportunidades de trocas e de discussão da experiência vivida;
- a necessidade de poder experimentar soluções "arranjadas" com uma relativa segurança.

Essas condições são retomadas particularmente na formação descrita mais adiante. Assim, pode-se concluir destacando a importância de criar, na formação e no local de trabalho, condições que permitam ao professor desenvolver suas competências profissionais *a partir de, através de e para a prática*.

- O professor pode aprender *a partir* da prática na medida em que esta constitui o ponto de partida e o suporte de sua reflexão (reflexão sobre a ação), seja sua própria prática ou a de seus colegas (aprendizado ocasional).

- O professor aprende *através* da prática. Confrontado a realidade que resiste a ele, o professor coloca-se como ator, isto é, como qualquer um que pode interferir nas características da situação, experimentar condutas novas e descobrir soluções adequadas à situação.
- O professor aprende *para* a prática, pois, se o ponto de partida do aprendizado está na ação, seu desfecho também está, na medida em que o professor valoriza essencialmente os aprendizados que para ele têm incidência direta sobre sua vida profissional.

UMA FORMAÇÃO ARTICULADA À PRÁTICA

Contexto

Um projeto de pesquisa-ação-formação foi encomendado ao Departamento de Educação e Tecnologia pelo gabinete do Ministro da Educação e da Formação da Comunidade Francesa da Bélgica. Tratava-se de propor às instâncias decisórias indicações de formação contínua de professores que favorecessem sua articulação com a prática, isto é, de formalizar condições de formação suscetíveis de ajudar o professor a tirar partido das experiências vividas em campo e de reinvestir na prática o benefício de uma formação. A prática não é espontaneamente didática. Para ser formadora, ela deve ser teorizada. A formação é concebida de forma a ajudar o professor a realizar esse distanciamento necessário à construção de novos saberes e a suas utilizações na classe.

Para fazer isto, foi constituída uma equipe de nove professores oriundos de escolas diferentes e dois pesquisadores (Charlier e Hauglustaine-Charlier, de 1990 a 1992). A formação foi programada para dois anos. O tempo de trabalho comum era de meia jornada por semana durante o ano letivo.

Objetivos da Formação

Os objetivos estabelecidos para a formação visavam a ajudar os professores a:

- compreender as situações de trabalho, identificar seus componentes, analisá-los e interpretá-los em função de teorias pessoais ou coletivas;
- analisar as práticas de ensino, identificar as rotinas, as decisões tomadas;
- ampliar seu repertório de competências profissionais a partir de uma confrontação com outras possíveis.

Esses objetivos foram estipulados em ligação direta com a definição do profissional e a maneira como ele aprende, proposta na seção anterior.

Objeto da Formação

Os objetivos foram perseguidos por ocasião da construção de um produto educativo utilizável em sala de aula pelos professores participantes da formação. Consistia em imaginar novas utilizações de *softwares* para os cursos de estudo do meio nas 5ª e 6ª séries da escola fundamental.

A conduta proposta para produzir essa ferramenta apresentava três características. Ela era:

- *participativa*: os professores definiam as características dos produtos a serem construídos;
- *regulada*: havia aí uma alternância de fases de concepção e de experimentações nas classes;
- *estruturada*: um algoritmo retomando diferentes etapas marcava o ritmo da construção do produto (expressão de necessidades, identificação das possíveis, definição do projeto, análise de conteúdos, avaliação de uma estrutura, grafismo de um cenário, realização, experimentação, revisão, experimentação, revisão, etc.) e direcionava o trabalho do grupo.

Estratégias de Formação

No início, planejamos a formação de acordo com cinco estratégias.

A explicitação e a confrontação
de práticas profissionais

Os professores desenvolvem em grupo uma ferramenta para seus alunos. O trabalho em equipe constitui a oportunidade de explicitar e de confrontar suas práticas com as dos colegas. A constituição de uma rede interna à formação permite o intercâmbio de práticas, documentos e experiências que vão muito além do objeto mesmo da formação (Huberman, 1989). A confrontação de práticas constitui, ao mesmo tempo, um ponto de partida da concepção do produto, um objeto de trabalho através das experimentações realizadas e um fim (desenvolver cenários de lições integrando os *softwares*). A explicitação de sua prática permite ao professor tomar um distanciamento em relação a ela. A confrontação com as vivências dos colegas pode ser tanto uma fonte de reforços das teorias que subjazem à ação como estar no centro de um conflito e fomentar um questionamento.

A explicitação dos aprendizados realizados pelos
graduados em cursos de formação

Para ajudar os graduados a tomarem consciência dos aprendizados realizados e assim poderem orientar os próximos, os formadores procuram recordar permanentemente os objetivos fixados para a formação e encorajam os graduados a se posicionarem em relação a eles, bem como a explicitarem sua conduta de aprendizagem. Tal estratégia ajuda os graduados a tomarem consciência de suas teorias pessoais, de suas representações, de seus esquemas de ação e de suas rotinas. Ela permite aos formadores regularem de imediato o processo de formação e recolherem informações para obter hipóteses, aprimorar ou pôr em questão as estratégias de formação.

A ligação entre o objeto da formação e a prática profissional

A elaboração de um produto educativo foi escolhida como objeto da formação de modo a recobrar o interesse e a experiência anterior dos professores. A conduta de construção respeita as etapas de desenvolvimento de um produto de qualidade. Ela é estruturada para tranqüilizar os professores quanto à evolução de seu trabalho e aberta para fazer deles atores e garantir seu envolvimento nesse trabalho de desenvolvimento da ferramenta. Ela permite projetar o saber prático dos professores para desenvolver uma ferramenta pertinente para a classe.

Os formadores combinam muitos papéis

Eles são ora analistas, ora facilitadores, ora referências para adicionar saberes úteis ao prosseguimento do trabalho. Essa combinação de diferentes papéis permite enfrentar as exigências da conduta de construção de ferramentas. Além disso, o papel de analista e de apoio à análise dos aprendizados realizados e das práticas favorece a reflexão sobre a ação.

Uma alternância formação-prática

A formação é concebida de modo a alternar os períodos de formação e de prática profissional, o que facilita a ligação formação-prática. Esse mecanismo permite aos professores experimentarem no seu local de trabalho os trabalhos realizados na formação, e dá-lhes oportunidade de formalizar na formação as experimentações realizadas em sala de aula, de aperfeiçoá-las para preparar outras.

Essas estratégias foram operacionalizadas, testadas e depuradas durante a formação. Foram postas em questão em função de regulações realizadas durante o trabalho. Assim, puderam ser matizadas e complementadas no âmbito de uma pesquisa-ação-formação.

Uma Pesquisa-Ação-Formação

Essa formação é construída a partir de uma ação (construção da ferramenta) em interação com uma pesquisa sobre as estratégias de formação contínua em práti-

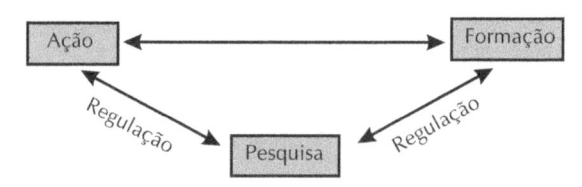

Figura 5.2 Pesquisa-ação-formação.

ca (Charlier, E. e Hauglustaine-Charlier, B., 1992). Essas três condutas de pesquisa, de ação e de formação mantêm entre si múltiplas interações.

A formação é a oportunidade de experimentar estratégias obtidas em parte dos modelos e das teorias explicitados acima. Ela constitui o material de base da pesquisa sobre as condições favoráveis a uma articulação entre formação e prática. A ação consiste em desenvolver a ferramenta educativa, em experimentá-la nas salas de aula de modo a poder depurá-la e adaptá-la aos contextos para os quais foi concebida. É o objeto da formação.

Em outros termos, constrói-se um saber sobre a base de uma formação. Informações resultantes da pesquisa orientam as decisões de formação (interações pesquisa-formação). Uma ação constitui o objeto da formação (interações formação-ação).

Essa articulação pesquisa-ação-formação, às vezes, leva a tensões entre diferentes facetas do trabalho. Eis alguns exemplos:

- Os pesquisadores e os práticos têm posicionamentos específicos particularmente quanto aos saberes a construir. Os pesquisadores consideram a ferramenta informática como uma oportunidade de compreender melhor as estratégias de formação estabelecidas. Os práticos, no início, concentram-se unicamente na ferramenta a ser construída e utilizada nas salas de aula. O interesse por uma reflexão sobre as estratégias de formação será desenvolvido neles durante a formação. Tal preocupação foi sustentada por estratégias como discussões durante a formação sobre as modalidades de formação desenvolvidas e as alternativas possíveis, a explicitação de dificuldades de aprendizagem no curso do trabalho e das condições a serem criadas para superá-las.
- Em certos momentos, as três facetas – pesquisa, formação e ação – estão em contradição. Superar esses dilemas implica fazer escolhas, favorecer uma em detrimento da outra (por exemplo, intervir para favorecer o aprendizado mais do que para recolher informações de forma "neutra"). Nós sempre optamos pela formação em detrimento dos objetivos da pesquisa e da ação.
- As restrições temporais ligadas à pesquisa, à ação e à formação são distintas. A formação implica decisões momentâneas ou na semana seguinte, decisões por vezes difíceis de conciliar com os imperativos de uma pesquisa a longo prazo.

Informações obtidas com esse fim só puderam ser tratadas em retransmissão e suas interpretações não puderam ser utilizadas diretamente para a formação em curso. No entanto, essa combinação ação-pesquisa-formação parece adequada para o problema colocado na medida em que:

- a formação constrói-se e adquire um sentido em relação à ação. A construção de um produto educativo estrutura o trabalho em uma série de etapas;
- a ação é a oportunidade de explicitar práticas e de construir um material que permita aos professores desenvolver a reflexão em seguida à sua prática;

– a pesquisa permite, em certos limites, mobilizar e regular a formação construída.

Assim, as premissas de formação apresentadas como conclusão são o fruto de um trabalho sistemático de reflexão sobre nossa ação. Algumas puderam ser experimentadas, outras não.

A pesquisa realizada a partir dessa formação tem uma função exploratória, heurística. Ela não tem outras pretensões que não seja apresentar aos formadores elementos de reflexão e de ação contextualizados a partir da análise de um caso.

Premissas da Formação

A estratégia pesquisa-ação-formação permitiu propor premissas para uma formação articulada à prática profissional (Charlier e Hauglustaine-Charlier, 1992). No âmbito deste capítulo, destacaremos cinco:

– uma formação organizada em torno de um projeto de grupo;
– um ambiente de formação aberto;
– uma formação integrada no percurso de desenvolvimento profissional;
– uma formação articulada ao projeto pedagógico da instituição;
– um profissionalismo ampliado do formador.

a. *Uma formação organizada em torno de um projeto de grupo*

No âmbito de uma formação organizada em torno de um projeto de grupo, a escolha deste é importante. As características que se seguem parecem ser favoráveis a uma articulação entre a formação e a prática:

- O projeto *é comum a um grupo de professores* e é o resultado de uma vontade de grupo.
- *Ele permite ao professor tomar uma distância crítica diante da prática.* O projeto é suficientemente próximo da prática cotidiana do professor para permitir-lhe apoiar-se nela quando de sua realização e suficientemente distante para que ele não se sinta diretamente ameaçado.
- *Ele pode ser planejado em um tempo limitado.* A realização do projeto é efetivada em um tempo limitado (por exemplo, um ano letivo), suficientemente longo para acompanhar os processos de aprendizagem (mudanças de representações, de condutas pedagógicas, etc.) e suficientemente curto para que o professor possa considerar outros projetos posteriores ou paralelos.
- *Ele pode ser organizado segundo uma conduta estruturada.* Os professores inovadores, em geral, ficam inseguros com a implantação da mudança em sua classe. Um trabalho de grupo estruturado em etapas contribui para criar um clima de confiança durante a formação. Este é favorável para que sejam assumidos os riscos inerentes à inovação. Essa estrutura também ajuda na regulação da formação.

- *Ele facilita a conquista dos objetivos da formação.* O projeto é concebido de modo a ser uma ferramenta a serviço da conquista dos objetivos da formação. Estes podem ser revistos regularmente e definidos com cada professor durante a formação, mas a ligação com o projeto deve ser sempre explícita para todos.
- *Ele favorece o desenvolvimento de uma estrutura de cooperação no grupo.* O desenvolvimento de uma estrutura de cooperação supõe, em primeiro lugar, a possibilidade de negociar os objetivos e as estratégias. Essa negociação diz respeito à ação (aqui a construção do produto) e à formação (objetivos, estratégias, etc.). Ela se realiza em um quadro de apoio ao projeto profissional individual e em ligação com o projeto do estabelecimento. O desenvolvimento de uma estrutura de cooperação precisa, em seguida, reconhecer as competências de cada um e, particularmente, a especialização dos professores tanto no plano da ação quanto da formação. Finalmente, ele precisa pôr em prática novas condutas pedagógicas e testá-las, isto é, favorecer o aprendizado de uma conduta de reflexão na e sobre a ação para o enfrentamento de situações novas.
- *Ele facilita a expressão e a confrontação de práticas.* A confrontação de práticas entre colegas é uma fonte de aprendizado privilegiada. Ela pode ser sistematicamente gerida durante a realização do projeto.

b. *Um ambiente de formação aberto*

- A instituição escolar, local de trabalho e de formação

O professor aperfeiçoa sua prática profissional ao exercê-la. Certos conhecimentos são acessíveis apenas no local de trabalho. Estratégias que favoreçam o aprendizado podem ser exploradas no local de trabalho. É o caso, por exemplo, da confrontação de práticas e de análises de situações com os colegas, como também da realização de projetos em equipe no estabelecimento. Elas supõem locais e momentos específicos para poderem ser estabelecidas.

- A instituição escolar, lugar aberto

Esse aprendizado no local de trabalho é favorecido pelo acesso a outros recursos: centros de documentação das universidades, institutos superiores pedagógicos, associações de professores, entre outros. Esses centros de documentação poderiam reconhecer e valorizar os trabalhos realizados pelos professores, os quais também podem combinar o acesso a diferentes recursos com estratégias que favoreçam uma reflexão sobre sua ação.

c. *Uma formação integrada em um percurso de desenvolvimento profissional*

A formação inscreve-se no percurso profissional do professor. Ela extrai sua significação de suas experiências anteriores, de seus êxitos, de suas derrotas. Ela assume um sentido em função de seus projetos pessoais e profissionais.

- Uma articulação de aprendizados no percurso profissional

Um dos papéis do formador é ajudar o professor a integrar a formação em seu percurso profissional, isto é, contribuir para:

- explicitá-lo, para construir para si uma representação *a posteriori* de sua evolução profissional;
- circunscrever seu projeto profissional (representação *a priori* de seu futuro profissional e de seu projeto pessoal);
- identificar a interação entre seus projetos e os da escola em que trabalha;
- definir os aprendizados realizados na formação;
- articular seus projetos pessoais, o projeto do grupo em formação e os aprendizados realizados;
- manifestar suas expectativas em relação à formação, às suas diferentes etapas, a fim de permitir ao formador regular com mais facilidade sua ação, e ao graduado orientar a formação em função de seus projetos e favorecer a articulação entre estes.

Realizando essas tarefas, o formador reconhece:

- que os objetivos de formação podem ser parcial ou inteiramente específicos para cada um dos graduados e variar conforme as etapas de sua vida profissional;
- que o mecanismo de formação deve ser concebido de modo a permitir essa evolução.

- Uma estratégia de avaliação coerente

Essa conduta individualizada de formação supõe uma estratégia de avaliação coerente com:

- A utilização de uma regulação formativa.

  Cada um aprende no seu ritmo coisas diferentes em momentos diferentes. Portanto, é preciso levar em conta tal fato para regular os aprendizados e, então, conceber a avaliação como um elemento a serviço do desenvolvimento do professor, personalizando-a especialmente no nível de critérios de avaliação.

- A utilização de uma avaliação cumulativa

  Na mesma perspectiva, o professor participa da avaliação cumulativa dos aprendizados. Esta é feita em sintonia com os objetivos definidos no contrato de formação.

- O desenvolvimento de um sistema de reconhecimento da especialização adquirida através da instituição escolar.

  Este pode assumir formas variadas (aumento salarial, mudança de seu papel na escola pelo reconhecimento do professor enquanto referência para seus colegas, etc.).

d. *Uma formação articulada ao projeto
   pedagógico da instituição*

A formação é um elemento de desenvolvimento pessoal e profissional do professor, mas ela também faz parte do investimento da instituição escolar em seu capital humano. Passar de uma concepção individual da formação para a de um investimento institucional significa conciliar imperativos individuais e projetos de grupo; significa considerar a formação como um co-investimento no âmbito do desenvolvimento do projeto do estabelecimento.

Isto supõe particularmente incluir a formação contínua nos planos de desenvolvimento a curto, médio e longo prazos da escola e dos professores. Assim, é importante:

- explicitar e esclarecer os projetos educativos dos estabelecimentos escolares, assim como o papel de cada professor nesses projetos;
- esclarecer os projetos pessoais ou de grupos dos professores em relação ao seu itinerário biográfico;
- traduzir projetos do estabelecimento em termos de competências profissionais requeridas para exercê-los. Não se trata aqui de estabelecer uma correspondência mecânica entre o papel e as competências. Preferiríamos apostar nas qualificações-chave, como a adaptabilidade, a flexibilidade, a gestão de riscos, de incertezas, e nas competências técnicas como gerir um grupo, animar uma discussão, definir, desenvolver e avaliar projetos, etc.
- situar a formação desejada no âmbito de um plano de formação do professor em relação ao projeto educativo da escola, isto é, reconhecer a formação como um momento do percurso profissional de um professor, membro de um estabelecimento escolar.

Tudo isso supõe o estabelecimento de um *contrato* entre os formadores, os administradores da instituição escolar e o professor. Esse contrato constitui as bases sobre as quais a formação pode desenvolver-se. Ele define, por exemplo, as expectativas do graduado, as demandas de sua instituição em face da formação, em relação ao projeto do estabelecimento, as condições que favoreçam a participação do professor, como a estabilidade nas atribuições, as facilidades de horário, a substituição por um estagiário ou um colega, as vantagens financeiras; a participação em uma equipe ou em um projeto, o mecanismo de avaliação dos aprendizados e de revisão do contrato, as modalidades de organização da formação (estratégias, papel dos formadores), etc.

- Condições que favoreçam o reinvestimento dos resultados da formação na escola

Se a formação deve responder a certas exigências para favorecer uma reflexão sobre a prática de um reinvestimento dos aprendizados realizados durante a formação na classe, as condições de vida na escola contribuem igualmente para isso. A título de exemplo, citamos:

- uma certa previsibilidade na atribuição de funções a fim de permitir ao professor projetar-se no futuro;
- o envolvimento de muitos professores do mesmo estabelecimento a fim de favorecer aí a criação de uma rede de professores que partilhem as mesmas preocupações;
- recursos temporais e materiais suficientes para que os professores possam repercutir os aprendizados realizados na escola;
- uma ligação com o projeto educativo do estabelecimento. Por um lado, isto permite aos professores encontrar o apoio necessário para realizar as mudanças que desejam e, por outro, permite à escola tirar partido de seu investimento.

Tudo isso supõe um apoio efetivo da direção.

e. *Um profissionalismo ampliado do formador*

Para serem formadores, os recursos do meio devem ser administrados. Essa gestão implica redefinir o profissionalismo do formador e supõe igualmente:

- a formulação e a revisão de objetivos de aprendizado individuais e de grupo;
- o acompanhamento individual dos percursos;
- a exploração de recursos de aprendizagem acessíveis;
- o desenvolvimento de ferramentas de análise da prática;
- a ajuda à formulação de contratos de formação e à avaliação dos aprendizados realizados na formação.

CONCLUSÃO

Neste capítulo, tentamos apresentar alguns pressupostos de uma formação articulada à prática. Após nos interrogarmos sobre o profissionalismo do ensino e a maneira como as competências profissionais desenvolvem-se e evoluem, apresentamos algumas conclusões de uma pesquisa-ação-formação visando a ajudar os professores a desenvolver sua capacidade de adaptação a uma variedade de situações educativas.

NOTA

1. Essas proposições foram concebidas no âmbito de uma pesquisa realizada em conjunto com B. Hauglustaine-Charlier, do Departamento "Educação e Tecnologia" das FUNDP de Namur, entre 1990 e 1992. Este trabalho foi subsidiado pela Comunidade Francesa da Bélgica.

CAPÍTULO 6
CONDUTA CLÍNICA, FORMAÇÃO E ESCRITA

Mireille Cifali

INTRODUÇÃO

"Entre a tentação positivista e prescritiva e a do intransmissível e do inefável, haveria lugar para uma inteligibilidade da atividade didática?" Esta foi, um dia, a questão[1] levantada para que eu, como psicanalista, respondesse.

Se, com um pouco de humor, esperava-se que eu me posicionasse ao lado do inefável, ocorreu-me embaralhar as premissas e mostrar que há o que pensar, aprender, progredir, construir de conhecimentos e formar-se quando se fala de afeto e de relação. Primeira condição: não negar sua presença em um ofício que lida com o ser humano, como é o ensino. Segunda condição: na dualidade "saber e afeto", não deixar de lado um dos termos em proveito apenas do outro. Significa dizer, ao mesmo tempo, que a relação não constitui o todo da profissão e que o cognitivo não resolve por si só a poética humana; que a escola permite o acesso a um saber estruturante e que ela contribui para a construção de um sujeito capaz de se referenciar em sua relação com os outros e consigo mesmo. Como psicanalista, portanto, não deixo de lado nem o cognitivo, nem o social, nem me restrinjo a meu suposto território: o inconsciente e o individual.

ESPAÇO DA CLÍNICA

O ensino está incluído entre outros ofícios que chamei de "ofícios que lidam com o ser humano". Confrontamo-nos, então, com situações sociais complexas, subordinadas ao tempo, nas quais se misturam o social, o institucional e o pessoal; o desafio é que o outro tenha acesso ao saber, cresça, supere uma dificuldade paralisante, cure-se. Inauguramos assim, em um espaço difícil, uma conduta particular de pensamento, uma ética de ação e uma formação adequada que a palavra "clínica" pode qualificar.

Toda situação aí é singular, diz respeito a uma pessoa, a um grupo ou a uma instituição. Uma ou outra jamais são idênticas; minha relação com eles difere mesmo que sejam aproximados na linguagem por um único vocábulo, por exemplo, aluno. Este que está diante de mim tem um sobrenome, um nome, uma história; portanto, ele existe em sua singularidade e em sua diferença; a situação que nos une não se parece com nenhuma outra, ainda que eu possa encontrar nela aspectos descritos na teoria. Por outro lado, ele me encontra, eu não sou substituível, ainda que ocupe uma função em um lugar institucional; minha singularidade faz parte da situação. Além disso, mesmo que eu saiba "tudo" sobre aprender e ensinar, me faltaria, no momento, inventar, fazer surgirem gestos e palavras que não estão nos livros, e isto não primeiramente para meu benefício próprio ou para a acumulação de uma ciência, mas para o benefício dele.

Não podemos aqui desenvolver a história da construção da conduta clínica na medicina (Foucault, 1972), na psicologia, depois nas ciências humanas (Revault d'Allonnes, 1989), bem como na sociologia (Enriquez E., Houle G., Rhéaume J. e Sévigny R., 1993); De Gaulejac V. e Roy S., 1983). Tomemos simplesmente uma definição, aquela apresentada por Jacques Ardoino:

> Hoje, é propriamente clínico aquilo que deseja apreender o sujeito (individual e/ou coletivo) através de um sistema de relações (constituído enquanto mecanismo, isto é, no interior do qual o prático ou o pesquisador, assim como seus parceiros, se reconhecem efetivamente envolvidos, quer se trate de visar à evolução, ao desenvolvimento, à transformação desse sujeito ou à produção de conhecimentos em si, como também para ele ou para nós.

E acrescenta que se trata

> mais propriamente de uma sagacidade (perspicácia) de acompanhamento em um período de intimidade partilhada da qual, assim como o trabalho do historiador, os exemplos psicanalítico, socioanalítico, etnológico, etnográfico e mesmo etnometodológico podem nos dar uma idéia. (Ardoino, 1989, p. 64)

Desse modo, o procedimento clínico não pertence a uma única disciplina, nem é um terreno específico; é uma abordagem que visa a uma mudança, atém-se à singularidade, não tem medo do risco e da complexidade e co-produz um sentido do que se passa. Ela se caracteriza por: um envolvimento necessário; um trabalho à justa distância; uma inexorável demanda; um encontro intersubjetivo entre seres humanos que não estão na mesma posição; a complexidade da criatura viva e a mistura inevitável do psíquico e do social.

Envolvimento

Em uma relação com outra criatura viva, não se pode ser exterior: "Estou aqui com minhas histórias, meus afetos". Os séculos passados certamente nos liberaram em nossa relação com a natureza, porque foram acumulados conhecimentos que nos permitem não ter mais medo de uma tempestade ou de um relâmpago. Em contrapartida, em nossa relação com o outro ou com o social temos uma relação extremamente afetiva, passional, na qual somos ofuscados por aquilo que somos; não somos descomprometidos com isso. O desafio das ciências humanas seria, como escreveu o sociólogo Norbert Elias (1993), "desafetivizar" um pouco nossa relação com o outro e consigo. O trabalho do profissional consiste, efetiva e continuamente, em se colocar a uma boa distância, sem imaginar estar distanciado *a priori*.

Um envolvimento desse tipo é, por outro lado, necessário. Não se encontra o outro senão através de uma presença, de uma autenticidade. É a base do encontro, nossos sentimentos não são inoportunos na circunstância, mas devem ser trabalhados para que o outro não se torne a tempestade de nossos afetos. Nossa subjetividade seria, então, um dos instrumentos do encontro. Se não quisermos repetir e fazer das pessoas encontradas objetos nos quais reencontramos uma parte de nossa história, temos de realizar esse trabalho que às vezes descobre o que nos "impeliu a".

Existe, para toda profissão que lida com o ser humano, um trabalho incessante de lucidez (Cifali, 1994). Nada nos protege de uma derrapagem, por si e pelo outro. Nem os mais altos diplomas preservam nossos gestos de se reverterem no contrário. Nossas escolhas são distorcidas, isto é humano e necessário. Contudo, é preferível o saber. Quando uma situação faz eclodir nossas referências conscientes, logo pensamos em nos proteger em nossas clivagens, repetições e cenários imaginários.

Quando se trabalha com uma criatura viva, o outro às vezes nos toca, geralmente nos opõe resistência. Ele provoca fascínio, irritação ou rejeição. Nesses ofícios, experimentamos sentimentos de amor e ódio. Os primeiros não são forçosamente desejáveis, benevolentes, positivos e sem ambigüidade. O amor pode revelar-se destrutivo: amor-paixão que usa o outro como um objeto e abandona-o logrado, destruído, manipulado, violentado ainda que seduzido. Nossos sentimentos violentos não são apenas negativos. Eles o são quando visam à destruição do outro, mas uma cólera pode criar um fato e revelar-se portadora de futuro. Nossas violências, assim como nossos encantos, são materiais a serem tratados.

As pessoas com quem trabalhamos fatalmente nos remetem ao essencial de nossas vidas de homens e de mulheres: à impotência e à ignorância, à sexualidade e à morte, à dependência... Oscila-se, então, entre duas posições: a de uma grande proximidade, participação e identificação com o outro, e a de um grande afastamento, que se traduz na indiferença. Oscila-se de uma a outra quando não se dispõe das ferramentas para se referenciar. Primeiro aceitamos ser tocados e, como isto se torna perigoso para nossa própria sobrevivência psíquica, estabelecemos mecanismos de defesa. Como não se pode viver todo o tempo tocado, afastamo-nos; introduzimos entre o outro e nós teorias, ferramentas técnicas; protegemo-nos com uma armadura institucional e é aí que nasce nossa indiferença, nosso cinismo, nosso rir por dentro de seu sofrimento; nós o transformamos em um objeto manipulável que não deve nos "aborrecer" e cuja agressividade dever ser domada.

Quando se sugere manter a boa distância e regulá-la de hora em hora, tal fato leva-nos a trabalhar nosso meio. Nossos sentimentos são um guia do que vivemos e do que o outro vive: um guia que, trabalhado, permite compreender sem projetar, atribuindo uma parte às coisas, a si e ao outro. Reconhecer nossos envolvimentos psíquicos em nosso ofício torna-nos menos nocivos. Uma teoria, por mais elaborada que seja, por si só não nos resguarda de derrapagens, de tomadas de poder, de rejeitar um outro que nos decepciona.

Inteligência Clínica

Todo ofício tem ferramentas de mediação, teorias indispensáveis. O ofício de professor exige, sem dúvida nenhuma, uma capacidade de programar, de preparar o que deveria ser, de ordenar, de prever as seqüências e de esperar seus efeitos. Em nosso cotidiano, como escreve Morin (1990), estamos com o piloto automático. Depois vem o incidente. Quer estejamos fora de circuito, porque nossas referências e nossos hábitos estão subvertidos, quer saibamos jogar com aquele que contraria nossa previsão. Daí a importância do "horizonte da espectativa", isto é, da predição: "Isto deveria ocorrer assim", ao que se segue: "Isto não ocorreu assim". Somos obrigados a programar, a pensar em fazer isto para obter aquilo, a acreditar em uma lógica da ação em que, se colocamos este ou aquele ingrediente no início, devemos obter este ou aquele resultado e, ainda, aceitar que os efeitos previstos nunca sejam exatamente aqueles que advêm em uma relação humana. A seqüência programada de fato encontrará essa variável diferente, e minha lógica de ação será transformada. Quer eu pretenda, a qualquer preço, obter o que tinha sido previsto, quer aceite programar e ser desviado do que deveria ter sido. A ação ultrapassa nossas intenções, como também a palavra.

Nos ofícios que lidam com o ser humano fazemos apostas, trabalhamos com a probabilidade e o acaso, com uma incompreensão crônica. Na incerteza, contudo, tomamos uma decisão do tipo que ata e desata. Na ação, somos antes de mais nada estrategistas, ou seja, qualquer um que conhece o programa, mas é capaz de tratar aquilo que está fora do programa. Ser clínico é precisamente partir de algo dado, de expectativas, de referências prévias e, mesmo assim, aceitar ser surpreendido pelo outro, inventar na hora, ter intuição, golpe de vista, simpatia: inteligência e sensibilidade do momento, trabalho na relação, envolvimento transferencial de onde um dia, nesse minuto, nesse acompanhamento, poderá emergir uma palavra ou um gesto que terá efeito, podendo ser apreendida pelo outro, porque ele está pronto para ouvi-la; isto ocorre por força de confiança, de perseverança e sem abandonar a crença nas pulsões da vida quando a destrutividade parece impor-se.

Isto exige, como escreve Morin, um pensamento próprio, uma capacidade de refletir por e para si mesmo, um jogo entre os automatismos necessários e o incidente. Aquilo que contraria a prescrição torna-se, então, experiência palpitante, descobre-se que se pode ter idéias e enfrentar. Atitude de curiosidade, de descoberta, de associação que nos mantêm inteligentes. Encontrar uma solução que não existe ainda, que júbilo prestar-se a isso. Não é essa atitude que se sonha preservar na criança, curiosidade ardilosa que ordena e põe em relação aquilo que não estava dado? Ainda falta aceitar que o mundo nunca é sob medida para nós, que a realidade não é ordenada para se adaptar a nós e para nos satisfazer.

Essa inteligência não decorre unicamente da aplicação de teorias. Os médicos expressaram, já no final do século XVIII, que um "bom" clínico (Foulcaut, 1972) é aquele que é autêntico, que tem o golpe de vista, que apreende do interior algo que não é necessariamente visível. Assim como para a criação artística, o saber e a técnica são importantes, mas não são nada se não forem incorporados, integrados a si, interiorizados. Essa inteligência tem uma condição prévia: não ter medo do outro parceiro. Pode-se, de fato, amar o saber, mas não aquele do qual se deve apropriar, como se pode amar a doença, mas não o doente.

Ética

Uma questão constantemente se coloca no agir: "Isto é bom, isto é mau?". Nos iniciantes, é a primeira questão, na esperança de um julgamento que pudesse arbitrar e, sobretudo, proteger do mal. Em nossos ofícios, confrontamo-nos com a questão da "justeza do ato". Realizamos atos, mas como, com que certeza? Nossa intervenção parece mais simples quando agimos sobre objetos. Fazemos um gesto e medimos seu impacto pela transformação operada no objeto. A medida de meu gesto é dada pelo objeto e pela intenção que eu tinha. Meu êxito e minha derrota são legíveis na medida em que aceito levar em conta as conseqüências desse ato. Nos ofícios que tratam com o ser humano, há certos atos cujo impacto imediatamente se conhece pelo alívio que eles causam. E, depois, há todos os outros que nos deixam indecisos. "Eu fiz aquilo, poderia ter feito outra coisa". Sabemos que há sempre múltiplas possibilidades, que uma escolha deve ser operada e que precisamos assumi-la, a ela e as suas conseqüências. Todo ato transforma a situação que não pára de evoluir. Temos vertigem quando não deciframos com facilidade no outro a repercussão de nosso ato. O outro esconde, não reage, e nós corremos o risco de nos enganar sobre as conseqüências. Somente o diálogo pode ainda nos dar a medida daquilo que fizemos.

É necessária uma dimensão ética para o ato de ensinar? O pedagogo desconfia disso por causa da moral de outrora que ele quis abandonar e que subordinava o ato pedagógico a normas estritas. Para aqueles que pretenderam retirar o ato pedagógico do lado da ciência, a evocação de uma moral, ainda que sob o vocábulo mais moderno de ética, é inadmissível. Pois, mesmo que ainda não tenha sido reconhecida a pertinência de uma autonomização da pesquisa em relação aos valores, a ciência não pode por si só determinar tudo, porque ela deixa na sombra certos aspectos do agir. O ator deve reportar-se a outras referências e perseguir outras questões. Se desejamos apenas valores que funcionem em silêncio, que a idealidade reinscreva-se numa virada de página, é importante considerar aquilo que uma dimensão ética oferece ao ator no seu agir.

A moda atual da ética certamente deve ser questionada, como reivindica Alain Badiou (1993). Ela pode acobertar práticas pouco brilhantes, contentando-se com discursos ou comissões eruditas que, em geral, nada impedem nas situações singulares. Se essa palavra pode efetivamente tornar-se um álibi confortável, nem por isso deve-se renunciar a ela ou não se preocupar com seu significado. Badiou proclama que não existe ética a não ser na singularidade e na intersubjetividade de situações da criatura viva. Ela é interrogação reflexiva, mais do que afirmação; guia e referência, mais do que caminho já traçado. Ela leva em conta o irresolúvel da ação, em que a resposta deve ser buscada por si e certamente não virá de outra parte.

FORMAÇÃO

O espaço clínico distingue-se do contexto do laboratório, mas não se opõe a ele. Na clínica, utilizam-se os resultados obtidos no espaço de um laboratório, mas a atitude pertinente em face da criatura viva é diferente daquela desenvolvida em laboratório. Contudo, há uma grande tensão entre esses dois mundos. O que é qualificado como experimental assegura ser a única garantia de uma cientificidade e olha com desconfiança aquele que não oferece as mesmas garantias de seriedade. O clínico tenta, ele próprio, assegurar sua especificidade, fazer com que se reconheça seu valor na produção de conhecimento e intervir com outros critérios. Na formação, geralmente há menos segurança, pois formar um clínico não passa por vias seguras e deixa na sombra certos talentos que não se sabe muito bem como são adquiridos, mas que fazem a excelência de certos práticos.

Seria o caso de se conceber uma formação inicial que permitisse a construção de uma atitude clínica em relação à classe, à instituição, a uma criança; uma formação com base em uma atitude de intervenção e de pesquisa a ser desenvolvida ao longo do exercício de um ofício que possibilita tanto a produção de conhecimentos quanto sua transmissão. Uma formação desse tipo implica considerar a articulação entre os saberes constituídos e os saberes da experiência.

Saberes Constituídos

Como considerar, nesse contexto, a passagem pelos saberes constituídos? Aquisição de conteúdo? Certamente, mas também questionamento sobre o processo de conhecimento. Passar pelo questionamento das principais disciplinas das ciências humanas – psicologia, sociologia, história, etnografia, sociologia das organizações, psicanálise, etc. – pode provocar um descentramento em relação ao saber que cada um constrói sobre sua relação consigo mesmo e com os outros, com a sociedade e suas organizações. Essa passagem é, então, indispensável com a condição de que esse saber prévio seja reconhecido como valioso, que cada um se questione a partir dele.

Na orientação clínica, também seria preciso que cada um percebesse os limites das ciências humanas em relação à ação: não o guia infalível de uma prática, mas a referência para um questionamento constante das situações por parte da criatura viva. Isto exige a privação de um domínio racional, a renúncia a uma totalização e o abandono de uma compreensão definitiva: crer certamente na razão, mas reconhecer seus limites e armadilhas, isto é, voltar sempre à questão: "Até onde vai a ciência e onde começa a ética?".

Assim, cada um que ingressa nesse ofício devia ter como referência o estatuto das ciências humanas para situar devidamente essa busca do saber e compreender que uso pode ser feito dele na prática efetiva do ofício. Ele começa a perceber a dificuldade e a especificidade de uma conduta de conhecimento relativa ao ser humano e a diferenciar as abordagens – a experimental e a clínica – com seus respectivos desafios. Portanto, os saberes de base, aqueles que ajudam na construção da programação, de modo algum podem ser minimizados, devendo ser colocados na perspectiva de um uso clínico.

Saberes da Experiência

Paralelamente, desde o início, exige-se uma abordagem do campo pela ação e a reflexão sobre a ação. Trata-se de aprender a observar o campo quando se tem uma participação aí, ou seja, observar diretamente o envolvimento.

No laboratório ou em um meio protegido, pode-se dispor dos meios para uma observação sistemática, codificada, instrumentalizada, e isto pode ser benéfico para perceber a dificuldade de uma apreensão da realidade humana. No envolvimento, não se pode agir assim: na vivência do momento, há como uma vigilância, uma impregnação, na qual se é permeável a um conjunto de sinais, o que não significa necessariamente poder refletir sobre eles. Em geral, a observação aí é apenas retroativa: apenas no momento seguinte, quando se recorda o mecanismo de um gesto, é que se pode "observar" o que se passou; a memória desempenha um papel nisto, sendo inevitável uma reconstrução (Vermersch, 1993). No momento seguinte, esboçam-se hipóteses mais do que se explica, identifica-se o que foi inventado no momento, medindo em suma o efeito de sua ação. Não é apenas o êxito que é valorizado; o efeito negativo é um conhecimento igualmente valioso para a continuidade da ação. Desse modo, todo gesto só passa a ter valor com a reação daquele ou daqueles a quem é dirigido: se eles contam tanto, isto significa que somos despossuídos de um Bem *a priori*. Assim, só podemos abordar o efeito do gesto se aceitamos entrar em uma questão ética sobre sua importância em uma situação singular.

Nossa capacidade de recordar a experiência passada é aprimorada com o concurso de qualquer um que ajude a olhar aquilo que se recusa a ver, a compreender como – por exemplo, quando se tem medo – muitos sinais nos escapam. Aprende-se assim a nomear, a traduzir em palavras, não obstante a incompreensão crônica com a qual todos se confrontam. Reconhecem-se os efeitos inconscientes da teoria e o quanto ela é enriquecida pela ação. É precisamente nesta que se aliam os conhecimentos apreendidos das ciências humanas e nossa capacidade de mobilizá-los em um gesto. Tanto mais esses conhecimentos produzirem um descentramento, mais se será capaz de inventar na hora e de refletir sobre isso no momento seguinte (Faingold, Capítulo VII). Trabalha-se, portanto, sua intuição sem renegar seus movimentos primeiros, mas envolvendo-os em uma reflexão dialógica, conforme os efeitos operados em uma sala de aula, em uma criança.

Constantemente, estamos em busca de verdades, sabendo duvidar sem cair na paralisia da ação. Há como uma confiança que se constrói, não uma confiança ofuscante em si mesmo, mas em sua capacidade vital de suportar a desordem sem, contudo, perder a esperança de que tudo se arranje no final. Essa confiança, evidentemente, não existe no início quando a falta de experiência dramatiza os gestos e o cotidiano, quando a inquietação se faz presente porque tudo é desconhecido. Ela é conquistada ao final da experiência quando se cuida de refletir sobre ela. Entretanto, a experiência só é benéfica quando aliada a uma constante reposição em movimento dos saberes que ela permite; ela produz um saber de base que interfere em toda situação nova, mas que torna cada um capaz de diferenciação.

A relação com o campo e com a ação passa por uma série de entendimentos e de aceitações e, sendo assim, por um aprendizado que implica um trabalho interior. Aprender com o que surge e não submeter a uma rápida explicação significa aceitar confrontar-se com o desconhecido, dar lugar ao circunstancial, não se surpreender e consentir no risco de uma derrota reiterada. Ao colocar questões sem desejar uma resposta a qualquer preço, admitimos nossa ignorância quanto à singularidade humana.

Saberes da Alteridade

Ter como alvo um ofício que trata com o ser humano implica que se reserve um lugar ao portador da ação e à sua relação com as outras criaturas vivas. Quando se reconhece ser portador de sua prática enquanto sujeito – sujeito determinado por leis e por uma cultura, mas também capaz de criação –, aceita-se a parte que lhe incumbe em toda ação – parte esta que pode ser trabalhada com outras. Compreende-se também que nem sempre cabe necessariamente ao outro se transformar, porém cabe a si afastar-se, deixando-lhe espaço para evoluir; que em um primeiro momento se defenda dele, porque ele causa medo; que não se trata de estar à sua disposição, mas de ficar atento aos sinais que ele emite. Dessa forma, admitimos aprender com a dificuldade, a nossa e a da criança, experimentando o estatuto do erro em toda conduta de conhecimento.

Somos instados nessa hora a combinar uma prática da alteridade, a qual exige uma regulação da distância em relação aos acontecimentos, a este ou àquele aluno: uma "boa" distância que se trabalha quando parecemos perdê-la, seja por uma enorme confusão, seja por uma grande indiferença. Conhecemos então a angústia, o medo de que os outros fiquem assustados sem nós: é o preço de uma profissão na qual o interlocutor é um ser humano, na qual temos de nos manter vivos, capazes de produzir eventos comunitários que deixem lembranças. E, dolorosamente, temos de admitir que podemos ser patológicos para um outro, infligindo-lhe sofrimentos.

Tais aceitações e aprendizagens exigem que seja realizado um trabalho a partir de um envolvimento e de uma urgência. Abordar os problemas relacionais, a intersubjetividade e a subjetividade nos ofícios de ensinar e de educar induz à elaboração de mecanismos próprios à conduta clínica. Estudos de caso, trabalho sobre situações, relatos de experiência, grupo de orientação Balint: tantas são as oportunidades para aquele que se forma identificar-se e construir suas próprias convicções.

Essas passagens devem tornar-se obrigatórias? A questão é sempre esta. Evidentemente não, e esta é a maior contradição. Ninguém deveria eximir-se desse aspecto do trabalho, no qual se inclui a subjetividade exigida. Porém, impô-lo poderia criar tamanhas resistências que seu benefício seria nulo. Creio, por ter experimentado, que uma escolha deve ser livre; o obrigatório é ouvir falar mesmo sem ter escutado. Um dia qualquer, qualquer um se lembrará. Um dia qualquer, cada um será levado a questionar seu gesto e sua decisão. Talvez, então, ele se lembrará disto por sua própria conta, mas para tanto é preciso que pelo menos tenha ouvido falar que isto existe. É por isso que esse tipo de trabalho pode ser feito em cursos ex-cátedra, nos quais a distância imposta permite um trabalho com mais ou menos envolvimento; neles podemos ao menos transmitir uma maneira de se questionar e fazer perceber a possibilidade de partilhar com os outros as dificuldades, sem interpretá-las imediatamente como indignidade pessoal.

Tensões

Existe uma tensão entre a lógica do saber prévio das ciência humanas e a do conhecimento construído a partir da experiência. Nela se faz o papel do campo na construção dos conhecimentos.

Às vezes, procede-se como se um estudante devesse aprender os pré-requisitos científicos sem se colocar questões e sem compreender por que, provar que é capaz de se apropriar daquilo que os outros exigiram como saberes de base. Só bem mais tarde, quando também for um especialista, é que poderá fazer a ligação. Assim, os saberes de base seriam desconectados, sem prejuízo de sua utilização em uma prática. Além disso, os especialistas centrados em suas especialidades não estariam habilitados a operar tais ligações. O valor de uma apropriação de saberes de base já seria suficiente para inferir uma racionalidade na ação futura. Infelizmente, esta é uma daquelas posições que provoca resistências e reflexos antiintelectualistas nos práticos, convencidos de que se elude o essencial.

FORMADORES

A possibilidade de uma formação clínica depende dos formadores. A qualidade de sua relação com os saberes constituídos, com os saberes da experiência e da alteridade evidentemente se reflete em sua concepção da formação. Eles ocupam o primeiro plano; suas querelas e suas lutas de território estão no centro de uma formação.

Responsabilidade

Instalado o questionamento pelas principais disciplinas constituídas das ciências humanas, o estudante somente se referirá a elas se o formador considerá-las e explicitar sua posição. Paradoxalmente, um formador que vem de uma disciplina como a sociologia, a psicologia e outras não deve negar sua especialidade, mas também não deve impô-la aos futuros práticos como a única apreensão do ofício; ele teria de examinar com eles o modo como esse saber é mobilizado na ação e o que ele não resolve. Em face do uso do saber em um ofício, nenhum formador que se dirige a futuros profissionais do ensino escapa à questão do papel de uma disciplina para um prático, qualquer que seja a resposta que ela ofereça. Se ele acredita em uma ciência que pode programar e ser um guia eficiente para uma prática, que a nomeie. Se pensa de outro modo a relação entre a teoria e a experiência, que o explicite. O que é mais pernicioso nessa matéria são os saberes prévios transmitidos sem qualquer questionamento.

A complexidade do ofício acarreta mais de uma armadilha, como a de uma totalidade por justaposição das "visões" disciplinares: sociologia, história, psicologia cognitiva, psicanálise, didática, etc. Como afirma Morin, a divisão das disciplinas científicas é necessária, assim como é necessária a vontade de superar suas clivagens, trabalhando nos interstícios, desconfiando das hegemonias. Ainda estamos longe de poder refletir juntos sobre o objeto do ensino e da educação e de trabalhar sós, demarcando seus limites. Este é o momento em que o formador é chamado à responsabilidade: de que modo ele aceita relativizar sua abordagem? Ele foi capaz de questionar sua relação com a verdade e como a transmite? Como ele aceita o questionamento de outros especialistas?

A formação inicial proporciona a programática, os fundamentos: ferramentas essenciais sem as quais o ofício não pode ser exercido. Nela também se deveria aprender a jogar com os fatos. Nesse jogo, cada um teria de se aventurar. Um ofício que lida com o ser humano não pode ser exercido sem que se assuma riscos, e nunca se sabe como isto se dá para um ou para o outro. Só se pode dizer que, se os formadores o assumem e o nomeiam, isto, às vezes, surte efeito no final.

Espírito Clínico

Uma conduta clínica é de um grande rigor. Não se trata de uma formação psicológica propriamente dita. Ela visa, principalmente, ao desenvolvimento de uma sensibilidade que integre os saberes experimentais na relação com o outro. A transmissão de uma atitude clínica é difícil e frágil. Creio, sobretudo, na capacidade dos formadores de exercê-la no próprio terreno da formação. O problema é que, dependendo da disciplina a que se refere, o reconhecimento da importância de uma atitude clínica como competência para ensinar não é a mesma: ela pode ser invalidada ou ser o centro da conduta.

Uma atitude clínica culmina na construção de uma ética de situações singulares, em que nossa relação com o outro é permanentemente questionada (Badiou, 1993). Essa atitude não é domínio exclusivo de um especialista, mas é própria de todo formador que se interesse pelos fenômenos da subjetividade e da intersubjetividade e que coloque em questão sua relação com a psicanálise. Em cada mecanismo, o desafio situa-se invariavelmente no seu nível: que papel ele atribui ao campo? Como elabora seu saber em relação à lógica de ação? De que modo se confronta com o saber e com a ignorância? A atitude clínica, portanto, não pertence necessariamente aos psicanalistas ou aos psicólogos, sobretudo se estes consideram o terreno do ensino como um território a ser anexado, onde possa exercer seu saber teórico sem se preocupar muito com o seu parceiro (Cifali, 1982).

Quanto aos saberes da experiência e da alteridade, os aprendizados não se realizam *in abstracto, in effigie*. Em um curso, um formador pode utilizar os relatos da prática para circunscrever os desafios de um ofício, para que se perceba como um profissional reflete sua prática (Gervais, 1993). Todavia, isto não é suficiente. É preciso construir mecanismos por meio dos quais o estudante experimente as situações e depois fale delas, compartilhe-as, observe-as em seguida, compreenda sua incompreensão, coloque suas questões, não tenha medo de suas incompetências, aceite seus limites de hoje para construir o saber de amanhã

(Faingold, 1995). Essa capacidade de falar, na formação inicial, não é de modo algum evidente, pois supõe uma palavra que não se inibe, embora um iniciante tenha tudo para não lhe dar crédito, por denegrir sua maneira de pensar, por idealizar o saber do formador, ao qual ele atribui, através de julgamento, a pobreza de suas construções. Para que essa palavra emerja, a questão está no clima a ser criado, no respeito a ser construído, na capacidade do formador de nomear o que é difícil, de não jogar com a impotência e o medo experimentados. Esses mecanismos deveriam ficar fora dos desafios da avaliação certificadora. Nossa capacidade de pensar não se mede; ela apenas se desenvolve em um espaço que escapa à sanção, o que não significa, longe disso, não se colocar a exigência ou a possibilidade de avaliação.

Contudo, na formação inicial, convém manter a prudência. O envolvimento não pode ser exigido sempre, pois o ritmo de cada um para se situar nele varia. Criam-se resistências ao se impor aquilo que se acredita ser o melhor; então, como em qualquer parte, o bom reverte-se em mal e a intenção louvável produz o contrário do que era esperado. Uma formação para a conduta clínica é pesada psiquicamente, ela não tem de ser constante. Às vezes, pode-se aprender a distância, depois se interessar. É importante, sobretudo, manter aberta essa conduta na formação contínua, na qual a experiência ajuda o profissional a antever seu desafio e a se deter de aviltá-la na formação inicial.

ESCRITA

Se aprendemos com a experiência e se nos formamos nela, qual a escrita que permite construir conhecimentos e transmiti-los? Existe uma escrita específica da experiência e da clínica? Essa interrogação soma-se a outra, no fundo extremamente banal, pois se resume a isto: "Como se escreve a prática cotidiana?" Perseguindo essas questões simples, realizei pesquisas históricas – não totalmente concluídas – que me levam a levantar a hipótese de que o relato seria o espaço teórico das práticas (Cifali, 1995). Essa escrita próxima da literatura, que a história e a etnologia também conhecem, poderia ser vista como um dos modos de inteligibilidade de situações da criatura viva. Não estou sozinha nessa conduta, nem sou a primeira a levantar tal hipótese. Hoje, esse desenvolvimento tem semelhanças com o trabalho realizado por Francis Imbert (1994) ou com as interrogações de Philippe Meirieu (1993b) ou Alain André (1993). Contudo, devo o essencial a Michel de Certeau, que chega ao ponto de afirmar "que uma teoria do relato é indissociável de uma teoria das práticas, como sua condição e ao mesmo tempo sua produção" (1990, p. 120).

A história narrada, porém, é lançada ao descrédito: não é ela que ocorre primeiro a um prático? Ele narra o que se passou. E ao teórico ocorre acrescentar que essa narrativa não basta por si só, é matéria bruta da experiência, às vezes apenas descrição; com ela se estaria bem longe de um conhecimento e, sobretudo, de uma explicação daquilo que se passou. Narrar é, quando muito, reconhecido como o modo pelo qual as "pessoas menores" – aquelas que não têm a bagagem teórica que lhes permita elevar-se além da anedota – dão o testemunho do que lhes sucedeu com todos os seus preconceitos e ilusões de ótica.

No entanto, seja em nível de um povo ou de um indivíduo, essas histórias contribuem para forjar sua identidade. Não há povo sem histórias nas quais se reconheça. A psicanálise, por sua vez, mostrou que todo sujeito se constrói através dos fragmentos de sua história: o processo analítico parte de rudimentos, de acontecimentos descontínuos e sem ligação aparente, de lacunas, para construir uma continuidade, uma coerência e, finalmente, uma história de vida, na qual o sujeito se encontra sem, com isso, ser capaz de compreendê-la. Não aconteceria o mesmo com um ofício? Fala-se muito de identidade profissional; que o relato – condição da memória – contribui para sua construção, isto raramente é evocado.

Em geral, subestimam-se os gestos cotidianos. De minha parte, teço uma filiação entre essa baixa auto-estima e a ausência de uma clínica com sua escrita específica. A medicina vê seu gesto valorizado em nossa sociedade: sua estima social – que de resto nem sempre existiu – deve-se apenas ao fato de ela ter contato com a vida e a morte? Talvez. Mas o acesso ao saber tem uma tradição que é tão antiga quanto o homem; a aquisição de conhecimentos que está na base de nossas culturas é tão indispensável para nós quanto a saúde. Por que, então, essa persistente desvalorização? Alguns jogam a responsabilidade em uma representação social ligada à criança, não obstante sua supervalorização afetiva em nossas sociedades. Um professor considera-se vítima principalmente de uma desvalorização externa; ele também se torna responsável pela maneira como reconhece seu gesto e o avalia, como ele pensa a respeito ou não pensa. É provável que a produção do relato e outros projetos, como o da profissionalização, consigam transformar essas representações. Faltará tempo para isto.

Entretanto, nossa mentalidade científica choca-se com a afirmação de que o relato seria um dos espaços de teorização das práticas: onde ficam a teoria e as leis de funcionamento? O que se aprende? De que conhecimentos é possível se vangloriar? O relato, por pertencer à ficção, por estar ligado mais à literatura, à poética e à imaginação, estaria em oposição à ciência, distante do real e da objetividade, ou seja, da seriedade de uma pesquisa. Para afirmar que o relato não tem do que se envergonhar quanto ao registro do conhecimento, que sua escrita não rejeita a disciplina aí recorrente na aproximação de uma arte, muitas coisas devem ser enterradas, assim como tem de ser retocada uma certa concepção do que é científico. Os historiadores ajudam-nos nisto. Escreverei em algum outro lugar, para mostrar que toda realidade é reconstrução, que há no relato não só compreensão, mas também explicação, e que a singularidade da situação narrada pode atingir o geral, onde muitos se reconhecem. É a esse preço que o relato figura entre as ferramentas de inteligibilidade.

Autenticidade

Um relato não é nem uma soma de informações, nem a descrição escrupulosa de um exterior no qual o autor não está envolvido. A concepção do relato remete forçosamente à nossa concepção do ofício. Não há relato se o portador da ação não assume sua subjetividade e nega o impacto do afeto em seu ofício. Essas duas condições são particulares e associam o relato à expressão, à autenticidade e à exposição de um "eu". O relato não se reduz a isto, mas também não escapa a isto. O interesse em desvendar esse envolvimento é notório: "Admitir o afeto, escreve

Michel de Certeau, é também reaprender uma língua esquecida pela racionalidade científica e reprimida pela normatividade social" (1987, p. 135). Um profissional experimenta sentimentos e põe-se a refletir sobre eles: isto o leva a falar e, às vezes, a escrever a respeito. Admiti-los é dar lugar ao outro e aceitar ser ouvido por ele; escrever sobre eles é ousar dizer "eu" e assumir seu lugar na ação.

Levar em conta as práticas significa, então, que se aceita falar das dificuldades encontradas. O relato das práticas não está associado exclusivamente a elas: os êxitos, os desempenhos, as aberturas, os progressos, as resistências superadas não estão excluídos. Contudo, insisto na necessidade de não omitir a dificuldade, pois tudo concorre para que se fale somente a meia-voz e quase nunca de forma pública. Ousar expor a fraqueza, assumir um compromisso de sinceridade, seria de fato muito razoável em nossa cultura atual? No mundo da educação e do ensino, o erro e a dúvida não são expostos já de longa data. Trata-se de não mostrar nenhum temor que seja usado contra nós. Estamos presos em desafios políticos que impedem de tornar públicos os fracassos e as dúvidas.

Porém, é a partir da falha que se aprende, escreve e constrói. Portadora de conhecimentos e de desempenhos, ela não é um mal a evitar a qualquer preço. Tal afirmação provavelmente é idealista. Contudo, é partindo da dificuldade do outro e da sua própria que se transmite a experiência cotidiana. Não faço a apologia do negativo, nem afirmo que nossos ofícios são apenas sofrimento e dificuldade. Existe o êxito, a alegria, o júbilo, a segurança em certas maneiras de fazer, a satisfação, a beleza, a estética, os progressos, as rupturas e os encontros: isto também faz parte da experiência a transmitir. Ocorre é que a escrita da dificuldade também não deixa de ser benéfica. "Sem descanso, da manhã até a noite, a história é efetivamente narrada. Ela privilegia o que fica (o episódio é antes de tudo um acidente, uma infelicidade, uma crise), porque é preciso urgentemente costurar esses pedaços com uma linguagem dos sentidos" (1987, p. 74), insinua Michel de Certeau.

Autor Transformado

O que ganha aquele que escreve um relato em seu nome? Pode-se falar de transformação, no que isto significa de perturbações psíquicas? O benefício não é, então, apenas afetivo? Como nomear o que se passa? Conforme a orientação teórica à qual se é ligado, a ponderação de fatores não causará surpresa. Seria o caso de operar uma divisão entre benefícios cognitivos do conhecimento e benefícios afetivos? Evidentemente, não. Ambos são esperados. Ricoeur exprime tal fato à sua maneira, falando da função da ficção,

> que se pode dizer indivisamente reveladora e *transformadora* em relação à prática cotidiana; reveladora no sentido de que traz à luz traços dissimulados, mas já desenhados no âmago da nossa experiência da práxis; transformadora no sentido de que uma via assim examinada é uma via modificada, uma outra via (1985, p. 285).

O que era informe adquiriu forma, o que não tinha ordem temporal estruturou-se entre um antes e um depois. Surgiram associações, detalhes esquecidos foram recuperados, ligações foram estabelecidas. Os episódios descontínuos integram-se em um quadro. O que parecia não ter começo nem fim delimita-se. O que era detalhe ganha sua importância, uma associação encadeia uma lembrança, o sentido emerge da matéria bruta de uma experiência. A conseqüência é um distanciamento, uma desdramatização, um deslocamento de si diante do ocorrido. Uma seleção foi operada; trata-se apenas de uma versão da história, mas que dá uma primeira inteligibilidade. Não se busca uma explicação, mas a explicação constrói-se na narrativa. Isto com as palavras do dia-a-dia: as palavras ordinárias. O benefício é de ordem cognitiva, de uma inteligibilidade reflexiva que tem como benefício adicional favorecer uma auto-estima, sem a qual não há estima do outro. O "eu" assume-se e posiciona-se. O "eu" profissional constrói-se ao mesmo tempo que o "eu" de uma identidade pessoal. Essa via feita de histórias torna-se uma coisa que nos pertence e da qual, no entanto, já nos separamos.

O reconhecimento do relato como modo de construção teórica defronta-se, no campo profissional, com mais de uma dificuldade. Para que o relato entre no campo da ciência, é importante que ele seja público e, portanto, divulgado. Serão necessários ainda muitos anos para que o contexto de aceitação e de recepção permita aos práticos que escrevem assumir seu texto sem temor de represálias (Cifali e Hofstetter, 1995).

Gosto pela Escrita

Qual o papel do relato em uma formação clínica? Um formador pode reportar-se a ele em seus cursos. Em 14 anos de docência, sempre li relatos extraídos de obras de psicanalistas, de livros da pedagogia institucional. O relato, manifestamente, tem um efeito de sedução, tal como a história contada às crianças. A atenção é atraída, a qualidade da escuta é transformada. Isto coloca a questão: efeito de sedução? Hipnotismo do relato que acalenta, como os textos de nossa infância? Identificação com os heróis, como no cinema?

Para pequenos e grandes, como se poderia dizer – profissionais experientes ou iniciantes –, a escuta para mim é a mesma. Um relato que surte efeito parece ser aquele que permite ao ouvinte ou ao leitor operar confirmações, engrenar associações que lhe atravessam o espírito: uma semelhança é reconhecida, uma diferença é descoberta. A aparência é de passividade, mas cada um está envolvido em um trabalho ativo. Ele não se fixa apenas na história, pois estabelecem-se conexões, outras histórias vêm à memória. Essa riqueza de ligações provoca nele uma transformação.

Nesse contexto, permite-se utilizar um termo tão evocador como catarse? Ricoeur recorre a ele quando aborda o efeito sobre o leitor. Ele fala de um "efeito mais moral que estético". A catarse "tem esse efeito moral apenas porque, antes de mais nada, ela revela o poder de esclarecimento, de investigação, de instrução exercido pela obra no sentido do distanciamento em relação a nossos próprios afetos" (1985, p. 322-323). Esse efeito de esclarecimento é, com freqüência, atestado. "É isto", reconhece-se: são as palavras exatas para aquilo que apenas se sentia de maneira confusa. Isto faz "sentido" para usar uma expressão que, embora da moda, não deixa de ser pertinente. Esse esclarecimento põe "a distância nossos afetos", escreve Ricoeur. Há também o efeito do reconhecimento: algo de semelhante surge em cena, produz um efeito sobre a solidão de cada profissional.

Há algum tempo, utilizo sistematicamente o relato em um curso ex-cátedra. Logo avaliarei seus efeitos e o modo como ele se alia aos desenvolvimentos teóricos, apela à argumentação, à discussão e mesmo ao comentário. Também reflito sobre se esse tipo de escrita já pode ser promovido na formação inicial e com que benefício. Considero diversas práticas de escrita, por exemplo, a do diário de campo que acompanha o confronto com o saber. Nele, escreve-se o acessório, necessário à construção de um saber em que o sujeito não é separado de seu objeto. Desejo com isto desenvolver tais práticas de escrita como modo de construção da experiência e, sobretudo, preservar em cada um o gosto pela escrita.

CONCLUSÃO

Tanto para os profissionais experientes como para aqueles que estão se formando, esta reflexão em torno da conduta clínica e da escrita parece-me necessária. Embora me interesse por elas já há um longo tempo, somente hoje busco nos historiadores (Veyne, 1979; Marrou, 1975) e nos antropólogos (Adam, Borel, Calame e Kilani, 1990) referências que poderiam tirar o mundo do ensino do enclausuramento em que às vezes ele é construído. Para mim, em todo caso, é o início de uma pesquisa que será validada por meus pares teóricos, mas, sobretudo, pelos práticos de hoje e de amanhã.

NOTAS

1. Esta questão – propositadamente caricatural – foi colocada a Philippe Perrenoud (sociólogo) e a mim (psicanalista), durante um seminário interdepartamentos organizado pelo INPR, em Paris, no dia 18 de outubro de 1994, sobre o tema *Atividade didática e identidade profissional*.

CAPÍTULO 7

DE ESTAGIÁRIO A ESPECIALISTA: CONSTRUIR AS COMPETÊNCIAS PROFISSIONAIS

Nadine FAINGOLD

INTRODUÇÃO

A prática pedagógica "é governada pelo *habitus* do professor, sistema de esquemas de pensamento e de ação que subjazem às múltiplas microdecisões tomadas em sala de aula, tal como esta se apresenta" (Perrenoud, 1983). A questão da elucidação dos "saberes da experiência" (Tardif, Lessard e Lahaye, 1991), empregada pelos professores na sua prática do ofício, está estreitamente articulada à problemática da formação. Questionar a "reflexão-na-ação" (Schön, 1983, 1987) dos práticos especialistas para trazer à luz os esquemas e os saberes mobilizados em uma prática efetiva é um dos meios de esclarecer de outro modo a questão das competências profissionais a serem adquiridas em um sistema de formação.

Retomando certos temas desenvolvidos por Argyris e Schön (1974), no âmbito do paradigma da ciência-ação (St-Arnaud, 1992), presumimos que os diferentes tipos de regulação efetuados durante a ação por um professor experiente resultam de um processo de levantamento de índices e de tratamento da informação que o prático especialista emprega de forma implícita e quase "sem saber". Uma das dificuldades consiste, assim, em poder descrever o mecanismo desses conhecimentos-em-ação, na medida em que eles provêm de um registro pré-refletido da conduta, ao qual o sujeito não tem acesso diretamente. De fato, há uma grande distância entre aquilo que o prático da intervenção pode explicar espontaneamente sobre sua ação e aquilo que ele realmente faz. É necessário estabelecer um questionamento específico que torne possível uma passagem do vivido para a representação, e depois para a verbalização, para que o sujeito tome consciência das operações mentais que realiza e dos conhecimentos que mobiliza durante a ação.

A entrevista de explicitação (Vermersch, 1989, 1990, 1991, 1994) é uma técnica de ajuda à verbalização que permite justamente trazer à luz as condutas intelectuais pré-refletidas que se operam na situação. Fundada na teoria da tomada de consciência em Piaget e no papel da mediação social em Vygotsky, e tomando da fenomenologia a meta de descrever as vivências subjetivas, a metodologia da entrevista de explicitação pressupõe uma atitude de suspensão radical de qualquer interpretação durante a coleta de informações. Isto consiste em afirmar que, por definição, nada se pode saber *a priori* do funcionamento subjetivo de outro na situação, que temos tudo a aprender com a evocação pelo próprio sujeito de sua atividade cognitiva em um contexto singular.

O questionamento visa a uma descrição tão precisa quanto possível do desenrolar das ações materiais e mentais na realização de uma tarefa. Por meio de uma escuta específica proveniente do levantamento de índices verbais e não-verbais que permitirão uma orientação ativa das verbalizações, trata-se de ajudar o sujeito a transpor em palavras as informações captadas e as operações efetuadas em um momento preciso. Desse modo, a evocação pelos especialistas de seu mecanismo de funcionamento em uma situação profissional descrita situa-se em um nível de verbalização que se distingue nitidamente das racionalizações *a posteriori* sobre o ofício. Acrescentando informações originais sobre o funcionamento pré-refletido de professores durante a ação, a técnica da entrevista de explicitação deveria permitir compreender melhor a natureza das competências profissionais construídas no âmbito de um curso de formação.

EM QUE CONSISTEM AS COMPETÊNCIAS PROFISSIONAIS DOS PROFESSORES-ESPECIALISTAS?

Um Exemplo de Tomada de Decisão Proveniente de um Tratamento Pré-Refletido da Informação

Este exemplo foi retirado de uma entrevista de explicitação que realizei com minha colega Agnès Thabuy, mestre em Educação pelo IUFM de Versailles (Faingold, 1993a, 1993b). Trata-se da evocação de um episódio (situado um ano e meio antes da entrevista) durante o qual Agnès diz que "se sentiu cheia de coisas sem compreender muito bem o que se passava". Ao decidir enfatizar aqui o conteúdo das informações recolhidas e não a técnica do questionamento de explicitação, eliminei o enunciado de minhas questões para recuperar apenas as respostas de Agnès (para um comentário sobre a técnica de questionamento, ver Vermersch e Faingold, 1992).

a. *Contexto da tomada de decisão*

Nesse dia, Agnès devia dar a seus alunos do curso preparatório (1ª série da escola primária) pequenos livretos completos para que eles pudessem começar a pôr em prática todas as diferentes estratégias de leitura da decifração.

"... na véspera, à noite, quando pensei no que ia fazer no dia seguinte, disse para mim mesma que ia dar esse livrinho a todas as crianças que ainda não tinham recebido, com exceção de dois: Baptiste e C., uma outra criança com enorme dificuldade... E nesse dia, nessa manhã, É DIFÍCIL PARA MIM SABER O

QUE SE PASSOU, tudo que posso dizer é que BAPTISTE ME FEZ COMPREENDER, de qualquer modo eu consegui compreender em seu olhar... EM NÃO SEI O QUÊ... será que me deu uma resposta mais pertinente do que de costume? NÃO SEI MAIS; em todo caso, BOTEI NA MINHA CABEÇA que talvez ele estivesse mais adiantado do que eu imaginava, que talvez houvesse aí qualquer coisa que tivesse se arranjado, que..."

E à tarde, quando pedi aos alunos que ainda não tinham o livrinho que viessem acomodar-se em um grupo de mesas que havia na classe, EU DISSE TAMBÉM A BAPTISTE PARA VIR e, então, ME LEMBRAREI SEMPRE DOS SEUS OLHOS, seu olhos... surpresos, ele me olhou, me fez repetir: "EU TAMBÉM?", eu disse "sim, você também", e ele veio se sentar à mesa... Bem, seja como for, dois dias depois ele já sabia ler seu livrinho e aprendeu a ler em dois tempos, três movimentos..."

Agnès assinala em seguida que ela "verdadeiramente fez isto por intuição", que de algum modo se "ouviu dizer Baptiste", que de modo nenhum refletiu sobre isso, nem durante o café da manhã. A entrevista de explicitação (de 40 minutos) reporta-se então à revelação das informações captadas que determinaram a decisão de dar o livrinho a Baptiste. Um primeiro nível de elucidação permite localizar *dois elementos essenciais nas informações captadas:*

1. Agnès ouviu uma reflexão de Baptiste...

"VEJO-ME DEBRUÇADA ENTRE OS DOIS GAROTOS E OUÇO, sim, é isto...*OUÇO UMA REFLEXÃO DE BAPTISTE A PROPÓSITO DO QUE ELE ESTAVA PARA FAZER...* E *A MANEIRA* QUE ELE FEZ, NÃO SEI MUITO MAIS O QUE ELE DISSE NEM A PROPÓSITO DE QUÊ, mas o que ele disse me fez pensar que ele tinha compreendido muito mais coisas do que eu imaginava, que ele tinha tido um clique, que ele tinha compreendido ainda que minimamente o funcionamento da escrita..."

2. e viu qualquer coisa em seu caderno:

"... POR MENOS QUE FOSSE, QUANDO ESTAVA DEBRUÇADA SOBRE OS DOIS CADERNOS, *EU TIVE DE VER*... então... me debruçando sobre os dois garotos, *VI COM MUITA FACILIDADE O CADERNO DE BAPTISTE* que estava sobre a mesa... e... é parecido NÃO ME LEMBRO DE VERDADE O QUE VI, MAS... de qualquer modo, é algo da ordem de que *ele tinha sido capaz de recompor uma frase com diferentes elementos*... de fato era a primeira vez que fazia um truque desse gênero."

Por outro lado, Agnès percebeu que o que Baptiste dizia era, de certa maneira, dirigido a ela:

"Eu tinha percebido antes, por menos que fosse, que o fato de eu me aproximar diretamente de Baptiste o paralisava ainda mais, a relação dual, eu me dirigindo diretamente a Baptiste, era difícil essa espécie de reviravolta... me perguntei se... foi por acaso que ele disse tudo aquilo, ou se ele disse aquilo quando eu estava me aproximando, enfim, ele não podia ignorar completamente que eu estava lá, como se ele quisesse me passar uma mensagem que ele não podia passar-me diretamente porque isto era demais para ele, discutindo com esse colega, e eu não estando muito longe prestes a fazer outra coisa..."

b. Informações captadas inicialmente

O segundo nível de elucidação permite recuperar as informações captadas inicialmente:

O que Agnès ouviu:

"Ouço então dali, de viés, ouço a voz de Baptiste e... ele dizer a seu colega Alexandre onde deve encontrar tal palavra... ouço-o dizer que é no caderno de classe que é preciso encontrar a palavra, para mim é um verbo... não sei mais qual, mas é um verbo... Creio que é isto, ele não pergunta a seu colega, *É ELE QUEM DIZ O QUE É PRECISO FAZER*,... é como se lhe desse uma ordem, enfim, um conselho, alguma coisa dessa ordem e não é uma pergunta, ele não lhe pergunta alguma coisa, diz a ele o que é preciso fazer, ele tem um tom... *UM TOM..* não sei como dizer... *IMPERIOSO*... enfim... deixa claro que 'é lá que é preciso procurar, é lá que é preciso encontrar', alguma coisa assim, e eu... *me chamou a atenção o tom de Baptiste* porque... eu nunca o tinha ouvido falar naquele tom."

O que Agnès viu:

"E quando ele acabou de dizer isto... não posso evitar de olhar no caderno de Baptiste de cabeça para baixo em que ponto está naquilo que escreveu para ver se isto... enfim, se isto corresponde a qualquer coisa de lógico, e efetivamente na frase que leio de cabeça para baixo, ele escreveu um certo número de palavras... *O QUE EU VEJO SÃO ARTIGOS*, coisas que ele esquecia regularmente quando escrevia qualquer coisa, ele pôs... a palavra era ao mesmo tempo a palavra e o artigo e eu me vejo; *VEJO DE NOVO DE CABEÇA PARA BAIXO "OS" E "AS" QUE AVANÇAM NAS LINHAS DO CADERNO* e isto também me chama a atenção, porque é a primeira vez que vejo isto; portanto eu olho e vejo, bem, um certo número de palavras entre as quais esses artigos e depois o final, lá onde não há nada escrito, faltava escrever qualquer coisa ali e pelo que leio é exatamente a palavra que ele estava para dizer a Alexandre que era preciso encontrar e onde era preciso encontrar, era exatamente a palavra que faltava. É um verbo, estou segura de que é um verbo."

A história de Agnès e Baptiste é um belíssimo exemplo da maneira como uma professora, com base em um diagnóstico individual realizado de maneira implícita, pôde mudar a direção de sua ação "em plena rota", de maneira a adequar-se aos novos indicadores de avaliação que se ofereciam à sua percepção, embora não pudesse ter consciência do todo esse processo. O tratamento seqüencial que ela dá às informações obtidas sobre os alunos refere-se a questões didáticas precisas (estatuto do verbo, papel dos determinantes, justa segmentação da cadeia falada, relação entre a segmentação do oral e da escrita, etc.) e sustentam-se em uma sólida formação teórica e em uma longa prática de atividades escolares, as quais permitem avaliar com precisão em que ponto se encontra cada aluno em seu aprendizado da leitura. A decisão tomada decorre também de uma interpretação psicológica muito perspicaz do comportamento de Baptiste, em que todo elemento não-habitual é posto em evidência, estocado na memória e tratado no momento pertinente.

Permitindo "trazer à luz conhecimentos implícitos contidos na ação" (Vermersch, 1991), a entrevista de explicitação permite mostrar que aquilo que os especialistas muitas vezes chamam de "intuição" repousa de fato nas competências de obtenção de índices muito pontuais ligados a um conhecimento aprofundado, ao mesmo tempo, do conjunto da classe, de cada criança em sua especificidade e dos conteúdos didáticos de referência. Essas informações obtidas são, em seguida, objeto de um tratamento pré-refletido que requer a utilização de uma técnica de explicitação para chegar a uma tomada de consciência. Converter em palavras as informações obtidas e as inferências que explicam a decisão tomada permite, assim, atingir o âmago de processos complexos que põem em jogo, em cada caso particular, uma combinação de saberes e de *savoir-faire* que são a marca específica da perícia do professor.

É interessante notar que o funcionamento eficaz do especialista é um funcionamento minimamente metonímico, elegante na medida em que se caracteriza por uma grande economia de meios, deixando um máximo de espaço mental disponível para se adaptar aos diferentes imprevistos da situação. Desse modo, pode-se assinalar o caráter ao mesmo tempo pontual e parcial, mas sempre circunscrito...

- ... da informação obtida: trata-se do emprego pré-refletido de uma heurística, "isto é, de um método (um conjunto de regras) que permite fazer escolhas para resolver um problema. É um conhecimento típico do especialista. Por exemplo, um mecânico de alto nível pressente uma certa pane – a percepção de índices muito parciais sobre o estado da máquina... sem que seja necessário fazer um *check-up* completo no equipamento" (Briand, 1988). Aqui, dois ou três índices obtidos são suficientes para que se estabeleça uma ação adequada em relação a uma questão tão complexa quanto a avaliação do nível de competência de uma criança em relação à escrita.
- ... dos saberes declarativos mobilizados durante a ação: "Pode-se inferir a partir das propriedades do procedimental os saberes teóricos realmente funcionais. Na maior parte dos casos, eles estão *exatamente no nível daquilo que permite o êxito prático*" (Vermersch, 1994). Aqui, o conjunto de conhecimentos didáticos e de experiências acumuladas sobre a relação com a escrita resume-se durante a ação a duas ou três inferências sobre o estatuto do verbo e o papel dos determinantes.

A Transposição de Saberes Especializados em Palavras: um Desafio para a Formação

Assim verbalizada, a experiência também se torna comunicável. Comunicar a outro as "manhas" do ofício torna-se possível a partir do momento em que práticas inicialmente opacas por si mesmas são objeto de uma elucidação. A descrição de maneiras de fazer que não poderiam ser verbalizadas espontaneamente, mas das quais o sujeito toma consciência pela mediação de um questionamento de explicitação, é a primeira etapa de uma conceitualização e de uma padronização possível do ofício de professor.

a. *Operações cognitivas do desenrolar da ação*

Se tomamos o conjunto de condições envolvidas na decisão tomada por Agnès em relação a Baptiste, podemos colocar em evidência:

- Uma ação orientada para um fim (fazer que todo aluno chegue à leitura).
- Informações obtidas (o tom de voz não-habitual de Baptiste, o caráter indireto da mensagem, a presença inesperada de artigos em suas produções escritas).
- Um tratamento complexo e inteiramente pré-refletido da informação, implicando entre outras coisas:
    - uma análise dos fatos, relacionando-os com uma "base de conhecimentos" na memória, uma atribuição de significado a esses fatos novos a partir de inferências, recorrendo a diferentes setores da experiência (por exemplo, "o tom é firme, logo é capaz de confiança em si na sua relação com a escrita", etc.);
    - uma avaliação desses índices em relação ao objetivo pedagógico, em função de critérios precisos, mas implícitos;
    - uma elaboração de hipóteses e de previsões a partir dessas inferências.
- Uma tomada de decisão e uma passagem à ação observável: "eu disse a Baptiste para vir" (tendo função de regulação quanto ao que era previsto inicialmente).
- Um controle da ação através de uma informação obtida: o olhar de Baptiste que conforta Agnès em sua decisão (avaliação confirmada *a posteriori* pelo fato de que Baptiste "aprende a ler em dois tempos, três movimentos").

Nós nos propomos verificar a iteração "em espiral" dessas diferentes operações cognitivas em um outro exemplo inicialmente decorrente daquilo que chamei em outra parte de esquemas de identificação sensorial (Faingold, 1993a). Os esquemas de identificação sensorial (SIS)* seriam estruturas de reconhecimento de situações muitas vezes encontradas, das quais é extraído este ou aquele traço dominante portador de informação.

b. *Um exemplo de regulação a partir de esquemas de identificação sensorial*

Este segundo exemplo provém de uma entrevista com um conselheiro pedagógico a respeito de sua percepção do ritmo ou da "respiração" da turma, que lhe permite reconhecer os momentos em que convém, por exemplo, passar de um tempo de trabalho coletivo a atividades individuais. Trata-se de um processo de regulação em plena rota, que mostra bem a imbricação entre tratamento da informação e ação, o que Theureau chama de "uma continuidade essencial entre a

---

*N. de T. No original, em francês, *Schèmes d'Identification Sensorielle*.

execução e o raciocínio: a execução compreende cadeias de interpretação; a racionalização passa pela ações" (Theureau, 1991).

Fim (implícito): manter a atenção dos alunos, alternando os tempos coletivos e os tempos de trabalho individual.

Informação obtida (cinestésica, auditiva, visual)

"Há tipos de alternâncias entre momentos do coletivo, em que você sente que o coletivo está prestes a sofrer uma oscilação simplesmente porque o tom se eleva, porque você sente pés se mexendo, você sente objetos caindo, há uma espécie de dispersão, você sente que isso está se desagregando. O tom se eleva, é verdade. E depois há um pequeno movimento de cabeça, as cabeças que se mexem (sobretudo quando você está no fundo, você se dá conta disso), as crianças se agitam."

Tratamento da informação
Inferências: atribuição de significação, avaliação em relação à meta, antecipação

Você diz a si mesmo: "já é tempo; isto não dá mais; o coletivo, mesmo que muito bem conduzido, com passagens das crianças ao quadro, com perguntas, ainda que elas se entretenham e tudo mais, você sente o momento em que isto se rompe; a atenção se dilui".

Regulação: Tomada de decisão, escolha de uma resposta, de um modo de intervenção

"Creio que, no caso, é preciso passar ao individual. É preciso quebrar o ritmo, passar a outra coisa."

Estabelecimento de esquemas de ação

Comportamentos observáveis: passar novas instruções, deslocamentos, etc.
Cada uma dessas etapas requer a mobilização de esquemas de identificação sensorial, de esquemas de pensamento e de esquemas de ação que se constroem necessariamente no cerne da prática mesma. Pode-se, assim, definir o professor-especialista como um "profissional da regulação interativa" (Altet, 1994).

Favorecer a Construção de Esquemas Profissionais

a. *Os esquemas são construídos em meio às situações encontradas na elaboração pragmática*

"O esquema é, portanto, a estrutura da ação – mental ou material –, o invariante, o cenário que se conserva de uma situação singular a outra e se investe, com mais ou menos ajustamentos, em situações análogas" (Perrenoud, 1994i). Podem-se distinguir situações para as quais o sujeito dispõe em seu repertório de respostas adequadas sob forma de "rotinas", de situações em que o sujeito acomoda no imediato suas ferramentas de tratamento da informação para improvisar uma resposta adequada e de situações que exigem que os esquemas disponíveis sejam descombinados e recombinados, dando lugar a tentativas de adaptação até à resolução do problema. Quando um esquema é ineficaz, "a experiência conduz ou a mudar de esquema, ou a modificar esse esquema. Segundo Piaget, pode-se dizer que são os esquemas que se encontram no centro do processo de adaptação das estruturas cognitivas: assimilação e acomodação" (Vergnaud, 1990).

Logo, a reflexão-na-ação dos práticos especialistas corresponderia à ativação de esquemas que permitam uma combinação de antecipações, de atribuições de significados, de conhecimento-na-ação e de regras de ação que permitam gerar uma seqüência de operações visando atingir uma meta. "As inferências são indispensáveis para a utilização do esquema em cada situação particular, *hic et nunc*: ... um esquema não é um estereótipo, mas uma função temporalizada em argumentos que permite gerar seqüências diferentes de ações e de informações obtidas em função dos valores das variáveis de situação" (Vergnaud, 1990).

b. *Incorporar e contextualizar a formação*

É *na experiência* que se forjam os esquemas de pensamento e de ação específicos a um corpo profissional, na confrontação com situações ao mesmo tempo comparáveis e sempre distintas. Como assinala Perrenoud (1994i), sem os esquemas, "sem essa capacidade de mobilização e de ativação de saberes, não há competências, mas apenas conhecimentos". *É por essa razão que as competências profissionais só podem ser construídas por meio de uma formação experimental.* Os sistemas de formação sabem muito bem dispensar os saberes teóricos dos quais poderá alimentar-se a ação e sabem muito mal contribuir para a construção de esquemas que permitirão operacionalizar esses saberes declarativos e procedimentais. Não é a partir do modelo *a priori* de um aluno epistêmico dificilmente encontrável que os professores estagiários apropriam-se de seu ofício, mas através de contextos variados, na interação com crianças dotadas de um nome, de um rosto, de um corpo, de uma história. É importante que, durante a formação, a relação intersubjetiva entre o estagiário e o aluno possa ser analisada sem que sejam abandonadas suas respectivas vivências, sua relação com o saber, seu desejo de reconhecimento. Como instaurar um processo de formação criando situações que permitam estudar os processos de aprendizagem de maneira incorporada e contextualizada?

c. *Trabalhar sobre práticas efetivas, no âmbito de uma formação através da ação e da reflexão sobre a ação*

"Trabalhar sobre práticas efetivas" não significa necessariamente trabalhar em tempo real ou em dimensões reais. Em nenhum caso a idéia da necessidade de uma formação experimental poderia justificar a redução da formação a uma alternância de estágios sob sua responsabilidade e de tempo no centro de formação. *A alternância a ser estabelecida não é a da teoria e da prática, mas a da tentativa e da análise.* Por isso, seria conveniente desenvolver toda forma de prática protegida, em que o estagiário tenha fundamentalmente o direito ao erro, em que proceda por tentativas e repetições, em que experimente estratégias tão variadas quanto possível, em que acumule as experiências aproveitando o tempo de análise aprofundada. É importante que as fases da análise das práticas sejam ricas de compilações de informação variadas: aspectos da atividade dos alunos e questionamento *a posteriori* das crianças sobre seu funcionamento durante a tarefa, múltiplos observadores, registros em áudio e vídeo, olhar do formador, ou melhor, dos formadores (um psicopedagogo e um didático), entrevistas de explicitação.

Em correspondência com esse esquema, pode-se imaginar uma grande variedade de mecanismos:

- laboratórios de experiências pedagógicas;
- trabalho sobre registros em vídeo;
- estágios de prática acompanhada em "pares", permitindo a dois estagiários preparar e analisar juntos suas práticas com a ajuda de um formador;
- diálogos de formação;
- pequenos grupos de análise de práticas decorrentes de diferentes abordagens metodológicas (grupos Balint, estudos de caso, explicitação, quadro de contrastes de situações-problema e situações-recurso, etc.).

A decisão de privilegiar a análise reflexiva das práticas a partir do envolvimento do sujeito em um contexto singular situa-nos no campo de uma "clínica do processo de formação", no sentido que Mireille Cifali refere-se à conduta clínica como designando "um espaço que a prática profissional encontra para se teorizar, partindo de uma situação singular e do envolvimento daquele que aí é compreendido como profissional".

OS DOIS EIXOS DA FORMAÇÃO

Nós nos propusemos partir de reflexões que desenvolvemos a respeito de comportamentos de especialistas para estruturar algumas premissas de trabalho suscetíveis de operacionalizar uma formação profissional de professores. O ator pedagógico persegue seus objetivos através de regulações contínuas, decorrentes de uma sucessão de índices obtidos, de tratamentos da informação, de decisões tomadas e de efetivações. A fim de dar conta desse circuito da atividade cognitiva do sujeito durante a ação, que coloca em permanente interação as informações obtidas e as operações empregadas, podem-se definir dois eixos:

- O primeiro eixo é o da orientação da ação para um fim: atribuição de significado, antecipação e avaliação, controle e regulação da ação.
- O segundo eixo é o das informações obtidas pelo sujeito sobre o contexto (conhecimento adquirido) e sobre sua própria ação (tomada de consciência).

O Eixo Diacrônico da Ação Orientada para um Fim: Construir as Competências Profissionais por Meio de Tentativas/ Análises/ Repetições

Uma das respostas possíveis à questão de saber "como formar os professores iniciantes para a reflexão dos especialistas" (Tochon, 1989a) é o estabelecimento de mecanismos de formação que sejam analógicos à reflexão-na-ação dos professores experientes, mas que desenvolvem no espaço e no tempo a dinâmica de equilíbrio própria da prática educativa.

Os laboratórios de experiências pedagógicas (Mottet, 1987, 1988, 1992a; Faingold, 1993b) testados nas Escolas Normais francesas a partir de 1979 caracterizaram-se por materializar um esquema iterativo Preparação/Situação/Análise/Repetição, que não é senão a passagem lenta do circuito Antecipação/Ação/Controle/Regulação empregado pelo prático experiente na interação com os alunos. "Os laboratórios de experiências pedagógicas (LP) designam um conjunto organizado de metodologias de formação que visam a construção da prática pedagógica através de um jogo alternado de experiências e análises" (Mottet, 1988). Retomando certos aspectos das práticas de microensino (Altet e Britten, 1983), nos LP trata-se de preparar em um pequeno grupo (quatro a sete estagiários) as experiências pedagógicas e o mecanismo de observação que permita avaliá-las, de realizar essas experiências com alunos (em geral, metade da turma) e de registrá-las em vídeo, depois de analisá-las confrontando os diferentes pontos de vista sobre a situação. "Acrescentemos, e este é um ponto essencial, que as análises referem-se a situações utilizadas para extrair delas elementos a serem retomados e transformados em novas situações" (Mottet, 1988). A finalidade da análise é o retorno à ação.

A história dos laboratórios de experiências pedagógicas (Faingold, 1993a) mostrou que, recorrendo a experiências e repetições, os professores estagiários testam um leque de respostas possíveis aos problemas colocados quando se persegue um objetivo de aprendizagem. Essa formação, que consiste em aprender a jogar com múltiplas variáveis de uma situação pedagógica, parece-me contribuir para a gênese do *habitus*, "esse pequeno lote de esquemas que permite engendrar uma infinidade de práticas adequadas a situações sempre renovadas" (Bourdieu, 1972). Ferramenta de formação para a variabilidade de diferentes componentes de uma situação pedagógica e para a observação de interações, o laboratório de experiências pedagógicas instaura, através de múltiplas mediações que permitem diferentes níveis de reflexividade, circuitos ampliados de regulação que a experiência permitirá reduzir progressivamente a essas competências diagnósticas "integradas" que podem ser vistas em operação no comportamento dos especialistas.

O LP permite, portanto, trabalhar de maneira privilegiada um dos aspectos do ato de ensinar: a competência de partir de índices obtidos daquilo que é observável em uma situação pedagógica, de antecipar as variações possíveis dos componentes dessa situação para melhor atingir o objetivo de aprendizagem visado. No LP, os professores iniciantes constroem esse *savoir-faire* através de diferentes tempos do mecanismo (preparação, experiência registrada em vídeo, análise com a confrontação de pontos de vista plurais, retorno à ação) e através dos diferentes lugares que eles aí ocupam (prestador, observador, *cameraman*).

A especificidade do trabalho no laboratório de experiências pedagógicas consiste em jogar com a *variabilidade* do ambiente de aprendizagem, aprendendo a conceber diferentes situações pedagógicas e a imaginar estratégias alternativas, a analisar diferentes componentes dessas situações, a construir hipóteses sobre as interações, a variar os meios para atingir um objetivo de aprendizagem. É esse princípio de variação que, sem dúvida, melhor define o trabalho no LP, estrutura de experiência da prática educacional.

As fases de preparação no laboratório de experiências pedagógicas mobilizam uma atividade intensa de "bricolagem", na medida em que se trata de "reportar-se a um conjunto já constituído, formado de ferramentas e de materiais; de fazer ou refazer seu inventário; finalmente, e sobretudo, travar com ele uma espécie de diálogo para relacionar, antes de escolher entre elas, as respostas possíveis que o conjunto pode oferecer ao problema" (Lévi-Strauss, 1962, citado por Perrenoud, 1982).

As seções de trabalho no LP permitem, assim, forjar nas interações essa gama de respostas possíveis que vêm enriquecer o estoque de ferramentas disponíveis para gerir uma situação nova. É através desse jogo de variações do contexto pedagógico para melhor atingir um objetivo de aprendizagem que se impõe a necessidade de:

- fazer o jogo dialético entre análise didática *a priori* da tarefa (durante a preparação) e análise *a posteriori* da atividade aluno (durante a fase de análise);
- avançar sempre mais na compreensão da atividade cognitiva do aluno;
- apreender melhor a lógica interna do funcionamento do estagiário em cada situação trabalhada.

O que os diferentes sistemas de formação profissional dos professores geralmente podem fazer melhor é iniciar os estudantes na análise da tarefa por meio de uma formação didática e pedagógica "geral". Via de regra, a formação prepara melhor para organizar tarefas do que para agir e analisar. Portanto, os mecanismos LP, ao colocarem os estagiários em situação de conceber experiências pedagógicas, permitem também empregá-las com os alunos e, sobretudo, recolher um máximo de informações sobre a interação pedagógica, tratando-as durante as fases de análise. Além do fato de dotar os estagiários de um estoque de experiências que também servirão de materiais para os práticos que os sucederem, os LP contribuem de maneira decisiva, através de um mecanismo ampliado de observação e de análise, para a construção progressiva dessa competência a ser extraída da informação e a ser tratada durante a ação, que é o apanágio de professores experientes.

O Eixo Sincrônico das Informações Obtidas no Sistema de Interações: Aprender a Observar e a Analisar

Quando ainda é iniciante no ofício, o professor estagiário não dispõe de nenhum esquema de identificação sensorial, de pensamento ou de ação que lhe permita responder através de ações pontuais à situação, mantendo a disponibilidade necessária para continuar a levantar as informações pertinentes sobre o meio e sobre os efeitos de suas intervenções junto aos alunos. Por isso, é importante estabelecer, durante sua formação, condições protegidas de ação e de informação que lhe permitam começar a constituir esse conjunto de esquemas profissionais que lhe possibilitem não apenas aumentar o estoque de rotinas disponíveis, mas, sobretudo, acolher e tratar de forma pertinente toda informação proveniente de sua turma. Isto requer o estabelecimento de mecanismos de reflexividade e a utilização de ferramentas para captar informações que permitam levar o mais longe possível a análise dos efeitos da aprendizagem de uma experiência pedagógica.

Como favorecer o conhecimento da atividade cognitiva dos alunos e a tomada de consciência pelo estagiário de seu funcionamento na situação?

Para o iniciante que se depara com um problema na gestão de uma seqüência pedagógica, o único recurso, muitas vezes, é sua ficha de preparação, o que evidentemente não é suficiente para gerir o imprevisto. Em relação às crianças, sua avaliação, na maioria das vezes, fundamenta-se sobre os únicos resultados observáveis, deixando intacto o problema da lógica do funcionamento de cada aluno diante da tarefa proposta. Além disso, o iniciante geralmente não tem meios de distinguir entre aquilo que, em relação aos obstáculos encontrados durante sua ação pedagógica, decorre de suas próprias dificuldades e aquilo que decorre de dificuldades dos alunos. "A ação primitiva testemunha, ao mesmo tempo, uma indiferenciação completa entre o subjetivo e o objetivo e uma centração fundamental, ainda que radicalmente inconsciente, porque ligada a essa indiferenciação" (Piaget, 1970). Portanto, é necessária uma descentração para que se constituam paralelamente o conhecimento do objeto (aqui a situação pedagógica como sistema aluno/tarefa) e a tomada de consciência pelo sujeito do mecanismo de sua ação específica. "É se descentrando em relação a esses estados iniciais que o sujeito consegue, simultaneamente, regrar suas atividades ao coordená-las e atingir as características específicas do objeto ao corrigir suas deformações devidas às centrações no início" (Piaget, 1961). Contudo, se é indispensável para o ator pedagógico descentrar-se por meio de uma inflexão reflexiva sobre sua prática, recuar e progressivamente fazer a separação entre sua ação específica e as características intrínsecas dos alunos, a descentração não bastaria para criar as condições de uma tomada de consciência. O movimento de descentração que permite a análise *a posteriori* das práticas é uma condição necessária da construção correlata da compreensão dos alunos e do conhecimento de si, e não uma condição suficiente do processo de verbalização da experiência.

Convém instrumentalizar os mecanismos de reflexividade que estabelecem tempos de análise das práticas através das ferramentas de coleta de informação que possam favorecer o conhecimento e a tomada de consciência. Se a questão é compreender melhor a atividade dos alunos ou a do estagiário, o vídeo (Mottet, 1992b) e a entrevista de explicitação (Vermersch, 1994) aparecem como duas ferramentas indispensáveis e complementares à coleta de informação sobre as situações pedagógicas (Faingold, 1995).

O registro em vídeo fornece ao estagiário informações sobre o que ele não viu, sobre o que se passava às suas costas, sobre o que nem chegou a tomar consciência, desde os olhares surpresos dos alunos até certas atitudes não-verbais de sua parte. Quando se dá conta de que é observável, abre-se um caminho para questionamentos e novas hipóteses. De forma inteiramente complementar, a entrevista de explicitação permite a verbalização da maneira como o estagiário trata a informação que obtém na classe, tornando possível, por essa transposição em palavras, uma tomada de consciência que, em contrapartida, modificará sua ação pedagógica posterior. A eficiência da reflexividade consiste em que o processo de tomada de consciência produza efeitos sobre a ação: "o que a conceitualização fornece à ação é um reforço de suas capacidades de previsão e a possibilidade, em face de uma situação dada, de se prover de um plano de utilização imediata" (Piaget, 1974b).

Nesse processo de formação que parte da ação para retornar à ação enriquecida por múltiplos aportes da inflexão da análise, o vídeo e a explicitação aparecem como ferramentas de descentração e de tomada de consciência. São ferramentas de coleta de informações que tornam observável e verbalizável aquilo que não chega espontaneamente à nossa consciência.

Conhecimento e Tomada de Consciência

A reflexão sobre o papel de ferramentas como o vídeo e a explicitação na construção correlata do conhecimento da atividade do aluno e da compreensão da ação pedagógica permite construir o seguinte quadro duplo:

Quadro 7.1 *Conhecimento e tomada de consciência (Faingold)*

	VÍDEO Informação obtida do exterior Acesso ao observável	EXPLICITAÇÃO Informação obtida do interior Acesso ao verbalizável
OBJETO	(1) descobrir (tomada de conhecimento)	(2) encontrar
SUJEITO	(3) descobrir-se	(4) encontrar-se (tomada de consciência)

Em (2) e (3), depara-se com o paradoxo epistemológico de um objeto subjetivado e de um sujeito objetivado:

Em (2), a explicitação daquilo que o sujeito percebeu de uma situação lança um testemunho sobre os fatos tal como foram memorizados através dos filtros pessoais do locutor. O objeto é restituído através de uma vivência subjetiva. Revelar a maneira como um estagiário obteve informação sobre sua classe permite explicar alguns de seus modos de intervenção.

Em (3), o vídeo remete ao sujeito uma objetivação de signos de sua ação. O trabalho de formação consiste em criar as condições que possibilitem uma integração pelo estagiário daquilo que lhe ensinam sobre si mesmo a exterioridade e o estranhamento de uma imagem na tela (Linard e Prax, 1984).

Em (1) e (4), encontra-se a dialética entre o conhecimento e a tomada de consciência evidenciada por Piaget (1974a):

Em (1), constrói-se o conhecimento do sistema aluno-tarefa. Uma das dificuldades desse objeto de conhecimento é que a situação pedagógica implica a subjetividade do aluno. Daí a necessidade de completar as informações extraídas de observações e do registro em vídeo através de questionamentos junto às crianças. O conhecimento do funcionamento/aluno geralmente corresponde à tomada de consciência pelo professor de seu modo de intervenção, mas também daquilo que ele não viu, de seus limites em matéria de obter informação.

Em (4), trata-se da reapropriação pelo sujeito, por meio da transposição em palavras, da vivência de sua ação, do desenvolvimento preciso de suas informações e de suas decisões no encadeamento das interações. Chega-se, então, a um processo de conscientização da ação específica que permite ao sujeito, através de uma reorganização dos conhecimentos, compreender melhor o comportamento dos alunos.

Quando se questiona sobre o funcionamento do aluno na situação, o estagiário descentra-se de seu próprio comportamento para se interessar pelo "objeto" que ele deve transformar. Quando reflete e transpõe em palavras sua experiência subjetiva, ele toma conhecimento do mecanismo de sua ação para, em contrapartida, modificá-la. Pode-se presumir que é nesse duplo movimento de compreensão do objeto e de saber sobre si que se constrói a competência para ensinar.

Portanto, para o professor-estagiário, quer se trate de compreender melhor o sistema sujeito-tarefa, que é a situação pedagógica, ou de apreender melhor o mecanismo de suas decisões, parece que sempre se opera, no ato de analisar, um mesmo processo, comportando um tempo de descentração que permite a constituição do objeto de investigação enquanto tal (A situação? O aluno? Eu mesmo enquanto ator pedagógico?) e um tempo para a transposição em palavras, o qual conduz a uma conceitualização possível.

CONCLUSÃO

O professor especialista administra simultaneamente a classe e o caso particular de cada aluno na etapa em que este se encontra em suas aprendizagens, no contexto sempre único de uma situação pedagógica em um momento dado. Isto ocorre no fogo da ação, adaptando-se continuamente aos acasos da dinâmica própria a cada seqüência. Ele dispõe de competências para tratar a informação durante a ação que lhe permitem improvisar uma resposta aos diferentes imprevistos de situações sempre singulares. Em compensação, para elaborar respostas adequadas aos problemas que lhe são colocados pela conduta da classe, o iniciante deve, ele próprio, poder beneficiar-se de espaços de distanciamento que lhe permitam refletir sobre sua prática e apropriar-se de novos elementos de conhecimento a se integrarem progressivamente em sua ação pedagógica. É próprio de uma formação através da ação e através da reflexão sobre a ação conceder ao estagiário um tempo para a "releitura da experiência" (Perrenoud, 1994b) a fim de poder analisar o que se passou e regular "por transmissão" o que ele ainda não sabe controlar no momento. A reflexão exterioriza-se em mecanismos antes de poder integrar-se à ação.

A utilização de mecanismos reflexivos de análise das práticas concretiza a ambição de formar professores suscetíveis de se tornarem "práticos reflexivos" (Schön, 1987), os quais sabem fazer o caminho de ida e volta entre a concepção de situações de aprendizagem em sua dupla dimensão didática e pedagógica, a observação e a escuta dos alunos e a tomada de consciência de seu próprio modo de intervenção como professor. Uma formação que vai da prática à prática pela inflexão da análise "postula que aquele que se forma empreende e persegue ao longo de toda sua carreira um trabalho sobre si mesmo em função da singularidade das situações que atravessa" (Ferry, 1983).

Ela requer dos formadores que eles próprios sejam, ao mesmo tempo, práticos especialistas prontos à observação dos alunos e também companheiros e guias para os estagiários no caminho das experiências e da conscientização: em outras palavras, técnicos da escuta e da ajuda à verbalização, criadores de mecanismos de reflexividade (Faingold, 1994). Resta saber ainda se a tomada de consciência pode ser uma condição suficiente do processo de mudança e se o momento não veio atribuir um papel mais importante à questão do trabalho sobre si e das mediações que ele requer no campo da formação profissional de professores e de formadores. Nessa perspectiva, parece-nos que um estudo das diferentes modalidades de intervenção passíveis de desencadear uma transformação das práticas e uma pesquisa sobre as transferências possíveis, na formação, de ferramentas e das técnicas de ajuda à mudança provenientes do campo da terapia são premissas que convém explorar.

CAPÍTULO 8

COMPETÊNCIAS PROFISSIONAIS PRIVILEGIADAS NOS ESTÁGIOS E NA VIDEOFORMAÇÃO

Léopold PAQUAY *e Marie-Cécile* WAGNER

INTRODUÇÃO

Todo saber científico constrói-se com base em paradigmas, isto é, em núcleos de princípios e hipóteses fundamentais que determinam tal ou qual modo de abordagem de uma realidade.[1] As práticas sociais também se referem a paradigmas. Assim, no domínio da formação de professores, coexistem muitos paradigmas, ou seja, "núcleos de representações e de crenças quanto à natureza do ensino e quanto à maneira como se aprende a ensinar" (Zeichner, 1983).

O paradigma atualmente dominante nos meios da pesquisa é o do professor reflexivo (Schön, 1983, 1987; ...). Com isso, as práticas de formação que favorecem a reflexividade são particularmente valorizadas. Esse predomínio não ameaçaria levar a uma desvalorização das práticas que se referem a outros paradigmas? No limite, o bebê seria jogado fora junto com a água do banho. De resto, esta não seria a primeira vez que os especialistas em educação aniquilariam práticas "tradicionais" para assegurar melhor o avanço de uma concepção "nova".

As respostas às diversas questões-chave do simpósio* correm o risco de estar fortemente impregnadas de escolhas paradigmáticas. De fato, a questão inicial *"sobre que competências um prático especialista funda seu profissionalismo?"* é suscetível de respostas distintas, conforme os paradigmas adotados. Por sua vez, essas escolhas paradigmáticas iniciais não poderiam, se não se estiver atento a isso, orientar as respostas às três questões centrais do simpósio relativas (1) à natureza das competências de um ponto de vista cognitivista, (2) à sua gênese e (3) às modalidades de formação.

Inicialmente, focalizaremos a questão da identificação das competências profissionais. O termo competência é tomado aqui em seu sentido amplo e com-

---

*N. de R.T. O referido simpósio está citado na p.16 da presente obra.

preende as aquisições de todas as ordens (saberes, saber-fazer, saber-ser e saber-tornar-se) necessárias à realização de uma tarefa e à resolução de problemas em um domínio determinado. Não faremos aqui um inventário dessas competências. Partiremos de um quadro de análise desenvolvido por um de nós, tendo como meta lançar as bases de um referencial de competências profissionais (Paquay, 1994). Após a apresentação desse quadro, analisaremos sucessivamente as práticas de formação através de estágios e as práticas de videoformação. Tentaremos mostrar em cada caso que, conforme as escolhas paradigmáticas prévias, as competências prioritárias diferem e que as práticas de formação específicas são privilegiadas. Também são outras as concepções da articulação teoria-prática a que essas práticas diversas de formação subjazem. Assim, iremos centrar-nos no item 3 do simpósio. Por uma questão de realismo, defenderemos diversas práticas, sempre visando à coerência e à integração.

SEIS PARADIGMAS RELATIVOS AO OFÍCIO DE PROFESSOR

Com base na literatura, destacamos seis tipos de paradigmas relativos à natureza do ensino. Cada um deles é identificado por um qualificativo que designa o professor:

1. Um *"professor culto"*, aquele que domina os saberes.
2. Um *"técnico"*, que adquiriu sistematicamente os saber-fazer técnicos.
3. Um *"prático artesão"*, que adquiriu no próprio terreno esquemas de ação contextualizados.
4. Um *"prático reflexivo"*, que construiu para si um "saber da experiência" sistemático e comunicável mais ou menos teorizado.
5. Um *"ator social"*, engajado em projetos coletivos e consciente dos desafios antropossociais das práticas cotidianas.
6. Uma *"pessoa"* em relação a si mesmo e em autodesenvolvimento.

Conforme os paradigmas adotados, não só as perspectivas são distintas (vêem-se as coisas diferentemente), mas principalmente os modos de ação diferem (fixam-se outros objetivos, escolhem-se outras estratégias). Para cada paradigma, esboçaremos resumidamente aqui os objetivos-chave e as estratégias prioritárias de formação de professores. Uma argumentação mais detalhada é desenvolvida no artigo "Por um referencial de competências profissionais do professor" (Paquay, 1994). A exposição será estruturada em torno de seis questões metodológicas. Mostraremos incidentemente que o tipo de competências a que se chegou está fortemente associado ao método de produção. De fato, as opções paradigmáticas são, muitas vezes, mascaradas pela escolha de um método mais ou menos racional adotado para definir as competências prioritárias. Uma representação esquemática das competências fundamentalmente visadas será proposta na Figura 8.1.

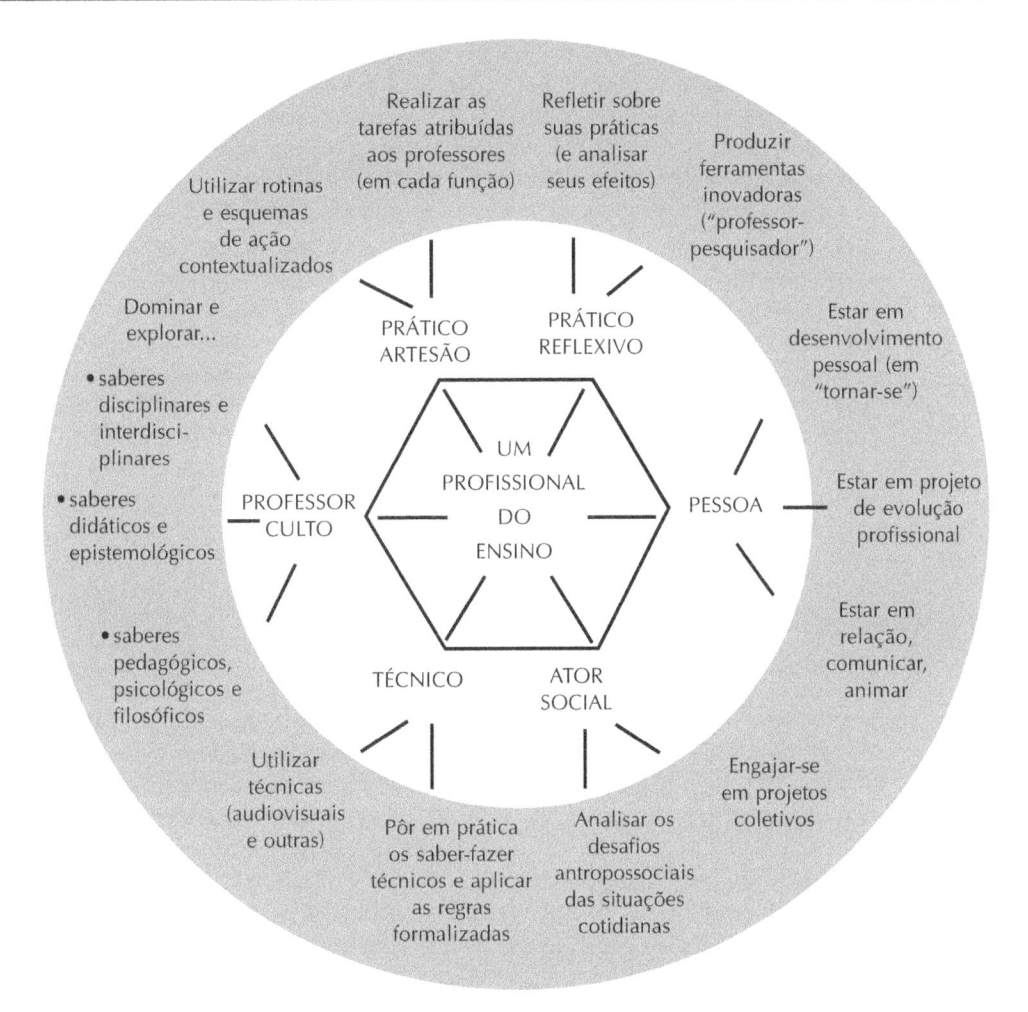

Figura 8.1 Quadro para definir um referencial de competências profissionais. *Pela integração de seis paradigmas? (L. Paquay, 1994)*

O que um Professor Deve Conhecer?

A concepção ainda dominante em certos meios de formadores de professores é que o professor é, antes de tudo, um transmissor de saberes disciplinares. Uma outra concepção clássica também atribui um papel central ao saber: para se tornar um professor especialista, é preciso, antes de mais nada, conhecer as bases teóricas da didática específica, da metodologia geral da psicopedagogia para poder, então, aplicá-las.

De fato, a concepção do professor especialista como "aplicador de princípios gerais que foram estabelecidos por especialistas" não resiste à análise (Kennedy, 1987). Essa abordagem normativa apresenta muitos problemas, sobretudo para a formação do professor iniciante: quando ele deve aplicar esse princípio? Com base em que critérios escolherá o princípio adequado?

Que benefícios se pode esperar dessa aplicação? Como articular princípios concorrentes diante de um caso concreto? Constata-se com muita freqüência que, no momento de passar à prática, o estudante tem de reaprender tudo.

As duas concepções acima têm em comum privilegiar os saberes. Esse paradigma do "professor culto" tem conseqüências muito importantes na maneira de estruturar e organizar uma formação inicial. Assim, as contribuições teóricas quanto às disciplinas a ensinar e quanto aos princípios didáticos e pedagógicos estão concentradas no início da formação, e os exercícios didáticos e os estágios reportam-se, conseqüentemente, ao final da formação. Por outro lado, os adeptos de tal concepção privilegiam os conteúdos e os traduzem sob a forma de cursos teóricos ou de reciclagens disciplinares.

O que um Professor Deve Poder Fazer?

Desde os anos 70, inúmeros programas de formação profissional foram desenvolvidos, sobretudo nos Estados Unidos, aplicando as condutas clássicas de *"job-analysis"*. O "posto de trabalho" é decomposto em funções e estas em tarefas. É fácil imaginar a lista impressionante de competências específicas a adquirir durante a formação inicial ou no início da carreira profissional. É muito comum os programas de formação estruturarem-se de forma modular, cada módulo permitindo atingir uma competência particular ou algumas competências associadas. Na progressão global prevista, como também no interior de cada módulo, as competências profissionais são, assim, exercidas uma a uma, conforme uma progressão preestabelecida e com uma avaliação formativa a cada etapa. Normalmente, os primeiros aprendizados dos saber-fazer técnicos realizam-se através do microensino clássico. Assim se forma um professor "técnico".

Infelizmente, como demonstra Anderson (1986), os programas de formação de professores definidos em função de competências esperadas são, em geral, muito mecanicistas: eles se apóiam em uma concepção "aditiva" da aquisição de conhecimentos e são estruturados como se os saber-fazer profissionais pudessem ser construídos passo a passo, um após o outro. Uma maneira de compensar esse limite é introduzir módulos de integração (De Ketele, 1990). Contudo, este é apenas um paliativo quando se trata do único meio utilizado para assegurar a coerência de um programa de formação.

Apesar de seu limites, a abordagem agora clássica de análise de um posto de trabalho continua sendo útil para determinar as funções a serem cumpridas e as tarefas a serem realizadas. Assim, a formação inicial deveria, sem dúvida, preparar para todas as tarefas exercidas por um professor, compreendendo, por exemplo, preencher os documentos administrativos, animar uma reunião de pais, receber os pais, resolver conflitos de equipe, organizar uma viagem escolar, etc.

Para isto, porém, seria preciso privilegiar uma abordagem atomística em que cada saber-fazer técnico é adquirido isoladamente? Não se corre o risco de uma pulverização, de uma parcialização das competências que não leva mais em conta o funcionamento dos professores na situação e as operações que eles têm de utilizar? Daí decorre uma terceira questão...

Como Funciona um Prático em Atividade?

A análise de sistemas especialistas permite destacar as condutas, os modos de fazer, as habilidades, as rotinas de especialistas eficazes em um domínio (Perrenoud, 1988). Assim, o professor de ofício pode ser considerado como um bom improvisador ou, antes, como um "artesão" que excede na arte de juntar os materiais disponíveis e estruturá-los em um projeto que adquire sentido intuitivamente (Perrenoud, 1982). Uma descrição metafórica é proposta por Yerlès (1991): um artesão improvisador em busca da "ocasião mágica", um jogador, trançador, dosador, um tático do cotidiano!

Essa imagem do artesão dá conta apenas parcialmente dos mecanismos em jogo. Na verdade, o professor tem de tomar decisões. Essas inúmeras decisões são, na maioria das vezes, não-refletidas, automatizadas, fundadas nas representações, em esquemas de análise de situações que lhe permitem encontrar respostas adequadas às situações cotidianas.

Como formar para essa prática do ofício? Como proporcionar tais esquemas de decisão e de ação? Os estágios constituem o lugar privilegiado da formação prática. Eles permitem aos iniciantes adquirir as "habilidades" do ofício na companhia de práticos experientes. "É nos estágios que se aprende mais!", dizem unanimemente os futuros professores. Certamente, é nos estágios que os estudantes adquirem e automatizam os esquemas de análise e de ação necessários para organizar a classe e dirigir os aprendizados. Trata-se de "saberes práticos" fortemente contextualizados (Malglaive, 1990).

No entanto, os estágios também são, com freqüência, a oportunidade para o futuro professor se moldar às práticas tradicionais, descobrir e reforçar as receitas que têm em vista o aluno médio, em suma, de adquirir um "saber prático" inteiramente separado da teoria. Parece mesmo que os estudantes mais inseguros apegam-se a esses "saberes práticos" a ponto de se tornarem herméticos a qualquer reflexão teorizante (Calderhead, 1992). Porém, somente essa análise reflexiva permite uma transposição e uma adaptação desses "saberes práticos" a situações novas. Os estágios formam práticos, não necessariamente profissionais!

Como Funciona um Profissional do Ensino?

Na maior parte dos países ocidentais, o ofício de professor tende a ser considerado como uma "profissão". O que isto significa? Um profissional realiza autonomamente atos intelectuais não-rotineiros que envolvem sua responsabilidade. Sua arte e suas técnicas são adquiridas através de uma longa formação. Além disso, os professores geralmente formam um organismo oficial (ou corporativo) que assegura, entre outras coisas, o respeito a um código de ética (ver Lemosse, 1989; Bourdoncle, 1991; Carbonneau, 1993; Perrenoud, 1993).

O profissional é autônomo não só na medida em que é capaz de auto-regular sua ação, mas também na medida em que pode orientar seu próprio aprendizado através de uma análise crítica de suas práticas e dos resultados destas. Ele pode ser considerado como um estrategista que não se fia apenas em conhecimentos de base, embora testados; ele os atualiza regularmente, experimenta novas abordagens a fim de melhorar a eficácia de sua prática (Wideen, 1992). Como diz Perrenoud (1994b), "a profissionalização é também a capacidade de capitalizar a experiência, de refletir sobre sua prática para reorganizá-la". Tal concepção é desenvolvida em inúmeros trabalhos atuais a propósito do *prático reflexivo* (Schön, 1983, 1987; Saint-Arnaud, 1992; Grootaers, 1991; etc.). Por meio de uma reflexão sobre a prática e seus efeitos, o prático constitui para si um "saber da experiência" em evolução (Tardif, 1993a).

Quais são as competências necessárias para funcionar como um "profissional reflexivo"? Donnay e Charlier (1990) desenvolveram um modelo que permite gerar as competências-chave. Basta analisar cada parte do seguinte enunciado: "Em função de um projeto de formação (...) explícito, o formador leva em conta, de maneira deliberada, o maior número possível de parâmetros da situação de formação, articula de maneira crítica os elementos da situação (graças a suas teorias pessoais e coletivas). O formador examina diferentes possibilidades de ações e toma decisões (escolhe, resolve, projeta, planeja...). O formador recorre a elas em situações concretas, verifica a pertinência de sua ação, reajusta-a, adapta-a se necessário e tira lições para depois". Em suma, um profissional é um analista de situações em sua singularidade e um operador de decisões reflexivo.

Se a análise e a reflexão são metódicas e aprofundadas, é possível que um prático reflexivo se torne um "prático-pesquisador"? Para ser reconhecido como "professor-pesquisador", é preciso não apenas ser capaz de empregar uma conduta reflexiva de análise e de resolução de problemas, mas também de produzir metodicamente mecanismos e ferramentas para a intervenção, de explicitar seus fundamentos e de avaliar sistematicamente seus efeitos (Meirieu, 1988). Portanto, não há ruptura, mas continuidade, entre o "prático reflexivo" e o "prático-pesquisador" (Paquay, 1993a).

Que estratégias serão privilegiadas para formar práticos reflexivos? Os meios de formação de professores reflexivos são múltiplos: realizar um "diagnóstico situacional" (Donnay e Charlier, 1990); elaborar condutas instrumentalizadas de professores com base em uma teoria da psicologia cognitiva (Tardif, 1992); preparar lições explicitando as escolhas efetuadas (Charlier, 1989); comparar duas receitas ou procedimentos em uma situação dada (Paquay, 1991); ligar os estudantes à avaliação de seus estágios (Saussez e Paquay, 1994). Outras estratégias ainda são propostas por Holborn, Wideen e Andrews (1992) e por Schön (1987).

Os estágios geralmente formam práticos, como dizíamos antes. Eles também podem estar no centro da profissionalização de professores reflexivos desde que sejam preparados, enquadrados e trabalhados nessa perspectiva. Como fazer? Diversas modalidades de preparação e exploração de estágios foram desenvolvidas: a análise de situações-problema (Paquay, 1991), o "diário" (Huberman e Jaccard, 1992). Contudo, o ponto crítico de uma formação de "professores reflexivos" através dos estágios é a organização do acompanhamento pelos professores de estágios avançados, os quais eles próprios estão habituados a refletir sobre suas práticas. Daí as inúmeras tentativas de formação de professores de estágios em escolas parceiras (Bélair, 1993; Carbonneau e Hétu, 1991, 1994; Florence, 1993; Stordeur, 1987, 1994; Gauthy, 1993).

As memórias profissionais constituem, sem dúvida, a chave de uma formação profissional inicial, isto é, ao mesmo tempo resultado e ponto de convergência (Paquay, 1993a). Observamos, porém, com Perrenoud (1990), que o essencial é a profissionalização; a participação na pesquisa é apenas um meio parcial para formar práticos eficazes e em reflexão. Mas um questionamento constante de práticas observadas e vividas continua sendo, com certeza, uma das prioridades (Biron, Verschaeren e Watthee, 1993).

As quatro abordagens do ofício de professor desenvolvidas acima constituem todas elas concepções que prevaleceram historicamente. As duas abordagens seguintes enfatizam as dimensões sociais e psicológicas e permitem destacar novas dimensões do ofício, as quais podem ser cruzadas com as anteriores.[2]

Qual Deveria Ser o Papel Social dos Professores?

Todo aquele que intervém nas escolas em renovação pode constatar que o ofício de professor está mudando. Ele consiste cada vez mais em uma inserção nos projetos comuns, seja em grupos, seja no âmbito dos estabelecimentos (Bourgeois, 1991). Isto implica um envolvimento como "ator social" em nível local. É um ator social o professor envolvido em projetos coletivos (classe-oficina, classe-empresa, projeto interdisciplinar, participação construtiva em mecanismos comuns de avaliação, etc.) e também o professor envolvido em debates para definir um projeto do estabelecimento e participar de sua gestão (Grootaers e Tilman, 1991). Para assumir essa responsabilidade nos projetos e nas engrenagens de um estabelecimento, exige-se um perfil novo: saber analisar o sistema (no qual se opera) em suas múltiplas dimensões (interpessoais, organizacionais, legais, políticas, econômicas, ideológicas, etc.), fundar as bases de um projeto sobre essa análise, pôr em prática esse projeto, organizá-lo coletivamente, geri-lo, ajustá-lo e avaliá-lo, ... são estas as competências de base que é possível adquirir a partir da formação inicial (Bourgeois, 1991).

Que estratégias adotar para formar atores sociais assim definidos? Levar os futuros professores a construir projetos coletivos, a construir ferramentas para ajudar na realização de cada etapa, a explicitar a conduta seguida, a avaliar e a explorar as condições de transferência de uma prática de projeto. Esses projetos podem inscrever-se em um curso ou, melhor ainda, ser experimentados em uma compartimentação multidisciplinar. É possível também que, a partir da formação inicial, seja permitido aos estudantes aprender a assumir a co-gestão, se eles participarem das decisões administrativas do estabelecimento, tornando-se, assim, "trabalhadores de escolas" engajados? (Grootaers e Timan, 1991).

Ser um ator social é também "olhar mais adiante que o horizonte de seu nariz... e que os muros de sua escola!". É ter consciência de que a escola é permeada de conflitos de valor. É também estar convencido de que se pode agir com base em decisões mais globais, excluindo, assim, as opções políticas. Seria importante, então, que todos os professores pudessem analisar os problemas sociais que invadem a escola e tomar consciência dos desafios societais de sua ação local (Grootaers, Liesenborghs, Dejemeppe e Peltier, 1985).

Para poder realizar essas análises e envolver-se dessa maneira, é necessária uma formação prévia. Como? Os *seminários* poderão ser o lugar privilegiado para uma análise dos desafios antropossociais das práticas cotidianas e de uma reflexão ética (Fourez, 1990). Os estudos de caso serão tanto mais instrutivos quanto estiverem próximos da vivência. Desse modo, as situações conflituosas vividas no estágio são, em geral, um ponto de partida particularmente favorável a leituras antropológicas, sociológicas, psicossociais, entre outras. Contudo, seriam necessárias outras formas de leitura, como as psicológicas, para fazer uma análise da vivência afetiva e relacional.

Como "Ser" Professor e "Viver" seu Ofício?

A evolução da sociedade provocou uma mudança das funções da escola e, conseqüentemente, dos papéis do professor (Van Campenhoudt, 1991). Daí um profundo mal-estar entre o corpo docente (Brunet, Dupont e Lambotte, 1991). Os professores vivem conflitos de identidade. É difícil para eles desenvolver uma imagem positiva do "eu profissional" (Lentz, Frenay e Meuris, 1991). O essencial da formação de professores não consistiria, então, em visar a constituição de uma identidade profissional ancorada no prazer de ensinar?

De acordo com o paradigma personalista, o professor é antes de tudo *uma pessoa*: uma pessoa em evolução e em busca de um "tornar-se", uma pessoa em relação ao outro (Abraham, 1984). É claro que não há um perfil típico da "pessoa que ensina", e a evolução pessoal não é teleguiada do exterior. Contudo, é necessário que, desde a formação inicial, provoque-se um movimento no sentido de um desenvolvimento pessoal e relacional.

No âmbito de um curso ou de oficinas, é possível visar explicitamente o desenvolvimento de competências a exprimir, a comunicar, a analisar as relações, a desenvolver a escuta e a presença em relação ao outro, a animar um grupo, a aumentar a confiança em si, etc. Porém, programas e seções não são suficientes. O aprendizado para uma comunicação autêntica e para a expressão de si só pode realizar-se em um clima de confiança, no qual os formadores "falam a verdade" e enquadram claramente a comunicação. A expressão de si seria completamente pervertida com formadores que impusessem injunções paradoxais do tipo "seja espontâneo". A formação pessoal não suporta muito a obstinação educativa!

Sem dúvida, é preciso inscrever claramente o desenvolvimento pessoal na formação profissional. Nesse sentido, os estágios são uma oportunidade insubstituível para a construção da identidade profissional (Tardif, 1992). No âmbito de uma oficina ligada aos estágios, Philippe Beumier (1995) desenvolve um mecanismo intitulado "comunicar e existir perante a classe", no qual o corpo (a postura, as mímicas, o movimento) serve de mediador para um trabalho sobre as atitudes profissionais. Em um registro mais simbólico, Jean-Claude Hétu (1991a) estimula a expressão dos professores quanto à vivência afetiva na intimidade da relação educativa. Estudos de caso comprometedores podem favorecer a emergência de incertezas e de medos e, em certas condições, permitem o retrocesso de energias dinâmicas (Cifali, 1994, p. 288). Por outro lado, Simone Baillauquès acompanha os professores em atividade na interiorização de seu projeto. E similarmente, na formação inicial (iniciadora?), seria possível prever uma estrutura de acompanhamento personalizada para favorecer a emergência e a afirmação do projeto pessoal e do projeto profissional que se interpenetram.

Para uma Síntese Integradora

Acabamos de passar em revista seis concepções do ofício de professor. Cada uma delas se caracteriza por tipos de competência prioritários, por estratégias privilegiadas de formação e, com muita freqüência, por um método específico para definir as competências centrais. Poderíamos ser tentados a avaliar essas diversas concepções do ofício e a rejeitar os paradigmas "tradicionais" centrados nos saberes (1), nos saber-fazer técnicos (2) e nos esquemas de ação (3) em proveito dos paradigmas do prático reflexivo (4), do ator social (5) e da pessoa em desenvolvimento (6). Contudo, uma tal escolha em sua radicalidade não constituiria uma simulação? Assim, por exemplo, o discurso atualmente dominante sobre o professor-reflexivo e o professor-pesquisador tende a lançar no segundo plano, na verdade a desprezar, os esquemas rotineiros de ação. Porém, não se deveria esquecer que o excesso de reflexão paralisa a ação. Um prático reflexivo é, antes de tudo, um prático que age e interage em tempo real, e não depois de um prazo de reflexão! Poderíamos aplicar esse raciocínio a propósito dos "saberes", tão desacreditados por alguns, mas que seria preciso reabilitar em sua essência (Develay, 1994; Gauthier, Mellouki e Tardif, 1993). Propomos, então, a hipótese do valor de todas essas concepções do ofício e consideramos que cada uma delas desenvolve uma faceta do ofício. Não se trata de pontos de vista contraditórios, e sim de abordagens complementares. Se é verdade que cada paradigma põe em relevo uma faceta do ofício, chegamos a estabelecer um quadro para elaborar um referencial geral de competências profissionais (ver Figura 8.1).

Essas diversas dimensões do ofício são reconhecidas pelos próprios professores. Assim, uma pesquisa da OCDE realizada junto a professores franceses de todos os níveis permitiu destacar as 12 qualidades principais dos professores, tal como eles próprios percebem (Altet, 1993). Elas se estruturam de acordo com os seis paradigmas aqui desenvolvidos. Trata-se, pois, de dimensões reconhecidas como importantes e constitutivas do "profissionalismo" do professor.[3] Elas estão na base de diversas competências-chave a serem desenvolvidas nos alunos (Paquay, 1993).

Como articular essas dimensões? Existem listas estruturadas de competências para quase todos os paradigmas. No entanto, a fusão destas em uma única lista pode produzir um amálgama incoerente! De fato, entre um paradigma e outro, o tipo de formulação e o tipo de representação do ofício diferem e, às vezes, são antinômicos. Pontos de vista normativos não se articulam sem tensão com pontos de vista autonomizantes. A abordagem analítica do paradigma comportamentalista (2) é, sem dúvida, complementar à abordagem global e desenvolvimentalista do paradigma personalista (6). Mas daí a fundir listas de competências em um mesmo conjunto é algo que beira a incoerência!

O essencial, sem dúvida, não é obter uma lista de competências única e estruturada. Por mais que o valor de cada uma das facetas seja reconhecido, o quadro referencial que esboçamos aqui pode ser utilizado como um demonstrador para analisar programas ou percursos de formação. Ele pode constituir uma referência constante para todo aquele que concebe, estrutura, organiza ou avalia programas gerais ou percursos individuais de formação (mesmo que seja o seu próprio). Para evitar as incoerências, é importante buscar uma integração maior... pelo menos estrategicamente.

Com referência a De Peretti (1989), integrar paradigmas significa: "reconhecer o interesse das competências e estratégias privilegiadas de acordo com cada paradigma; pôr em evidência suas complementaridades e suas interações; reconhecer as tensões entre pólos, neutralizá-las em seu poder destrutivo e valorizá-las em sua potencialidade inovadora; reforçar as articulações, as ligações entre os componentes dos sistemas e mecanismos estabelecidos; visar a coerência dos percursos; buscar sinergias dinâmicas... Mas essa integração é ativa; ela evolui; ela deve ser construída continuamente por cada um e pode fortalecer, em cada estabelecimento, as complementaridades criativas".

Esta era a conclusão do artigo do qual esta primeira parte é um resumo. Apliquemos agora essa análise a suas categorias de práticas importantes na formação profissional: os estágios em campo e a videoformação.

PRÁTICAS DE ESTÁGIOS EM CAMPO: COMPETÊNCIAS E ESTRATÉGIAS PRIVILEGIADAS

Os estágios em campo representam, incontestavelmente, um momento importante na formação para o ofício de professor. Porém, a filosofia desses estágios difere enormemente de acordo com o paradigma adotado.

Os Seis Paradigmas em Ação

Imaginemos a discussão travada pelos adeptos de cada um dos paradigmas em um contexto de reforma de programas quando a questão é determinar o papel e o conteúdo dos estágios. Eis um exemplo desse debate fictício a propósito do primeiro estágio em campo.

Aristide Lemaître:* *Vocês não desejariam colocar esses estudantes em estágio quando eles nem sequer viram ainda as matérias a serem ensinadas e não têm nenhuma idéia dos princípios metodológicos. É evidente que eles vão quebrar a cara...!*

---

*N. de T. Os autores nomearam seus personagens fictícios de acordo com o paradigma a que cada um corresponde, criando um jogo de palavras "intraduzível" para outra língua. Assim, A. Lemaître

Bernard Letec: *Pode ser, mas poderíamos ir progressivamente. É evidente que não se vai obrigar os estudantes a se encarregarem de uma classe durante jornadas inteiras. Poderíamos preparar com eles algumas seqüências curtas, depois mais longas. Assim, os estudantes poderão introduzir-se em algumas técnicas antes de experimentar em campo.*

Caroline Lartis: *Do que vocês têm medo? O ofício não se aprende aos pouquinhos! É preciso jogar nossos estudantes na água! E quanto mais rápido, melhor! Todas as teorias que lhes ensinamos não servem para nada enquanto eles não se virem obrigados, no estágio, a viver gestos profissionais. Nada supera a formação no próprio local de trabalho!*

Dominique Laref: *Concordo com estágios logo, já no início da formação, mas não em quaisquer condições. Se você não os leva desde o início a compreender o que fazem, a fazer escolhas racionais, você fabrica autômatos incapazes de reflexão, de autonomia e de adaptação. Além disso, o ideal seria que eles pudessem fazer um estágio-pesquisa, no qual pudessem experimentar as novidades pedagógicas.*

Edgar Lesoc: *Eu iria ainda mais longe. Não somente uma reflexão sobre os processos de aprendizagem e os mecanismos de "psicomanipulação"! Os estudantes deveriam cada vez mais se tornar conscientes dos determinantes sociais. Se eles não aprendem desde o início de sua formação a se distanciar, a fazer uma análise crítica da instituição escolar, os estágios servirão apenas para formar executores, robôs. Estou de acordo quanto aos estágios, mas unicamente nas escolas novas ou em estabelecimentos de pesquisa, onde os estagiários poderão integrar-se em uma equipe inovadora.*

Frédérique Laperse: *Tudo bem com esses projetos todos! Contudo, vocês parecem esquecer que só se envolve em um projeto quem está bem na sua pele. Nossos estudantes não são máquinas de estudar, nem cérebros que analisam a distância situações de ensino. Os estágios deveriam ser a oportunidade de um envolvimento pessoal no ofício. Por isso, é importante, pois, que nossos estudantes sejam acompanhados para administrar seus afetos e desenvolver-se no âmbito pessoal.*

Esses seis formadores estão parcialmente de acordo entre eles. Na verdade, todos estão convencidos, é evidente, da veracidade de seu próprio ponto de vista. E podemos apostar que o debate entre eles dificilmente acabaria em outra coisa que não um compromisso claudicante. É que os pontos de vista defendidos por cada um se opõem segundo vários parâmetros, como veremos.

As Prioridades de Cada uma das Seis Concepções de Estágio

Com a preocupação de sermos concisos, condensamos em uma tabela dupla (1A e 1B) as características específicas de cada uma das seis concepções da formação através dos estágios. Com o risco de sermos caricaturais, forçando um pouco os traços distintivos, destacamos as características específicas de cada uma das concepções quanto aos seis "parâmetros" seguintes:

corresponde ao professor culto (*le maître instruit*); B. Letec ao técnico (*le technicien*); C. Laitis ao prático artesão (*le practicien artisan*); D. Laref ao prático reflexivo (*le practicien reflexif*); E. Levos ao ator social (*l' acteur social*) e F. Laperse à pessoa (la personne).

Tabela 1A Concepções Diversas dos Estágios na Formação Inicial (Importância, Momentos e Objetivos) *(Paquay, 1996)*.

PARADIGMA	A. IMPORTÂNCIA DOS ESTÁGIOS EM CAMPO NA FORMAÇÃO	B. MOMENTOS PRIVILEGIADOS DOS ESTÁGIOS	C. OBJETIVOS PEDAGÓGICOS PRIVILEGIADOS
1. UM "PROFESSOR CULTO"	Os estágios são **segundos** em importância e duração em relação à formação teórica.	Os estágios em campo vêm **após** uma formação disciplinar aprofundada e uma formação teórica pedagógica e metodológica.	Aplicar os **saberes**. Os estágios são a oportunidade de aplicar as teorias anteriormente aprendidas.
2. UM TÉCNICO	Os estágios em campo são um **complemento** a uma formação técnica e teórica.	Uma formação técnica progressiva é concluída em estágios em campo no final da formação.	Automatizar os **saber-fazer técnicos**. Os estágios permitem integrar as diversas técnicas adquiridas progressivamente.
3. UM PRÁTICO ARTESÃO	Os estágios em campo são **primeiros** em importância e duração em relação à formação teórica.	Os estágios intervêm desde o início de uma formação alternada (no limite, toda formação é realizada em campo).	Adquirir as "habilidades do ofício". Em outros termos, adquirir os **esquemas de ação** necessários em campo.
4. UM PRÁTICO REFLEXIVO (no limite, um PRÁTICO-PESQUISADOR)	Os estágios em campo são **importantes** como momentos de experimentação e base de uma reflexão.	A formação é necessariamente estruturada **em alternância**. Os diversos estágios sucessivos são preparados e, sobretudo, explorados.	Desenvolver um **saber da experiência teorizado** que permita: • analisar situações; • analisar-se na situação; • avaliar os mecanismos; • criar ferramentas inovadoras.
5. UM ATOR SOCIAL	Os estágios em campo são **importantes** como uma oportunidade de envolvimento em um ofício coletivo.	No início da formação, estágios de análise de situações complexas. No final da formação, estágios de envolvimento em projetos inovadores.	**Envolver-se** em projetos coletivos, em inovações.
6. UMA PESSOA	Os estágios em campo são **importantes** como uma oportunidade de afirmação do eu profissional e de desenvolvimento pessoal.	Em diversos momentos da formação, os estágios são a oportunidade de se construir uma identidade profissional.	Desenvolver seu eu profissional. Tomar consciência do seu estilo pessoal. Estar em dinâmica de **desenvolvimento pessoal**.

Tabela 1B Concepções Diversas dos Estágios na Formação Inicial (Atividades, Acompanhamento, Teorização)

PARADIGMA	D. TIPOS DE ATIVIDADES PRIVILEGIADAS	E. TIPOS DE ACOMPANHAMENTO E DE SUPERVISÃO	F. QUAL ARTICULAÇÃO TEORIA-PRÁTICA?
1. UM "PROFESSOR CULTO"	Incumbir-se de numerosas e diversas "lições" nas disciplinas para as quais se está preparado (aplicação de modelos didáticos).	Direcionamento pelos professores e supervisores especialistas das disciplinas e dos princípios didáticos.	Aplicam-se nos estágios os procedimentos e os princípios didáticos previamente estudados. Trata-se de uma simples aplicação.
2. UM TÉCNICO	Exercícios progressivos: • microensino; • lição-experiência; • estágio curto com um objetivo preciso e limitado; • estágio de integração.	Com referência ao planejamento previsto, inúmeros *feedbacks*, direcionamento progressivo, automatização programada.	Em uma perspectiva de transferência, pode ser útil explicitar os fundamentos (os referentes) teóricos das técnicas utilizadas. Porém, o essencial continua sendo a utilização dos saberes técnicos.
3. UM PRÁTICO ARTESÃO	Práticas intensivas em campo de atividades de ensino e de diversas atividades do ofício (avaliação, conselho de classe).	Camaradagem com um professor de ofício experiente. Os supervisores eventuais também são os professores experientes.	O "saber prático" é antes de mais nada um "savoir-y-faire"* (um esquema de ação). Uma explicação em termos de saber da experiência é desejável, mas as ligações com a teoria são secundárias.
4. UM PRÁTICO REFLEXIVO (no limite, um PRÁTICO-PESQUISADOR)	Ter um diário de incidentes críticos (a serem analisados em seguida). Ou melhor, criar uma memória profissional a partir de uma problemática de estágio.	Camaradagem com um "prático reflexivo" e momentos privilegiados de análise aprofundada e teorização de situações vividas. O professor de estágio torna-se um verdadeiro "formador de campo" (Perrenoud, 1994).	A necessária reflexão sobre a prática e sobre a vivência realiza-se, entre outras coisas, com referência (por confronto) aos quadros conceituais de ordem psicopedagógicos.
5. UM ATOR SOCIAL	Participação na gestão de um projeto inovador. Análise dos desafios antropossociais das práticas vividas e observadas.	Camaradagem contratual com uma equipe em projeto (em geral, escolas parceiras em renovação). Supervisão por um sociólogo que esclarece certos desafios antropossociais.	A reflexão sobre os desafios antropossociais requer a mobilização de formas de análise sociológicas, éticas, filosóficas, etc.
6. UMA PESSOA	Experimentação de novas maneiras de interagir com os alunos, o grupo, os colegas, etc. Ter um diário de classe; análise personalizada com a ajuda de um orientador.	Acompanhamento personalizado. Escolha do professor de estágio em função do perfil do estudante.	A reflexão sobre a vivência pessoal requer formas de análise psicológicas e desenvolvimentais. É importante, sobretudo, que toda reflexão esteja implicada e ancorada em uma vivência global (compreendidos aqui os aspectos afetivos).

*N. de T. Esta expressão refere-se ao "saber-fazer" em determinada situação.

a. *A importância e a duração dos estágios na formação*:
   Os estágios em campo são anteriores ou posteriores em relação à formação teórica?
b. *O momento privilegiado dos estágios durante a formação*:
   Os estágios são organizados em alternância com uma formação teórica, ou são relegados ao final do percurso?
c. *Os objetivos pedagógicos*:
   As competências que se busca com prioridade são predominantemente da ordem do saber, do saber-fazer, do "saber-prático", do saber da experiência, do envolvimento ou do "saber-ser"?
d. *As atividades de formação privilegiadas:*
   Quais são as atividades de formação mais típicas de cada uma dessas concepções? (Apenas alguns exemplos são esboçados).
e. *As modalidades de acompanhamento e de supervisão*:
   Qual o tipo de professores de estágio (formadores de campo)? Qual o tipo de supervisores provenientes da instituição de formação? E de acordo com quais modalidades privilegiadas se realizam o acompanhamento dos estagiários e sua supervisão?
f. *As modalidades de articulação "teoria-prática"*:
   No cerne das estratégias adotadas (pontos D e E acima), a prática é concebida principalmente como o lugar de aplicação de uma teoria (ou de técnicas), ou como um suporte com o qual as teorias serão confrontadas? (Tal distinção será aprofundada na terceira parte.) E qual será o objeto privilegiado da reflexão?

A leitura das Tabelas 1A e 1B mostra – com toda evidência – que as competências privilegiadas variam de acordo com os paradigmas adotados, assim como das estratégias seguidas. Contudo, o que isto significa na prática?

Para uma Diversidade de Práticas... Coerentes!

Na prática, é raro encontrar estágios que correspondam totalmente, de forma unívoca, a cada paradigma. Por exemplo, na formação inicial de professores do ensino secundário nas universidades belgas, os estágios remetem predominantemente aos paradigmas 1 e 3. Eles são realizados após a formação teórica e representam a oportunidade não apenas de aplicar os princípios didáticos (é o que pretendem alguns formadores!), mas, principalmente, de adquirir as habilidades do ofício em campo. Em certos casos, as atividades mais particulares deveriam suscitar uma reflexão sobre as práticas ou o envolvimento em projetos (paradigmas 4 e 6).

Outros exemplos de estágio são propostos por J. Stordeur (1987, 1994). Basicamente, trata-se de levar os futuros professores de escola primária a experimentar condutas inovadoras (por exemplo, de diferenciação), procedendo paralelamente a uma formação de professores de estágio que acompanhem a experimentação. Os estudantes devem elaborar um mecanismo original que corresponda aos princípios de diferenciação. Não é o caso de aplicar receitas didáticas, mas de imaginar situações de aprendizagem, de criar material, de testar as hipóteses subjacentes a ele, de ajustar esse material de forma refletida... A parte criativa e original desses estágios inscreve-se manifestamente no paradigma do "professor-reflexivo (pesquisador)". Contudo, na prática, outras partes desses estágios são mais clássicas, e os estudantes têm de aprender a gerir as seqüências mais tradicionais (com referência aos paradigmas 1 e 3).

Esses dois exemplos mostram simplesmente que não são apenas os estágios em sua totalidade que é preciso analisar, mas cada uma das práticas específicas.

E mais! Uma prática particular pode assumir modalidades variadas e adquirir sentidos diferentes para cada ator. De fato, quem pode decretar que uma atividade ou um mecanismo particular se inscreve univocamente em tal paradigma? No primeiro exemplo de um mecanismo centrado na aplicação de receitas didáticas (1) e na imersão (3), é possível que os estudantes tenham condutas de preparação de lições que sejam muito refletidas e, até mesmo, teorizadas. Muitas vezes, estivemos com estudantes que, deixados à própria sorte em seus primeiros estágios, tinham condutas refletidas, quase experimentais, embora não fossem especialmente encorajados a isto. Inversamente, no segundo exemplo, o mecanismo foi concebido pelo formador em uma perspectiva de formação de "professores pesquisadores". Nossa experiência com inúmeros grupos de estudantes em estágios similares de "pesquisa" leva-nos a crer que em tal contexto sempre há estudantes que chegam a simular que inovam e, insinuando-se astuciosamente em redes de ajuda (através dos colegas, da família, do professor de estágio), a fazer passar como pesquisa uma conduta de mera reprodução. Conseqüentemente, quando afirmávamos no final da primeira parte que era indispensável buscar a coerência de uma formação, faltou especificar "coerência para quem?".

Assim, as intenções dos formuladores de programas ou dos formadores não são necessariamente percebidas pelos estudantes. A exigência de uma reflexão teorizante sobre as práticas pode dar lugar a aplicações simples de algoritmos ou de receitas. Por isso, é importante que, nos desdobramentos de nossas análises, sejam estudadas não apenas as representações dos formadores, mas também dos estudantes.

Sem dúvida, a análise realizada ainda é muito genérica. Faltaria fazer a leitura de práticas concretas, descrever o mecanismo de atividades de formação em detalhe, destacar as estratégias distintas dos atores e as modalidades de articulação teoria-prática efetivamente empregadas.

Acabamos de explicitar as competências e as estratégias privilegiadas conforme cada paradigma na formação através dos estágios. Faremos o mesmo quanto às atividades de videoformação, porém centrando-nos mais nas modalidades de articulação teoria-prática.

PRÁTICAS DO MICROENSINO E DA VIDEOFORMAÇÃO: COMPETÊNCIAS E ESTRATÉGIAS PRIVILEGIADAS (M. C. WAGNER)

A ferramenta vídeo pode intervir nos aprendizados profissionais dos professores em diversos momentos e de múltiplas maneiras. As funções que lhes são atribuídas nos processos de formação variam conforme as concepções do ofício de professor privilegiadas pela instituição de formação (Mottet, 1992b). Essa polivalência do instrumento ligada à sua flexibilidade torna particularmente interessante a descoberta de competências e estratégias privilegiadas pelas práticas de formação de professor a que correspondem termos como microensino, autoscopia didática e videoformação.

De fato, as novas tecnologias (tais como o audiovisual ou a informática) colocam os responsáveis pela formação diante de "obrigações de escolha" referentes aos investimentos, aos modelos pedagógicos e até aos objetivos do ensino (Ferry, 1983). Elas funcionam como instrumentos de análise particularmente eficazes. "O audiovisual concretiza e acentua os postulados do projeto pedagógico ao qual ele serve". A evolução histórica do *micro-teaching* standfordiano é bastante esclarecedora nesse sentido (Wagner, 1988; Altet e Britten, 1983). Em sua origem (no decorrer dos anos 60), ele está diretamente articulado aos inícios do ensino programado, aos trabalhos de Skinner e aos de Bandura sobre a padronização. Em pouco tempo, transformações graduais tornarão mais flexível o quadro comportamentalista e padronizador do princípio, e é de tal forma flexibilizado, que o método será adotado 10 anos mais tarde na Europa. Desde 1975-1976, Maire e Mottet reconhecem tipologias de modelos de formação (conforme visem a funções didática, expressiva ou de investigação), e na França os laboratórios de experiências pedagógicas presenciarão a emergência de práticas diversas.

Hoje, como muitas práticas o demonstram, o microensino é mais influenciado pelos trabalhos da psicologia cognitiva (Mottet, 1988). Ele se inscreve em uma perspectiva mais construtivista do desenvolvimento de competências do professor. A ferramenta vídeo pode, assim, ser um bom demonstrador de concepções diversas da formação.

Outra característica da ferramenta que compensa nosso interesse pela diversidade das práticas a ela associadas é o papel absolutamente privilegiado que o vídeo desempenha entre os meios suscetíveis de instrumentalizar as ligações teoria-prática (Mottet, 1992b). Como constata Mottet, "as observações de classe e as experiências pedagógicas, em dimensões reais ou reduzidas, são geralmente consideradas como os modos principais de formação prática de professores. No entanto, o valor formativo dessas atividades está ligado, evidentemente, à possibilidade de explorar seus dados e de submetê-los a uma análise...". A articulação teoria-prática é sempre delicada aqui, pois existem os riscos de reprodução de rotinas e de modelos implícitos de comportamento e, portanto, de uma aquisição de saber-fazer isolados de uma reflexão sobre seus fundamentos.

Nessa difícil construção de "uma prática refletida e consciente dos efeitos que produz, capaz de se avaliar e de se regular", a ferramenta vídeo oferece meios consideráveis. O registro em vídeo de fato deixa uma marca: ele permite uma auto-observação retransmitida, repetida. É uma memória que estimula a reflexão e a análise, individualmente ou em grupo. A imagem do vídeo oferece ao grupo de estagiários a possibilidade de analisarem juntos a mesma situação pedagógica e de terem um referente único para uma reflexão distanciada sobre os processos em jogo e sobre as competências postas à prova. É uma peça-chave para instrumentalizar a ligação teoria-prática.

"Que facetas do ofício de professor privilegiam as práticas de videoformação hoje?". Essa questão é difícil, pois não podemos pretender dar conta da diversidade das práticas existentes. A maior parte das instituições de formação que recorre a esse jogo alternado de experiências filmadas e de análises, ao que nos parece, busca formar acima de tudo um "prático-reflexivo"... Essa fecunda articulação teoria-prática que evocamos acima é realmente perseguida de modo unânime.

Assim como L. Paquay fez para os estágios, tentaremos ilustrar, através de um ou outro exemplo de um todo ou de elementos parciais, as práticas de videoformação que privilegiam três das seis facetas-paradigmas, sem poder jamais depender exclusivamente de apenas uma. Selecionamos os seguintes paradigmas: o professor-técnico, o prático reflexivo e a pessoa.

Formar um "Professor-Técnico"

Inegavelmente, inúmeras práticas de microensino provêm desse paradigma, mas elas estão muito distantes das práticas iniciais do microensino standfordiano, que consistiam em um treinamento padronizado para um série hierarquizada de habilidades muito circunscritas. As práticas atuais inscrevem-se com mais freqüência em programas de formação modular relativamente limitados em sua carga horária.

É normalmente o caso daquilo que é chamado na Bélgica de Agrégation de L'Enseignement Secondaire Supérieur (AESS), organizada nas universidades paralelamente à formação acadêmica na disciplina. Constitui-se em um programa de 220 a 300 horas (compreendidas as formações teórica e prática) que, na maior parte dos casos, pode ser executado paralelamente aos dois ou três anos de licenciatura. O módulo de microensino que organizamos para os futuros professores de ciências humanas na UCL, assim como outros que descrevemos em "Prática do microensino" (Wagner, 1988), remete a essa faceta de um professor capaz de empregar certas "técnicas" relacionais.

Vejamos o que caracteriza um modelo como este por meio de quatro parâmetros.

a. *Objetivos prioritários: duração e momento das atividades*

Os objetivos essenciais são permitir aos estudantes em formação, antes de um estágio em situação real, adquirir um mínimo de saber-fazer, mas também de saber-ver e de saber-fazer-fazer. É um aprendizado para o domínio de competências previamente identificadas, mas também um aprendizado "para" e "via" a observação, além de uma sensibilização para o impacto de certas condutas pedagógicas sobre o aprendiz. Os exercícios totalizam 30 horas para um grupo de cerca de 10 pessoas; elas são organizadas durante um primeiro quadrimestre do ano acadêmico, na maior parte dos casos, paralelamente a cursos de metodologia geral e específica.

b. *Tipo de atividades*

As experiências pedagógicas são realizadas e filmadas em situação simulada (laboratório com pares). O tipo de atividade provém de um microensino flexível e aberto; os estudantes são solicitados a pôr em prática uma conduta breve (15 minutos), durante a qual ensaiam ou para uma função mais global (de nossa parte, propomos a eles escolher entre as funções de informação, de estimulação ou de enquadramento), ou para a utilização de uma ou duas aptidões.

Um leque de aptidões é apresentado e discutido no início da formação. O estudante escolhe livremente a função ou as aptidões que lhe parecem as mais pertinentes e significativas. Solicitamos aos estudantes que escolham as funções ou aptidões que experimentaram pouco até o momento e que representam um mínimo de desafio para eles. Algumas horas de observação na classe do professor de estágio em que eles realizarão depois um estágio de campo também ajudam a orientar essa escolha. Observando atentamente comportamentos gerais de seus futuros alunos (participantes ou passivos e com dificuldades de solicitar verbalmente, barulhentos, dispersos ou disciplinados, etc.), eles escolhem de maneira mais significativa as aptidões que se propõem a exercer. Assim, por exemplo, a observação de uma participação muito desigual quanto a tomar a palavra dá todo seu sentido a um exercício relacionado à capacidade de generalizar os intercâmbios.

Os exercícios são registrados, e sua visualização favorece essencialmente a auto-análise do prestador do serviço. As análises e as reflexões realizadas em grupo são instrumentalizadas nas grades de observação e nas premissas de análise propostas pelo formador.

c. *Modalidades de supervisão*

Se o formador propõe o leque de objetivos possíveis, as ferramentas de observação e as premissas de análise, cabe ao estudante a escolha de objetivos. O formador desempenha essencialmente um papel de guia e de conselheiro nessa etapa do trabalho.

Na análise em grupo dos desempenhos, o formador tem um papel essencial de estimulador de intercâmbios, mas seu ponto de vista – bem entendido! – sobre as experiências realizadas tem um peso particular. Nessa etapa da formação inicial, ele é visto mais freqüentemente como um "especialista", e seu papel parece-nos delicado nessa etapa de tentativas. Não evitar a exigência de avaliação por parte do estudante, sem entrar em uma lógica prescritiva. Em nossa organização modular, nenhuma avaliação certificadora sanciona essa etapa do trabalho. Trata-se, essencialmente, de uma avaliação formativa.

d. *Articulação teoria-prática*

O quadro proposto por Mottet (1992b) para refletir sobre o papel de mediação do vídeo nessa articulação parece-nos particularmente esclarecedor e pertinente. Considerando duas lógicas de relação entre teoria e prática – "uma lógica de passagem ou de conversão" (a da passagem recíproca de uma modalidade de conhecimento a outra) e "uma lógica de confronto" (a do confronto dialético) –, Mottet identifica quatro eixos de investigação sobre as contribuições do vídeo para a construção de competências profissionais (conversão de conhecimentos teóricos em conhecimentos práticos e vice-versa; inflexão teórica na formação de conhecimentos práticos e inflexão prática na formação de conhecimentos teóricos).

Está claro que é na conversão de conhecimentos teóricos em conhecimentos práticos que se inscrevem basicamente as modalidade de trabalho que visam essa faceta da função técnica do professor. Testa-se aí a "intervenção, em circunstâncias bem determinadas, de um conjunto de saberes, independentemente de seus possíveis contextos de aplicação" (Mottet, 1992b, p. 92). É uma pesquisa de "procedimentalização" dos conhecimentos.

Em sentido inverso, é também graças à observação no vídeo, que temos uma possibilidade de desencadear tomadas de consciência necessárias à transformação de procedimentos pragmáticos em conhecimentos refletidos. Se o mecanismo de formação é suficientemente aberto, estamos bem "no cruzamento de duas problemáticas essenciais do tratamento da informação:

- a utilização de conhecimentos na ação;
- a elaboração de conhecimentos novos a partir da ação" (Mottet, 1992b, p. 94).

Formar um "Prático Reflexivo"

A faceta-paradigma do professor reflexivo compreende, ao mesmo tempo, o professor que reflete sobre suas práticas e analisa seus efeitos e aquele que produz ferramentas inovadoras. As práticas de formação variadas, de uma diversidade crescente, que foram desenvolvidas nos laboratórios de experiências pedagógicas na França (Mottet, 1988) parecem-nos inscrever-se nesse eixo de formação de um prático reflexivo. Do mesmo modo, outras condutas, como aquela empreendida por Tochon (1992b) no Quebec, visando a preparar os futuros professores para que estejam atentos à variabilidade de situações pedagógicas, também parecem emergir desse paradigma do professor prático-reflexivo. Tentaremos identificar o que caracteriza basicamente essas práticas variadas.

a. *Objetivos prioritários e princípios*

O leque de objetivos é bastante amplo:
- concepção e experimentação pedagógica;
- regulação de métodos de observação;
- treinamento para a análise e a operacionalização.

Esse tipo de objetivo quase não pode ser encontrado em um módulo único, circunscrito a um momento determinado de um curso de formação. Ele implica um programa de pleno exercício, que combine permanentemente uma alternância ou uma sucessão de experimentos (em campo ou em um ambiente simulado), de tempo para a análise em um grupo de formação, de outros estágios ou experimentos.

Três princípios metodológicos caracterizam o trabalho realizado nesse espaço de mediação que é o laboratório de experiências pedagógicas (Mottet, 1988, p. 35).

O *princípio de variação*: "O que se faz é sempre passível de modificação e de transformação, quer se trate de uma conduta pedagógica ou da própria maneira de observá-la e analisá-la".

O *princípio de reflexividade*: Todas as atividades (a preparação, a realização de uma experiência, a sua observação e a utilização do vídeo) acabam tornando-se objeto de um retorno reflexivo e de uma reconstrução.

O *princípio de operacionalidade*: Cada membro do grupo deve assumir uma tarefa em um mecanismo coletivo, ao lado do prestatário encarregado da condução da experiência. Esses papéis invertem-se e permutam-se.

b. *Tipos de atividades*

1. Nos laboratórios de experiências pedagógicas, trata-se essencialmente:

    – de acompanhar seqüências pedagógicas, testando hipóteses construídas individualmente ou em grupo;
    – de analisar seus efeitos e, para isto, de observar e construir sua observação;
    – de imaginar e reconstruir outras alternativas.

Pode-se representar mais concretamente esse tipo de atividade acompanhando o texto do autor: "é bastante comum que uma sessão de trabalho comece por aquilo que se denomina "experiência zero", isto é, uma experiência exploratória para ver. Essa experiência, que põe à prova uma situação nova sem outro objetivo de formação a não ser precisamente o de buscar determiná-la a partir da situação, permitirá, na fase de análise, delimitar um campo exploratório mais preciso e também decidir as variações a serem feitas..." (Mottet, 1988, p. 43). Em seguida, o grupo de trabalho opta ou por centrar-se em problemas encontrados pelo interventor ou nas referências próximas dos aprendizes, conforme lhe parecer mais correto ou pertinente.

2. Condutas organizadas por Tochon no Quebec

Esse tipo de atividades pode ser visto como intermediário entre o modo de trabalho muito aberto, evocado acima, e o de um módulo centrado em uma formação de professor técnico. De fato, são propostas aos estagiários ferramentas determinadas (por exemplo, o uso de uma carta de conceitos como um dos meios de planejar a matéria e liberar-se dela), e eles escolhem trabalhar com uma ou duas competências pedagógicas de base que servem como instrumento conceitual para refletir sobre situações vividas. Essas competências são definidas pelo formador supervisor a partir de um grande corpo de pesquisa sobre o pensamento dos professores.[4]

O curso estende-se por dois semestres e conta com sete seções de registro de seqüências realizadas em ambiente simulado, cada uma seguida de uma seção de visualização em grupo de reflexão e de avaliação formativa pouco dirigida. Entre essas sete sessões, ocorre um estágio em campo. Essa experiência de realidades contextuais de uma classe de verdade fez avançar o trabalho de laboratório: a pedido dos formados, todo estagiário é filmado também em classe real, e as visualizações referentes aos 15-20 minutos que refletem melhor os problemas encontrados em campo são objeto de sessões de análise em grupo no laboratório.

Registros e visualizações são realizados paralelamente ao curso de metodologia geral e permitem uma certa alternância. Os métodos de planejamento de conteúdos (como o da carta de conceitos) foram abordados no curso simultaneamente à sua operacionalização.

c. *Modalidades de supervisão e de avaliação*

A avaliação é formativa e interativa; ela parece requerer uma grande disponibilidade por parte do professor animador que recebe os formandos em entrevista pessoal, que lê e realimenta o diário de classe do estudante... (Tochon, 1992b).

Na lógica de trabalho estabelecida nos laboratórios de experiências pedagógicas, o grupo de futuros professores é, ao que parece, muito responsabilizado em suas escolhas e no planejamento de suas atividades. Se um formador intervém, é mais na perspectiva de animação-supervisão do grupo ou como ator-observador envolvido na reflexão da mesma maneira que os formandos.

d. *Articulação teoria-prática*

É antes uma lógica de confronto dialético entre teoria e prática do que uma lógica de passagem que parece operar nas práticas voltadas a formar um professor prático reflexivo e inovador. Graças ao *feedback*, à reflexão sobre a ação que o retorno em vídeo possibilita, que o estagiário em formação é conduzido a uma espécie de "inflexão teórica". "Para ler, interpretar e avaliar uma prática, é necessário de fato mobilizar saberes e dispor de representações de referência às quais se comparam os dados observados, mas essa inflexão circunscreve-se à perspectiva de um reinvestimento na prática" (Mottet, 1992b, p. 94). Em sentido inverso, pode-se operar também uma "inflexão pela prática" na elaboração de conhecimentos.

Como vimos em muitas modalidades de trabalho evocadas acima, o vídeo suscita hipóteses, questionamentos de saberes adquiridos, permite experiências controladas, multiplica os pontos de confronto crítico passíveis de pôr à prova conhecimentos prévios. Assiste-se aqui à elaboração de um duplo processo de controle: "controle da ação pelo conhecimento e controle do conhecimento pela ação" (Mottet, 1992b, p. 95).

Formar uma Pessoa

Todo projeto de evolução pessoal, de desenvolvimento de suas capacidades de comunicação, passa por essa exigência de realismo crescente diante do eu. O registro em vídeo desempenha um papel considerável aqui, pois dá total oportunidade a que se descubra enquanto pessoa que busca assegurar um papel profissional na sua totalidade. Contudo, isto exige uma grande sensibilidade clínica por parte do formador e o respeito a certas precauções deontológicas na organização do mecanismo, de forma a que se utilize tal ferramenta com um mínimo de riscos e um máximo de eficácia.

De fato, o primeiro confronto entre aquele que foi filmado e sua própria imagem é, antes de tudo, uma experiência emocional mais ou menos penosa. Mais do que o suporte de uma observação retransmitida e de uma auto-análise do nosso modo de ser e de agir, a imagem em vídeo toca no ponto focal de nossa identidade. Esse sentimento de identidade pode de fato ser seriamente abalado quando se testemunha uma distância entre a percepção subjetiva de si e a percepção mais objetiva que nos parece ser enviada da tela. A impressão de um certo estranhamento diante desse novo conhecimento de si, essa experiência da distância entre imagem interiorizada e imagem remetida pelos outros e pelo vídeo abre caminho a mudanças possíveis, mas às vezes também a retraimentos defensivos (Wagner, 1988; Linard e Prax, 1984). Efetivamente, pode-se tanto favorecer reações defensivas em face da intromissão do vídeo, percebida como agressiva na vida emocional e relacional, quanto um realismo crescente em face de si mesmo.

Sem poder especificá-las tão sistematicamente através dos quatro parâmetros a que remetemos anteriormente, gostaríamos de mencionar duas condutas que, para nós, podem ser percebidas nessa faceta do professor-pessoa em projeto de evolução pessoal. É a estratégia de formação preconizada por Postic a propósito da formação para a observação e para a avaliação (Postic, 1988) e da pesquisa realizada por Altet sobre a identificação dos estilos de ensino (Altet, 1986 e 1988). Encontramos aqui premissas para práticas de formação que privilegiam o paradigma do professor-pessoa em desenvolvimento.

a. Para Postic, o estagiário em formação não poderá tomar consciência daquilo que o afeta, no plano das condutas, observando e analisando uma situação registrada no vídeo, a não ser que seja capaz de conceber, com a ajuda de seus formadores, um projeto pessoal de formação. Um aprendizado essencial para conceber esse projeto é o da observação de si, de situações educativas e de experiências realizadas.
Em uma estratégia de formação fundada no desenvolvimento pessoal, esse treinamento para a observação passa por quatro exigências essenciais:
– Conhecer-se em posição de observação, conhecer as dificuldades da observação. Isto implica que os estagiários realizem experiências de observação do funcionamento de seu grupo de trabalho e de situações pedagógicas diversificadas, registradas em vídeo, sem a pré-definição de eixos de observações por um formador. Assim, os estagiários são levados a definir, eles próprios, procedimentos de observação e a ex-

perimentar as distâncias de percepção e a seletividade da percepção de cada um. Essas condutas permitem uma abordagem analítica de atitudes e de papéis, favorecendo a evolução de percepções de si e do outro e fazendo com que todos estejam atentos às atitudes e aos valores subjacentes.
- Delimitar seu campo de observação, fixar objetivos e forjar instrumentos de observação e análise das modalidades de ação pedagógica.
- Saber interpretar os dados recolhidos, o que implica que a conduta de observação possa associar-se à reflexão teórica. "A observação oferece os meios para regular a ação e submeter a teoria à prova dos fatos. Ao realizá-la, supera-se a tradicional aliança entre a teoria e a prática, a teoria vindo esclarecer a prática, a prática permitindo rever a teoria, pois a observação é o ponto de partida do necessário jogo dialético" (Postic, 1988, p. 19).
- Controlar seu próprio desenvolvimento na ação. O estagiário deve poder tomar consciência daquilo que lhe falta do plano técnico e daquilo que o afeta no plano das condutas por meio da observação e da análise de situações registradas. Se a partir daí ele é capaz de conceber, com a ajuda de seus formadores e dos colegas, um projeto pessoal de formação, opera-se o deslocamento da aquisição do saber-fazer para a formação pessoal de um iniciante que busca construir sua identidade profissional.

b. Para Altet, a pesquisa sobre os estilos de ensino permite construir uma ferramenta de formação para a auto-análise. Permitindo aos professores, tanto na formação inicial quanto na formação contínua, construir para si uma imagem mais objetiva de seu estilo de interação e de ensino, através do espelho de uma videoformação, pode-se esperar que eles venham a tentar modificar suas práticas para oferecer melhores condições de aprendizagem a seus alunos. O autor formula seu conceito de estilo de ensino a partir de três dimensões essenciais:

- o estilo pessoal, a atitude profissional e o estilo cognitivo, que é apreendido na pesquisa através do reconhecimento da forma das mensagens verbais e não-verbais;
- o estilo interativo, relacional, que é constituído através do modo de relação pessoal, das táticas próprias a cada professor de animação e de conduta da classe. Esses elementos são apreendidos através dos tipos de interações (origem, destinação e freqüência das interações professor-aluno, aluno-professor, aluno-aluno);
- o estilo didático, que utiliza uma estratégia, uma organização dos meios didáticos próprios à metodologia empregada. Esses elementos são apreendidos através de um reconhecimento das funções exercidas pelas mensagens professores-alunos e de suas incidências nas mensagens alunos-professores.

Os resultados da pesquisa põem em evidência um perfil comportamental bastante estável nas dimensões pessoais e relacionais dos estilos e, na dimensão didática, uma variabilidade em contextos de ensino diferentes e ao mesmo tempo constância em contextos idênticos. A partir daí, fica claro o interesse de levar os professores a identificarem seus estilos, a incidência de seus atos no aprendizado dos alunos, os limites da situação, para permitir-lhes distanciar-se da prática, teorizá-la e modificá-la. "Essas pesquisas sobre as práticas conduzem, portanto, a um outro tipo de formação, uma formação centrada no desenvolvimento pessoal, e a uma tomada de consciência da importância da flexibilidade das práticas através da videoformação" (Altet, 1988, p. 91).

Entre Articulações Diferenciadas da Teoria e da Prática

Pode-se constatar que na prática da formação filmada, já não se enfatiza atualmente tanto a análise de comportamentos mínimos com a ajuda de grades quanto à reflexão e à tentativa de compreender melhor situações pedagógicas vividas. Naquelas experiências brevemente mencionadas acima, parece-nos que o empenho em instaurar uma articulação mais funcional entre teoria e prática, que geralmente motivou a utilização do vídeo para fins de formação profissional, foi razoavelmente bem-sucedido.

Seja na ótica da formação de um professor capaz de utilizar técnicas, seja na de um prático capaz de refletir sobre suas práticas e de produzir novas ferramentas ou, ainda, na de uma pessoa responsável por seu projeto de desenvolvimento, as práticas de videoformação oferecem uma possibilidade original para a reflexão a partir de casos singulares e vividos. E a teorização das práticas pode assumir formas múltiplas e diversas.

À GUISA DE CONCLUSÃO

Inicialmente, este capítulo tinha como objetivo propor um quadro geral que permitisse situar os objetivos e as estratégias das práticas de formação de professores. Ilustramos como os diversos paradigmas da formação de professores concretizam-se nas práticas de estágios e de videoformação. Constatou-se que cada uma das concepções de professor poderia constituir uma faceta do ofício.

Valorizando cada um dos paradigmas por suas contribuições específicas, não podemos deixar de reconhecer o interesse de uma diversidade de objetivos, de princípios estratégicos e de práticas de formação. De um ponto de vista meramente pragmático, seria de resto uma aberração rejeitar tipos de atividades de formação que exigiram longo tempo de preparação sob o pretexto de que elas não se inscrevem nos paradigmas atualmente dominantes. De um ponto de vista estratégico, a valorização das diversas facetas do ofício deveria permitir a cada formador encontrar seu lugar em uma equipe. Mais do que cada um defender de maneira totalitária e imperialista sua própria concepção de ensino, a referência comum a uma visão global das diferentes facetas do ofício valoriza a complementaridade das contribuições de cada uma em seu domínio próprio e com seus talentos específicos. Uma "coexistência pacífica" é, sem dúvida, a base mínima de uma colaboração fecunda na equipe. Um reconhecimento tolerante das diferenças entre formadores poderia de resto ajudar os estudantes a reconhecerem as múltiplas dimensões do ofício e a permitirem que elas os interpelem.

Mais ainda, em uma equipe, seria de se esperar que a explicitação das opções paradigmáticas de cada um permitisse identificar as dimensões do ofício que correm o risco de ser abandonadas e, conseqüentemente, fortalecer essas dimensões na formação. Mas não se pode esquecer que a eficácia das estratégias em uma perspectiva definida está, sem dúvida, associada em boa medida às competências e ao envolvimento dos formadores. Somente pode gerir uma formação para a reflexividade um formador preparado para uma conduta reflexiva; somente pode acompanhar o desenvolvimento pessoal sem prejuízos o formador que também está em processo de busca e desenvolvimento do seu "eu". O que, como mostra Cifali (1994, p. 291), nos reconduz como formadores ao nosso próprio progresso. "Sempre seremos forçados a nomear, traçar limites, marcar fronteiras, retomar um a um os temores, lidar com todas as dimensões, pensar o instante e trabalhar nosso envolvimento".

NOTAS

1. O termo paradigma, tal como empregado por Kuhn, é relativamente vago. Ele compreende, essencialmente, os esquemas fundamentais de pensamento e as categorias de inteligibilidade que estruturam o saber científico e, em outro extremo, designa as crenças que desempenham um papel-chave e a "adesão coletiva dos cientistas a uma visão de mundo" (Morin, 1991, p. 212). O segundo sentido é o mais empregado aqui.
2. O caráter transversal dos dois últimos paradigmas foi evidenciado, durante o simpósio, por Marguerite Altet. Agradecemos a ela por suas proposições.
3. Os paradigmas tratados aqui constituem concepções típicas da profissão e da formação de professor. Pode-se considerá-los como modelos de profissionalismo. Analisando tipologias relativas a modelos de profissionalismo, Vincente Lang rearticulou-as em torno dos seis modelos já descritos aqui, nomeando-os de: o pólo acadêmico, o pólo artesanal, o pólo das ciências aplicadas e das técnicas, o pólo profissional, o pólo personalista e o pólo do ator social e crítico (Lang V., 1996. Professionnalisation des enseignants, conceptions du métier, modèles de formation. *Recherche et Formation*, 23).
4. Nesse caso específico, trata-se de improvisação da narração da experiência, da pragmática educativa, da escolha de um estilo de ensino, do conhecimento da matéria, do estilo de aprendizagem, da metacognição, da adaptação, do ouvir e da negociação.

CAPÍTULO 9

O TRABALHO SOBRE O *HABITUS* NA FORMAÇÃO DE PROFESSORES: ANÁLISE DAS PRÁTICAS E TOMADA DE CONSCIÊNCIA[1]

Philippe PERRENOUD

Não sabemos permanentemente o que fazemos. E, ainda que tivéssemos vagamente consciência disso, não saberíamos sempre porque agimos dessa maneira, como se nossa ação "caminhasse por si", fosse "natural", não exigisse uma explicação. Tal inconsciência não é necessariamente produto de uma recusa, de mecanismos de defesa, como os descreve a psicanálise. Em geral, é um "inconsciente prático", segundo a fórmula de Piaget, produto de um esquecimento progressivo à mercê da formação de rotinas, ou de um desconhecimento de sempre, um simples efeito da impossibilidade e da inutilidade de estarmos permanentemente conscientes de nossos atos e de nossas motivações.

Nossos costumes e nossos automatismos não dizem respeito apenas a nossos gestos, a nossos atos concretos, observáveis. Englobam também nossas percepções, nossas emoções, nosso funcionamento psíquico. É impróprio, sem dúvida, falar de "raciocínio inconsciente", pois a própria noção supõe o envolvimento do sujeito em suas inferências. Em compensação, por que não admitir que nos acontece também de tratar a informação, analisar as situações, tomar decisões com a ajuda de esquemas de pensamento dos quais percebemos apenas os efeitos?

É conhecida a noção piagetiana de esquema: as ações, de fato, não se sucedem ao acaso, mas repetem-se e explicam-se da mesma maneira em situações comparáveis. Mais precisamente, elas se reproduzem como se aos mesmos interesses correspondessem situações análogas, porém diferenciam-se ou combinam-se de maneira distinta quando mudam as necessidades ou as situações. Chamaremos de *esquemas* de ação aquilo que, em uma ação, é transferível, generalizável ou diferenciado entre uma situação e outra; em outras palavras, aquilo que há de comum nas diversas repetições ou aplicações da mesma ação (Piaget, 1973, p. 23-24).

Ou ainda, seguindo Vergnaud, chamamos "esquema" *a organização invariante da conduta para uma classe de situações dadas*. É nos esquemas que se devem buscar os conhecimentos-em-ação do sujeito, isto é, os elementos cognitivos que permitem que a ação do sujeito seja operante (Vergnaud, 1991, p. 136).

A noção de *habitus*, emprestada de Tomás de Aquino por Bourdieu (1972, 1980), generaliza a noção de esquema (Héran, 1987; Perrenoud, 1976; Rist, 1984). Nosso *habitus* é constituído pelo conjunto de nossos esquemas de percepção, de avaliação, de pensamento e de ação. Graças a essa "estrutura estruturante", a essa "gramática geradora de práticas" (Bourdieu, 1972), somos capazes de enfrentar, ao preço de acomodações menores, uma grande diversidade de situações cotidianas. Os esquemas permitem ao sujeito adaptar apenas *marginalmente* sua ação às características de cada situação corrente; ele inova apenas para compreender aquilo que a torna singular. Quando a adaptação é menor ou excepcional, em geral não há aprendizado, e permanece-se na zona de flexibilidade da ação. Quando a adaptação é mais forte ou se reproduz em situações semelhantes, a diferenciação e a coordenação de esquemas existentes estabilizam-se, criam novos esquemas. O *habitus* é enriquecido e diversificado.

Nesses aprendizados, quais são o lugar, as margens de manobra, as modalidades de uma ação de formação? Não estamos nos limites de um ensino? Como agir sobre o *habitus* de um sujeito quando ele próprio não o conhece inteiramente e não é quem tem o comando da transformação de seus esquemas de percepção, de pensamento, de avaliação, de decisão, de ação? Temos o direito de fazer isto?

As sociedades tradicionais formam o *habitus* através de modos de socialização que evocam mais as sanções da experiência do que uma educação formal. Bourdieu explica a gênese do *habitus* pela interiorização de limites objetivos, por um aprendizado através de tentativas e erros que progressivamente vai selecionado respostas adequadas ao ambiente físico e social. Esta não exclui de modo algum uma intenção educativa, mas segue caminhos indiretos, organizando a experiência, amoldando o *habitus* através de compensações, frustrações, condicionamentos e sanções. A instrução e as formas elementares de socialização de crianças pequenas deram lugar depois às *disciplinas* descritas por Foucault (1975) em *Vigiar e punir*, aos mecanismos que moldam os corpos e os espíritos. Conhecemos exemplos emblemáticos: as formas mais rigorosas de educação familiar, o convento, a prisão, os campos de trabalho, o exército, certos colégios e, particularmente, os internatos religiosos ou paramilitares, certas empresas ao mesmo tempo paternalistas e autoritárias, assim como os meios de iniciação às disciplinas esportivas ou artísticas mais rigorosos – dança, circo, artes marciais.

Talvez a Escola Normal, nas suas origens, se aproximasse desse modelo, normatizando as atitudes e as práticas através de uma disciplina de ferro, de regras de convivência muito estritas, de um controle social constante, de um quadro material e horários muito restritivos, da sanção ao menor desvio, à mais leve descontração. Tal "programação" é impensável em uma sociedade pós-industrial, pluralista e democrática. Quem poderia pretender formar desse modo profissionais autônomos e responsáveis, capazes de inovar, de construir estratégias flexíveis em função de objetivos gerais e de uma ética?

Por isso, pode-se dispensar, na formação de professores, mecanismos de formação de um *habitus* profissional? Na realidade, eles existem: todo currículo, visível ou oculto, toda instituição educativa, por seu próprio funcionamento, forma e transforma o *habitus*, através do exercício do ofício de aluno ou de estudante (Perrenoud, 1994a) e da individualização espontânea dos percursos de formação (Perrenoud, 1995a e b). Contudo, isto nem sempre é intencional, e o "currículo oculto" não produz necessariamente competências socialmente valorizadas. O mesmo ocorre com a socialização no interior do meio escolar, durante os estágios na formação inicial e os primeiros anos de prática. O *habitus é formado*, quer se queira ou não!

A questão é, sobretudo, saber como conceber uma formação *deliberada* do *habitus* profissional, orientada por objetivos, mas aberta, respeitosa à pessoa, que não retroceda nem à "instrução disciplinar", nem ao simples aprendizado por tentativas e erros, no âmbito de estágios tradicionais ou de outros "momentos de prática". Pode-se associar formação de *habitus* e construção de saberes profissionais explícitos? Ou se deve acomodar de forma duradoura, ou mesmo definitiva, em uma espécie de compartimentação entre uma formação universitária centrada nos saberes – sejam eles eruditos ou decorrentes da experiência profissional, declarativos ou procedimentais – e uma formação "prática" que abandona o estudante sozinho nos seus embates com a realidade, com a incumbência de desenvolver, como puder, esquemas "adequados"?

Estas são as questões que debaterei aqui, apoiando-me nas correntes inspiradas na *conduta clínica* (Cifali, 1991a e b, 1994) e na *prática reflexiva* (Schön, 1983, 1987, 1991; Valli, 1992; Clift *et al.*, 1990; Saint-Arnaud, 1992), mas centrando a atenção na formação do *habitus*. Em um primeiro momento, tentarei mostrar que uma parte importante da ação pedagógica apóia-se em rotinas ou em uma improvisação regrada, que evocam mais um *habitus* pessoal ou profissional do que saberes. Em um segundo momento, discutirei o papel possível da tomada de consciência e da análise da prática na transformação de esquemas. Em um terceiro momento, considerarei alguns mecanismos de formação que visam especificamente a favorecer um trabalho e o domínio de cada um sobre seu próprio *habitus*. Este capítulo pode parecer fortemente centrado em uma dimensão de competência. Ele constitui apenas uma peça de um conjunto de outros trabalhos sobre as competências e os saberes dos professores (Perrenoud, 1994d e i), seu ofício e sua profissionalização hesitante (Perrenoud, 1994h, 1995c) ou sua formação (Perrenoud, 1994b, c, g e j).

UMA AÇÃO PEDAGÓGICA QUE MOBILIZA O *HABITUS*

A ação pedagógica é *constantemente* controlada pelo *habitus*, conforme pelo menos quatro mecanismos:

- uma parte dos "gestos do ofício" são rotinas que, embora não escapem completamente à consciência do sujeito, já não exigem mais a mobilização explícita de saberes e regras;
- mesmo quando se aplicam regras, quando se mobilizam saberes, a identificação da situação e do *momento oportuno* depende do *habitus*;
- a parte menos consciente do *habitus* intervém na microrregulação de toda ação intencional e racional, de toda conduta de projeto;
- na gestão da urgência, a improvisação é regulada por esquemas de percepção, de decisão e de ação, que mobilizam fracamente o pensamento racional e os saberes explícitos do ator.

Retomemos esses mecanismos, apesar de tudo complementares.

A Transformação de Esquemas de Ação em Rotina

Um professor não passa 20 a 30 horas por semana junto a uma classe, não prepara tantos cursos ou atividades semelhantes, anos a fio, sem construir uma quantidade impressionante de *rotinas*. No início da carreira, elas ainda não se instalaram; o professor em formação inicial ou principiante ainda tenta empregar saberes procedimentais, receitas, técnicas, métodos, modelos. Já nessa etapa, contudo, o *habitus* intervém na operação desses procedimentos e esquemas de ação. Pouco a pouco, a parte das rotinas sob controle da parte menos consciente do *habitus* vai crescendo.

Os saberes procedimentais (que considero como saberes *sobre* os procedimentos, e não como *savoir-faire*) evoluem à medida que se avança no ciclo de vida profissional. Os mais explícitos se submetem de diversas formas:

- alguns se extinguem ou enfraquecem, por falta de pertinência ou de uso;
- outros incorporam-se às rotinas e ampliam o *habitus*;
- outros ainda permanecem como representações vivas e explícitas, porque são mantidos *nesse nível* pela complexidade e pela resistência do real ou por um investimento intelectual particular (gosto pela psicanálise, pela didática ou pela sociologia, por exemplo).

A não ser que a pessoa se feche a qualquer formação contínua e a qualquer reflexão sobre sua experiência, outros saberes procedimentais são assimilados ou construídos; eles existem, durante um certo tempo, em forma de esquema de ação explícito para depois também terem um dos destinos indicados antes. Não digo, de modo algum, que um professor opera sem mobilizar saberes procedimentais, mas que alguns tornaram-se "*conhecimentos-em-ação*", conforme a expressão de Vergnaud, esquemas dos quais o sujeito já não tem plena consciência. De fato, os conhecimentos-em-ação não são (ou não são mais) conhecimentos declarativos ou procedimentais, mas conservam-se de uma outra forma.

O Momento Oportuno

Por outro lado, a utilização de saberes e representações explícitas, capazes de dirigir a ação, depende de uma parte do *habitus* exterior a esses saberes e representações. Um professor que leu Gordon (1979) sabe que a escuta ativa ou a "*mensagem-eu*" é eficaz na relação pedagógica. Ela contém potencialmente uma regra de conduta. Diante de um aluno ou de pais em crise, por exemplo, ele sabe em princípio o que seria preciso fazer. Em um seminário centrado nos professores eficazes, segundo Gordon, ele com certeza explicaria muito bem que é preciso não falar no lugar de seus interlocutores, mas conceder-lhes tempo, ajudá-los a formular seus pensamentos lançando-lhes proposições, manifestar respeito, atenção, interesse, paciência, disponibilidade, empatia para que eles se sintam confiantes, encorajados a dizer o que têm no coração. Do mesmo modo, o professor que assimilou o "método Gordon" saberá que, diante de um aluno que perturba sua classe, o mais indicado é manifestar o que sente mais do que chamar o infrator à ordem ou lhe "explicar" de forma estigmatizada as razões supostas de seu comportamento. *"Você deve..."* Essa *"mensagem-eu"* dará ao aluno uma chance de se sentir reconhecido como pessoa, de renunciar ao seu papel e ao círculo vicioso do narcisismo e da provocação.

Em uma situação de ação, esse professor mobilizará tais saberes procedimentais? Para tanto, será preciso que:

- faça a aproximação, que perceba a relação entre a situação e os princípios da escuta ativa ou da *"mensagem-eu"*;
- domine as reações espontâneas inspiradas por seu humor, seus valores, seus preconceitos, sua forma habitual de estabelecer relação e de se comportar diante de uma pessoa em crise ou que o ameace.

Essas duas condições não são produzidas pela mera familiaridade com o "método Gordon": a aproximação entre esse saber e uma situação concreta também está sob controle de esquemas amplamente inconscientes, formados em parte desde a infância, na família, e depois durante a escolaridade, e em parte "no local de trabalho" diante de situações comparáveis. Pode-se imaginar, é claro, que, não contente em ler Gordon, esse professor tenha seguido uma formação analítica que o leve a perceber, por exemplo, que ele impede o outro de se manifestar pelo gosto do poder, pelo desejo incontrolável de aquietá-lo-lo antes de saber do que ele tem medo, ou pelo temor de ouvir coisas que o deixariam embaraçado ou despertariam suas próprias angústias. Ou, ainda, a compreender que, para praticar a escuta ativa, é preciso que se conceda o direito de existir como pessoa em uma relação profissional e de revelar também certas falhas suas.

Os mesmos saberes analíticos podem transformar-se em saberes procedimentais, referindo-se não mais à situação, mas à sua própria maneira de reagir a ela. Saberes de segundo grau, saberes sobre a dificuldade de utilizar no momento certo, controlando suas pulsões e suas reações espontâneas, saberes procedimentais de primeiro nível, no caso, o "método Gordon". No entanto, o problema é apenas transferido com o nível de controle: ocorre sempre uma etapa em que a mobilização de conhecimentos e de métodos passa por *outra coisa* que não conhecimentos e métodos, em que recorre a esquemas de mobilização de saberes que não são por si próprios saberes. Mesmo um psicanalista que conheça Freud, Lacan e alguns outros de cor e que tenha uma imensa cultura teórica depende, em última instância, para a mobilização de seus saberes, de recursos cognitivos de uma outra natureza, que às vezes se denomina de intuição, faro, *feeling*, senso clínico, *insight*, ou se denomina correntemente daquilo que no *habitus* funciona em parte sem que tenhamos consciência. Da mesma maneira, um sociólogo ou um antropólogo que sabe tudo sobre a diferença ou o conflito culturais, representações sociais, fenômenos do poder e da comunicação nas organizações e nos grupos, somente pode utilizar esses saberes nas interações cotidianas dentro dos limites de seu *habitus*, ao mesmo tempo da perspectiva da "presença de espírito" e do controle das reações espontâneas.

Como lembra Bourdieu (1972, p.199-200):

> Toda tentativa de fundar uma prática na obediência a uma regra explicitamente formulada, seja no domínio da arte, da moral, da política, da medicina ou mesmo da ciência (que se pense nas regras do método), entra em choque com a questão das regras que

definem a maneira e o momento oportuno – *kairos*, como diziam os sofistas – de aplicar as regras, ou, como se diz apropriadamente, de pôr em prática um repertório de receitas ou de técnicas, em suma, da arte da execução através da qual se reintroduz inevitavelmente o *habitus*.

O Papel do *Habitus* na Microrregulação da Ação Racional

Toda ação complexa recorre a certos conhecimentos e a uma parte de raciocínio, salvo talvez na urgência extrema, quando não há "tempo para pensar". A ação deliberada é fortemente marcada pelos saberes e pela racionalidade. Há, portanto, na análise das competências dos professores, um amplo espaço para a "razão pedagógica" (Gauthier, 1993b) e os saberes (Tardif, 1993a e 1993b). Isto não quer dizer que a ação racional seja estranha ao *habitus*. Em primeiro lugar, porque a "lógica natural" de um sujeito é um subconjunto de seus esquemas, ou seja, uma parte de seu *habitus*. Depois, porque outros componentes do *habitus* permitem enfrentar os imprevistos no desenrolar dos acontecimentos, para conciliar a ação racional com aquilo que se lança no registro relacional e emocional, para garantir as "microadaptações pragmáticas" que tornam possível a realização do plano mais bem pensado.

Assim, na realização da seqüência didática mais bem planejada, uma parte da ação está sob o controle de esquemas de percepção, de pensamento e de decisão que escapam à previsão e mesmo à consciência clara. Simplesmente porque é impossível codificar uma seqüência em seus mínimos detalhes: nem a boa vontade, nem os processos de pensamento dos alunos são inteiramente controláveis, nem mesmo previsíveis ou inteligíveis. Na classe, o professor deve "lidar com" um número impressionante de incidentes críticos e de fatores impossíveis de prever. Certamente, ele não pode ficar completamente surpreso quando um enunciado não é compreendido, quando um aluno comete um erro insólito, quando uma atividade cai no vazio ou toma um rumo desagradável. Esses imprevistos, paradoxalmente, são previsíveis: são coisas que acontecem "um dia ou outro", e nenhum professor experiente ignora que um incidente desse tipo pode surgir, da mesma forma que um esquiador sabe que uma bola ou uma placa de gelo pode, a qualquer momento, comprometer sua corrida. Porém, quando ele acontece, é em um momento e de certa maneira inesperados.

Diante de tais imprevistos, o iniciante reage em função de um *habitus* às vezes pouco adequado à situação escolar. Por exemplo, poucas pessoas tiveram, antes de assumir uma classe, a experiência da responsabilidade por um grupo de crianças ou adolescentes. Assim, elas transpõem a uma situação de gestão da classe esquemas construídos em outras interações menos complexas. O professor iniciante surpreende-se quando sua reação à conduta de um aluno altera a dinâmica da classe, geralmente em proporção desmensurada em relação ao problema inicial. Aos poucos, vai compreendendo que não pode tratar um membro do grupo como um indivíduo isolado, pois o que acontece a um afeta todos os outros alunos e modifica sua própria relação com a atividade em curso e com o próprio professor; enfim, compreende que centrar-se em uma única criança faz com que perca o controle sobre a totalidade da situação. Com a experiência, o professor construirá outros esquemas, mais bem-adaptados, ainda que, e sobretudo, às vezes pareçam estranhamente "soltos" ao observador eventual. Desse modo, um professor experiente ignorará "conscientemente" uma certa quantidade de desvios ou de erros individuais, porque ele sabe ou compreende intuitivamente que sua regulação imediata o fará perder o controle de sua conduta didática ou da dinâmica do grupo.

Os esquemas que permitem enfrentar aos incidentes críticos estão ancorados em uma prática profissional cada vez mais rica, formando um novo "estrato" de *habitus* que não tem sua gênese na vida em geral, mas em uma experiência de classe. No entanto, os esquemas do iniciante e os do especialista têm um ponto comum: eles escapam, pelo menos em parte, à consciência do ator e inserem-se em estratégias didáticas conscientes, como tantos mecanismos de regulação que lhes permitem manter um rumo, levando em conta a complexidade e a resistência dos saberes, dos objetos, das pessoas.

Outra forma de surgimento do *habitus*: a ação pedagógica é orientada por finalidades explícitas e valores, mas também por investimentos afetivos e gostos. Alguns reportam-se a saberes: há palavras, textos, idéias, regras que um professor não aceita ver desfiguradas, porque lhe são muito caras. Portanto, a seus olhos, existem erros e ignorâncias menos perdoáveis que outros, não em razão de sua importância para o futuro do aprendiz, mas em função do apego aos saberes ou às regras do jogo. Outros investimentos afetivos estão relacionados aos espaços, ao meio material, às condições de vida. Alguns professores apegam-se a uma postura, a um modo de se movimentar, de ocupar o espaço que não têm relação com sua estratégia didática. Outros escandalizam-se com palavras grosseiras ou gestos insolentes em relação a um livro ou a um jogo.

Basicamente, porém, os investimentos afetivos e os gostos referem-se às pessoas e aos grupos e fazem parte de relações intersubjetivas. Há classes ou alunos que um professor ama, outras que ele detesta ou que lhe são indiferentes. A mesma seqüência didática não é conduzida da mesma maneira se o professor está aborrecido ou alegre, se ele se sente bem ou mal em um grupo ou diante de certos alunos. O sentido de uma pergunta, de uma resposta, de um erro, depende da pessoa da qual emanam, de grupos (família, sexo, classe social, comunidade lingüística, confessional ou ética) dos quais é originária, bem como de relações que o professor mantém com essa pessoa e os grupos a que pertence. Ouvir as proposições de uma criança ou de um adolescente mobiliza determinados *savoir-faire* didáticos relacionados à intenção de instruir, mas também a preferências, preconceitos, simpatias ou antipatias, solidariedades ou exclusões. Não se conduz da mesma maneira um diálogo didático com uma criança amável ou com uma criança suja, obesa ou agressiva.

Visto que é o principal vetor de sua ação didática, o professor depende de tudo o que é, de tudo o que ama ou odeia. Sem dúvida, a ética, a formação profissional e a experiência evitam as interferências mais gritantes. Sem ter nem o "queridinho" nem o "saco de pancada", sem usar sistematicamente "dois pesos e duas medidas", sem expor as notas ou as punições "na cara do cliente", sem mostrar abertamente suas simpatias e inimizades, um professor não é tampouco uma máquina de educar desprovida de emoções, de preconceitos etnocêntricos, de desejos, de contas a acertar com sua própria infância (Cifali, 1994; Perrenoud, 1987, 1995c).

Tudo isso é banal e ao mesmo tempo essencial, na medida em que a eficácia da ação didática depende em larga medida do clima afetivo e das modalidades de relação e de comunicação que prevalecem em sua prática.

A Gestão da Urgência e a Improvisação Regrada

Há uma parte de imprevisto em toda ação planejada, mas o imprevisto também decorre de acontecimentos que surgem independentemente de qualquer plano do professor, de iniciativas de outros atores. Em uma jornada de aula, o professor toma centenas de pequenas e grandes decisões. Algumas são muito ponderadas ou pelo menos fundadas sobre valores e raciocínios muito ponderados. Outras são tomadas na urgência e, às vezes, no *stress*, porque não se pode pensar em tudo, porque a situação não permite tergiversar, nem se recolher à sua tenda para pesar os prós e os contras, porque não fazer nada também é uma decisão. Quando um aluno lança uma resposta errada ou levanta a mão para fazer uma pergunta, é preciso decidir em campo. Três ou vinte segundos depois, a situação terá mudado e a decisão já não será pertinente. Do mesmo modo, quando um aluno parece esboçar uma trapaça, uma desobediência, uma violência, é preciso intervir, correndo o risco de julgá-lo por intenção? Ou se deve deixar fazer? As situações de desordem, de desvio, de conflito e mesmo de perigo exigem reações imediatas, mais ainda que as situações de interação didática *stricto sensu*. A aprendizagem é um processo longo, que oferece pontos de continuidade. Nada se faz em um momento, que não tenha um depois. Já do ponto de vista do comportamento, é o presente que conta, embora os desafios não sejam maiores.

Para agir na urgência, às vezes, o ator mobiliza "reflexos", no sentido próprio do termo, ou esquemas que provêm "ele nem sabe de onde" e que não dão muito espaço à reflexão. Então, ele presume que se reage "instintivamente", "no *feeling*" ou "espontaneamente". Porém, Bourdieu insistiu justamente no fato de que não reagimos ao acaso, mas em função de nosso *habitus*, na *ilusão* da espontaneidade e da liberdade. Um observador que tenha identificado nossos esquemas de percepção, de decisão, de reação, poderia antecipar, muitas vezes, que em uma tal ou em qual situação vamos ficar com raiva, deprimidos, entrar em pânico, rir, ficar paralisados, corar, chorar, escapar no ativismo, cair na apatia, na auto-acusação ou na agressividade. O ator é, em parte, seu próprio observador e "se conhece" parcialmente do interior. Se não estivesse tão envolvido, ele também poderia "adivinhar" o que fará, porque *já fez* em circunstâncias semelhantes, e assim manter o controle. Porém, na urgência, ele não se vê agir, ou então é essa pequena diferença de tempo que o faz roer os dedos, um segundo mais tarde, por ter de novo perdido o sangue frio ou traído suas dúvidas... O ator sabe de maneira confusa que ele não improvisa, que não cria uma resposta com todas as peças, mas mobiliza um esquema interiorizado, que em geral chamará de caráter, personalidade, hábito ou intuição. Ele pode, ao custo de uma forte vigilância, tentar conscientizar-se disso e manter o controle. Contudo, em um primeiro momento, e às vezes definitivamente, o professor, assim como qualquer ator em situação de urgência, *agiu* através de seu *habitus* mais do que como sujeito autônomo. Nos relatos de práticos – quando eles não se sentem obrigados a representar o tempo todo a comédia do controle e da racionalidade –, encontra-se regularmente esta fórmula. "Então, ouvi eu mesmo dizer..." ou "Eu me vi fazendo...". É um modo de reconhecer que em situações complexas todos são movidos por seu inconsciente pessoal ou cultural. Nossa dependência mais forte é em relação à parte menos explícita e reconhecida de nosso próprio *habitus*.

Se pudéssemos, como no vídeo, fazer uma pausa na imagem, se pudéssemos, como no basquetebol, pedir um tempo morto, suspender a ação pelo tempo necessário para refletir, muitas vezes nossos atos seriam diferentes. É próprio de certos ofícios não permitir interrupções com freqüência, porque a vida continua e não espera, porque o êxito de uma estratégia depende da capacidade de controlar uma sucessão de microssituações que se encadeiam e que se embaralham. O ofício de professor geralmente é desse tipo.

Mesmo longe da presença dos alunos, falta tempo para pensar tranqüilamente em tudo, no detalhe. Uma parte das preparações didáticas é feita na urgência, em grandes linhas, e ocasionalmente nem são feitas, por falta de tempo e de energia. Para ter material, idéias didáticas, premissas teóricas e cenários de intervenção pertinentes para cada minuto de uma jornada de trabalho em classe, seria preciso trabalhar dias. Mesmo para o professor mais conscencioso é impossível. Ele deve tomar providências enérgicas, escolher tal exercício, tal exemplo, "com rapidez", sem ter tempo de relacionar todas as alternativas, de pesar as vantagens e os inconvenientes, de rever os objetivos e os princípios didáticos. É preciso avançar, porque depois de amanhã haverá um outro dia de aula, com seu lote de trabalho e de problemas. Às vezes, alguns didáticos surpreendem-se ao ver os professores estabelecerem atividades de forma tão ligeira, sem poder justificar suas escolhas e, nem mesmo, explicitá-las. Será que eles se dão conta de que se pode gastar horas para aperfeiçoar *uma* situação didática exemplar, enquanto uma classe consome milhares? Se trabalhasse como os pesquisadores, de forma tão racional e precisa, reconstruindo a transposição didática, trabalhando os saberes e os processos de aprendizagem, um professor poderia quando muito preparar uma hora de aula por dia... Visto que ele tem de garantir de três a oito vezes mais, dependendo do dia, dos estatutos e das ordens do ensino, como se surpreender por ele planejar apenas as linhas gerais, contentando-se com atividades que "transcorram" sem muitos imprevistos? Não haveria razão para acreditar que a urgência da aula é compensada pela tranqüilidade da preparação. Não é o mesmo trabalho, mas o sentimento de pressa, a impressão de "girar como uma hélice" para conseguir apenas se manter na superfície são os mesmos. O *habitus* é investido na preparação das lições e na correção das provas tanto quanto no tempo de aula, ainda que outros esquemas estejam em jogo.

Dr. Jekyll e Mr. Hyde?

Pior seria ver o professor como uma espécie de esquizofrênico profissional, ora um Dr. Jekyll, consciente do que faz, apoiado na ciência e na razão, em outros momentos Mr. Hyde, enlouquecido, seguindo apenas suas pulsões. Na realidade, Dr. Jekyll e Mr. Hyde coexistem e cooperam um com o outro o tempo todo e um reconhece a existência do outro. Os professores não vivem duas vidas. A maior parte das ações emergem *ao mesmo tempo*, em proporções diversas, do pensamento racional guiado por saberes e da reação governada por esquemas menos conscientes, produtos de sua história de vida, assim como de sua experiência profissional. Somente a análise pode distinguir suas respectivas partes.

Não há qualquer razão para excluir o *habitus* do campo das pulsões, do "isto" freudiano, nem do superego. Nosso eu e nossa parte de razão também põem em jogo esquemas de pensamento, de inferência, de relação e de julgamento dos quais não temos uma consciência aguda. Esses esquemas simplesmente têm uma outra gênese e um outro modo de conservação que não o medo do outro ou a fuga diante do conflito: as operações que constituem nossa "lógica natural" são regidas por leis de composição que asseguram a regulação e o equilíbrio de um sistema de esquemas operatórios, o que não ocorre com esquemas de ação ou de pensamento menos integrados.

O *habitus* não se opõe aos saberes como o instinto se oporia à razão. Ele simplesmente traduz nossa capacidade de operar "sem *saber*", em um rotina econômica ou para fazer face às emergências do cotidiano. Isto não significa de modo algum que operamos sem *saberes*, sem representações da realidade passada, atual, virtual, desejável, sem teorias de fenômenos com os quais somos confrontados e que desejamos dominar. Em toda ação complexa, mesmo em situação de urgência ou no quadro de uma rotina, manipulamos informações, representações, conhecimentos pessoais e saberes sociais. Em todos os ofícios, mesmo nos mais artesanais, utilizam-se informações e conhecimentos. Por sua vez, o professor – assim como o pesquisador, o divulgador, o jornalista, o especialista – constantemente trata, cria, registra, compara, integra, diferencia, comunica, analisa informações e saberes. Mas é o *habitus* que governa esses tratamentos.

TOMADA DE CONSCIÊNCIA E TRANSFORMAÇÃO DE ESQUEMAS

Reconhecer a parte do *habitus* na ação pedagógica é, seguramente, dar um passo em direção ao realismo na descrição de como os professores exercem seu ofício. No entanto, coloca-se então um problema de peso: como formá-los nos registros em que sua ação depende, em grande parte, de esquemas inconscientes? Duas estratégias complementares parecem possíveis:

1. Transformar as conduções de sua prática para induzir uma evolução de seus hábitos.
2. Favorecer a tomada de consciência de seu funcionamento e a passagem de certas ações sob o controle de conhecimentos procedimentais e da razão.

Essas duas estratégias são distintas apenas do ponto de vista da análise. Na realidade, uma alteração deliberada das condições da prática com freqüência induz, ao mesmo tempo, mudanças inconscientes e certas tomadas de consciência e regulações intencionais.

Alterar as Condições da Prática

A alteração das condições da prática ocorre por todos os tipos de razão que, sem serem fortuitas, não respondem a nenhuma lógica de formação: mudança de programas e de métodos, de estruturas (por exemplo, criação de ciclos de aprendizagem), das expectativas das famílias, do nível e das estratégias dos alunos. Ao longo dos anos, os professores mudam de estabelecimento, de classe, de meio material, cultural e social. Mesmo que permaneçam no mesmo lugar, o mundo muda à sua volta e, particularmente, as crianças ou os adolescentes escolarizados.

Para fins de formação, pode-se alterar intencionalmente as condições da prática? Na formação contínua, apenas se podem sugerir testes, experiências, restrições incomuns, observações mútuas ou um trabalho em *team teaching*. O professor é um prático autônomo sobre o qual a formação tem um poder limitado, porque ele deve assegurar seu serviço sem desfavorecer os alunos. Na formação inicial é diferente, salvo nos estágios em responsabilidade, nos quais os estudantes operam à maneira de um profissional. Quando ele não é responsável pela classe e trabalha em dupla com um formador de campo, pode-se imaginar que haja mais flexibilidade: confiar-lhe certas tarefas, liberá-lo de outras, atribuir-lhe a responsabilidade intensiva por um ou alguns alunos, criar-lhe situações-problema, eventualmente incluindo alunos na sua maneira de agir.

Seguindo o princípio de que "aprende-se a nadar nadando", limita-se em geral a estabelecer situações de exercício de certas competências. Naturalmente, joga-se com a responsabilidade parcial, não exigindo do estagiário que resolva de uma só vez todos os problemas durante um longo período. Porém, mantém-se a lógica da camaradagem e das tentativas e erros: o professor faz e, em seguida, diz ao aprendiz "Agora é sua vez!".

Assim, forma-se o *habitus*, mas de maneira tradicional. Ele poderia ser formado de maneira mais precisa, diferenciada, controlada? Percebem-se os limites práticos e éticos de tais condutas. A psicologia social experimental normalmente coloca voluntários em situações insólitas, que os desconcertam. Colocar professores em situações desse tipo poderia ser instrutivo: por exemplo, pô-lo regularmente diante de um grupo desconhecido; privá-lo regularmente dos meios de realizar suas intenções; perturbar regularmente seus planos, introduzindo elementos imprevistos; obrigá-lo regularmente a enfrentar a resistência ou comportamentos imprevistos dos alunos; criar artificialmente condições de estresse ou de incerteza. Em certas formações, como de espiões, militares, cosmonautas, pilotos, policiais e de membros de equipes de socorro, sabe-se que o sucesso dependerá de reações imediatas em situação de urgência ou de estresse. Justifica-se, assim, para melhor prepará-los para seu "ofício", que eles tenham de viver sem cautela situações penosas. Não sugiro formar os professores como comandos, mas ser conseqüente: se o *habitus* transforma-se em resposta a novas situações-problema, a formação consiste em criá-las e em impedir os estagiários de saírem pela tangente.

Isto é duvidoso, pois estratégias desse tipo exigiriam, em primeiro lugar, uma representação clara do *habitus*, de seus diversos componentes, de sua gênese; em seguida, da imaginação didática e, finalmente, de condições ótimas de cooperação com formadores de campo e mesmo com os alunos. Elas exigiriam ainda, por razões práticas e éticas, a plena concordância dos estudantes. Assim, não se estaria muito longe da segunda estratégia: a tomada de consciência do *habitus* ou, pelo menos, a adesão voluntária a uma conduta de formação suscetível de transformá-lo em suas camadas menos conscientes e, desse modo, também de torná-lo mais visível.

Condições e Efeitos da Tomada de Consciência

Tomar consciência daquilo que se faz não acontece por si. Às vezes, em razão de resistências, de angústias, de mecanismos de defesa descritos pela psicanálise: certas atitudes, certas maneiras de fazer em sala de aula são difíceis de reconhecer, porque a tomada de consciência revelaria um passado doloroso, emoções recolhidas, problemas não-resolvidos da infância, da adolescência e da idade adulta. Assim, esse professor pode atribuir uma atenção excessiva aos alunos que reavivam nele uma culpabilidade ou uma inveja antigas, ou que exercem sobre ele algum tipo de fascinação; um professor pode ser particularmente avesso a certas formas de estabelecer uma relação, de buscar a intimidade, de dissimular, de negar seus erros, de jogar a responsabilidade sobre outro, de se sentir perseguido ou mal-amado quando não é o centro das atenções. Isto não quer dizer que todos os esquemas relacionais tenham sua raiz em traços neuróticos profundamente contidos. Entre a lucidez e a repressão contida, há milhares de níveis intermediários de resistência. Nem sempre se teme a crise maior; simplesmente se protege da emoção, da nostalgia, do embaraço.

Salvaguarda-se também sua imagem de si. Inúmeras tomadas de consciência são inibidas não porque revelariam diretamente um passado recolhido, mas porque trariam à luz comportamentos e atitudes pouco defensáveis em relação ao que se pensa ou gostaria de ser. Em que relação pedagógica não existe, ainda que por alguns instantes, uma parte de sedução, de agressividade, de sadismo, de voyeurismo, de injustiça, de arbitrariedade, de poder absoluto, de violência, ou simplesmente de medo ou de desprezo pelo outro? Para o observador (Cifali, 1994), tudo isso é inevitável e seria vão negar. É preferível ter consciência e trabalhar para dominar aquilo que, naquilo que, nosso *habitus*, em um dado momento de nossa história, inflige sofrimentos a outros ou fere a nós mesmos. Ainda que concorde em abstrato, nenhum educador, voluntariamente, vê a si mesmo como de fato é, pois ele tem medo de alterar sua imagem de si, de ter vergonha e, talvez, deseje compreender porque vai ao encontro de seus próprios valores, de mergulhar em seu passado.

Outras tomadas de consciência são menos dolorosas. Nenhuma é anódina, porque o retraimento ou o esquecimento sempre têm um sentido. Nossa cultura instiga-nos a valorizar a lucidez. Nossa cegueira fere-nos no dia em que compreendemos quem somos verdadeiramente. Quando descubro que, há muitos anos, inconscientemente, coço a orelha ou faço uma careta em uma circunstância qualquer, não morro, mas meu amor-próprio sofre um pouco. Como se uma pessoa adulta devesse o tempo todo ter domínio sobre si própria e estar advertida sobre sua maneira de ser. É por isso que tantas pessoas reagem tão violentamente a qualquer registro em áudio ou vídeo de sua palavra ou de seus gestos. "Sou eu, esta voz, esta postura, este olhar?" diz, surpreso, logrado, recusando a reconhecer-se.

A tomada de consciência passa por um trabalho sobre si e obriga a superar resistências mais ou menos fortes, eis que apenas impõe precauções, um método e uma ética. É importante favorecer a tomada de consciência, sem jamais violentar as pessoas (ou pelo menos sem ter a intenção de). Pode-se esperar chegar a isso através de mecanismos de formação que serão permanentemente examinados. Resta ainda uma questão central prévia: *a tomada de consciência é um fator de mudança*? Para operar de outro modo, basta saber, por exemplo, por que e como se fica com raiva, como se entra em pânico, se irrita, se aborrece, se impacienta, se agride o outro, se recolhe em si?

Sabe-se muito bem que não. Mesmo quando a tomada de consciência não é muito fugidia, quando se torna um verdadeiro conhecimento de si, ela não muda *ipso facto* modos de fazer governados pelo *habitus*, tampouco um conhecimento teórico vindo de outra parte modifica a ação se não é mobilizada no momento adequado. Suponhamos que um professor tome consciência – o que não atinge as profundezas visadas pela psicanálise – de que concede pouco espaço aos alunos e, menos ainda, quando falta tempo ou não domina muito os saberes ou o *savoir-faire* ensinados. Reconhecer esse fato não exige uma revisão dilacerante de sua imagem de si. Pode-se imaginar que tal descoberta não desencadeie um mecanismo de retraimento, que o professor possa dizer com muita tranqüilidade: "Eu sei, quando..., vou deixando cada vez menos espaço aos alunos". Isto o ajuda a agir de maneira diferente? Apenas se a conexão operar em tempo real. Dito de outra forma, se a tomada de consciência se repete, ou se sua lembrança se efetiva, e o professor é capaz de se "surpreender em flagrante delito" e de se controlar. "Ah, sim, ele se diz, agora estou prestes a...". Intervém, então, o esforço voluntário de não se deixar levar por sua mais forte propensão, de calar suas angústias, de "se dominar".

A tomada de consciência muda o *habitus* porque *o combate* em tempo real e na situação. Quando o combate repete-se, o controle automatiza-se e, por sua vez, assume a forma daquilo que se poderia chamar de um "contra-esquema". Nosso *habitus* é constituído de *estratos* sucessivos de esquemas, sendo que os mais recentes inibem, primeiramente de maneira voluntária, depois de forma menos consciente, a utilização de esquemas anteriores. A junção entre um esquema de ação e um esquema inibidor constitui, pouco a pouco, um novo esquema. Sabe-se, contudo, que "o natural pode voltar a galope" em certas circunstâncias. Particularmente, quando o estresse e a emoção fazem regredir às reações primitivas, inibindo a inibição...

Disto se segue que, mais ainda do que a tomada de consciência, a transformação de um *habitus* é um trabalho de muito fôlego, com um resultado incerto e às vezes frágil, mesmo quando os riscos do desprezo por si ou de desestabilização são reduzidos. Quando a tomada de consciência refere-se a condutas menos anódinas, a transformação exige mais tempo e, sem dúvida, apoio externo. Em geral, é mais difícil superar seu sexismo, seu racismo, sua violência, seu gosto pelo poder do que suas maneiras de explicar, de corrigir os cadernos ou de restabelecer a ordem na classe. Ainda que... Assim, quando ele toma consciência de como faz anotações nos trabalhos ou exige uma ordem perfeita nas folhas, nos cadernos, nos livros e nos instrumentos de trabalho dos alunos, um professor possa achar-se maníaco, obsessivo, detalhista e decidir fazer um esforço para se tornar um pouco mais flexível. Ele pode descobrir, então, que isto lhe exige um imenso trabalho sobre si e que combater seu perfeccionismo deixa-o tenso, agressivo, mal consigo mesmo. A tomada de consciência é eliminada, ou simplesmente suspensa em seus efeitos. "É verdade, sou obcecado pela ordem e pela precisão. Mas eu sou assim. A gente não se refaz!" Vemos os limites da mudança: quando a tomada de consciência tende a tornar-se uma outra pessoa, há resistência e preservação do *status quo*, no desconforto ou no retraimento, conforme a capacidade que se tem, muito desigual, de suportar as contradições e a dissonância cognitiva.

MECANISMOS DE FORMAÇÃO

Quais são os mecanismos suscetíveis de favorecer a tomada de consciência e as transformações do *habitus*? Destacarei 10, observadas no quadro do projeto genebrino de formação de professores primários (Perrenoud, 1994j):

1. A prática reflexiva.
2. A mudança nas representações e nas práticas.
3. A observação mútua.
4. A metacomunicação com os alunos.
5. A escrita clínica.
6. A videoformação.
7. A entrevista de explicitação.
8. A história de vida.
9. A simulação e o desempenho de papéis.
10. A experimentação e a experiência.

Retomemos brevemente cada um desses mecanismos, dizendo, de início, que eles são estreitamente complementares e recorrem a mecanismos muito semelhantes.

1. A prática reflexiva

É o que Schön (1983,1987,1991) chama de *reflective practice* e o que Saint-Arnaud (1992) traduz por "conhecimento na ação". Outros falariam de consciência de si, de metacognição, de epistemologia da ação ou simplesmente de lucidez. Qualquer que seja o vocabulário, ele designa uma forma de *reflexividade*: o sujeito toma sua própria ação, seus próprios funcionamentos psíquicos como objeto de sua observação e de sua análise; ele tenta perceber e compreender sua própria maneira de pensar e de agir.

Evidentemente, não importa qual ser humano é capaz de reflexividade; é uma condição de regulação de sua ação. Contudo, isto apenas se torna uma verdadeira alavanca da formação se o funcionamento reflexivo for valorizado, padronizado, instrumentalizado. Todos os mecanismos de formação interativos e todas as formas de cooperação e de trabalho de equipe podem não só estimular uma prática reflexiva, mas também preparar, por meio da *interiorização* progressiva, condutas de explicação, de antecipação, de justificação, de interpretação antes inscritas em um diálogo.

Pode-se, assim, observar uma preparação direta para a auto-observação e para a auto-análise, propondo grades e métodos. Os trabalhos sobre os orçamentos-tempos exigem dos sujeitos, por exemplo, que anotem a cada cinco minutos o que fizeram. Esse instrumento de pesquisa, o único, na ausência de uma observação direta que possa reconstituir um emprego de tempo com uma real precisão, poderia tornar-se uma ferramenta de formação. Outra ferramenta: tentar regularmente reconstituir, de memória, um diálogo com uma classe ou com um aluno e até mesmo registrá-lo. Ou criar o hábito de anotar suas intenções e de avaliar seu grau de realização. É evidente que estar sempre pronto a observar não é nem possível, nem desejável. No entanto, um conjunto de pequenos rituais e de ferramentas rápidas pode ajudar na tomada de consciência sem paralisar. Desse modo, pode-se assumir como tarefa, no final da jornada, oferecer um *feedback* substancial a *um* aluno, sorteado ao acaso ou escolhido antes, sobre seu trabalho e sua atitude. Esse ritual permite, em primeiro lugar, constatar que não se tem estritamente nada a dizer sobre certos alunos, como se eles não tivessem vindo à aula... Tal descoberta, perturbadora, e o desejo de ter algo a dizer a cada um induzem uma vigilância maior a propósito dos alunos e também da relação e da ação pedagógica.

2. *A mudança nas representações e nas práticas*

Todo confronto de representações e de práticas favorece a tomada de consciência. Cada um estima que o que lhe parece o próprio bom senso não passa de si para outro, que as evidências não são partilhadas, que o "senso comum" não é tão amplo quanto se acredita. A fenomenologia e, particularmente, Alfred Schütz (1987) insistiram na parte do *taken for granted* (considerado como adquirido) em nossa construção da realidade. Nós mobilizamos esquemas, rotinas, aquilo justamente que os etnometodologistas chamam de "métodos" para domar o real, para torná-lo familiar (Garfinkel, 1967). É descobrindo outras culturas que se compreende que sorrir, sacudir ou abaixar a cabeça, virar as costas ou cruzar os braços não têm o mesmo significado em todas as sociedades. Inútil, porém, ir tão longe para encontrar diferenças comparáveis. Para um, mascar um chiclete é um sinal de insolência, de provocação ou de falta de educação; todavia, um determinado colega não presta qualquer atenção a isso, ou ele mesmo o faz sem pensar e, se lhe perguntam como suporta esse comportamento nos alunos, responde que para ele o que importa, antes de tudo, é que estejam disponíveis e que se o chiclete os ajuda... Inversamente, um professor completamente indiferente à maneira como seus alunos arrumam seus cadernos ou seus sapatos descobrirá que a desordem que ele nem sequer vê pode deixar doente um de seus colegas. E, segunda descoberta, que não há necessidade, para atribuir importância às coisas, de ser visivelmente rígido, maníaco, inibido ou de uma outra geração. Aquele que se esgota corrigindo escrupulosamente o menor exercício irá surpreender-se ao constatar que um colega gasta dez vezes menos tempo com isso. Um outro compreenderá que sua maneira de construir as tabelas não é a única possível e que os outros também são sensatos.

É preciso ainda, para que se operem essas tomadas de consciência, que se crie um clima que permita contar o que se faz sem temer o ridículo, a desaprovação ou a inveja. As equipes pedagógicas podem desempenhar esse papel quando a intolerância militante não impelir a censurar tudo que não está "na linha". Na formação inicial, os grupos de análise da prática têm essa função. É preciso também que o tempo, o espaço, as regras do jogo, as competências e a ética do animador autorizem a livre expressão sem perigo.

Pode-se contar, mesmo em um relato de absoluta confiança, apenas aquilo que se sabe. É um dos limites do intercâmbio dessas práticas. Contudo, uma animação ativa sem ser agressiva permite fazer com que cada um diga um pouco mais do que poderia admitir em seu foro íntimo, porque ele é solicitado a isto, envolvido em um jogo, uma reciprocidade, uma curiosidade.

3. A observação mútua

Trata-se, evidentemente, de um complemento ao intercâmbio sobre as práticas. Observar-se mutuamente funcionando em classe permite um questionamento recíproco que vai muito além do que se pode exigir do outro em um grupo de análise de práticas, especialmente porque se apóia em uma realidade partilhada, que a pessoa observada não controla totalmente. Assim, em um grupo de análise da prática, é pouco provável que um professor relate espontaneamente situações em que os alunos o deixaram embaraçado. Como explicar sem dificuldade que um adolescente o deixou corado ao perguntar-lhe com que idade fez amor pela primeira vez e se você usa preservativos? Como ousar dizer que um aluno desperta em você pulsões eróticas ou sádicas? Ao passo que, partilhando a realidade de uma classe, algumas coisas podem ao mesmo tempo ser vistas e ser ditas com mais facilidade. Avalia-se melhor, consigo e com o outro, a distância entre aquilo que se faz e o que se imagina fazer. A experiência pode ser muito dura: quando uma professora que jamais ocupa sua mesa – porque não quer exercer a função magistral – enfurece-se porque um aluno se senta em seu lugar, ela não percebe necessariamente a contradição. A não ser que alguém a observe, a interrogue ou simplesmente sorria ou faça um ar de surpresa. Quando um professor que se julga eficaz é perguntado por que passa tanto tempo fazendo pequenas coisas sem importância, enquanto um outro que se imagina adepto das pedagogias ativas é questionado sobre sua intervenção excessiva nos projetos e nas proposições do alunos, sua primeira reação é defender-se e reagir com agressividade. É importante, pois, que a observação mútua seja garantida por regras do jogo aceitas de comum acordo e que definam os objetivos da observação e as modalidades do *feedback*. Nada é pior do que se sentir observado sem que se possa explicar. Por isso, é importante ter acesso às representações do observador contando com sua neutralidade e mesmo com sua benevolência.

A observação entre pares não é fácil de instituir, nem na formação contínua, nem na formação inicial, em um ofício em que toda a cultura profissional prepara, sobretudo, para se trabalhar de porta fechada. Quando se realiza, ela apresenta a enorme vantagem da reciprocidade e da igualdade de estatuto. É evidente que entre uma visita sem retorno e o *team teaching*, há um amplo leque. Mas, em todos os casos, o observado torna-se, por sua vez, observador.

Na formação inicial, a observação não é simétrica; o estagiário observa o formador de campo que o acolhe e este último observa o estagiário, mas eles não têm os mesmos direitos, a mesma legitimidade, os mesmos fins. Já em um estágio com acompanhamento, apesar da assimetria dos papéis, todos têm muitas oportunidades de observar o outro em situações que ele não domina permanentemente, ou que afetam sua serenidade. Ainda é preciso que se tenha a coragem de falar disso e de definir entre estagiário e formador de campo um contrato que não tenha mão única, em que cada um esteja pronto a aprender com o outro (Perrenoud, 1994c).

Nem sempre é necessário que o outro ofereça explicitamente um *feedback*. Quando se ensina junto, a observação acompanha a ação, mas não é a razão de ser da situação. Não se diz tudo, ou por prudência ou porque se tem outra coisa a fazer. Todavia, necessariamente, sente-se observado, ou mesmo exposto; e isto o obriga a se observar; sem dúvida, o desafio é, em primeiro lugar, avaliar aquilo que se dá a ver (portanto, ver-se aos olhos do outro) e controlar-se mais para fazer boa figura. Porém, a situação incita a tomar consciência mais lucidamente sobre seu funcionamento. Do mesmo modo, o espetáculo do outro em contenda com os alunos, leva-o inevitavelmente a se perguntar: "Em seu lugar, o que eu teria feito, dito, decidido?" Sustentei em outra parte que trabalhar em equipe é partilhar sua cota de loucura (Perrenoud, 1994e). Observar-se mutuamente na classe não é muito menos ameaçador em uma cultura individualista (Gather Thurler, 1994). Por isso, este é um exercício muito difícil de aceitar e ao mesmo tempo muito instrutivo, se o levamos adiante.

4. *A metacomunicação com os alunos*

Mesmo os alunos mais novos olham com curiosidade. Eles são particularmente sensíveis a condutas aparentemente sem importância de seus professores por duas razões:

- eles estão menos comprometidos que os adultos com uma ação finalizada e com um cuidado em administrar a classe que os tornam cegos às pequenas coisas;
- o sentido de sua vida na escola, às vezes, depende dessas pequenas coisas.

Assim, os alunos sabem melhor que o professor quando e porque ele grita, como se movimenta, o que exprimem suas mímicas, como manifesta sua irritação, sua insegurança, seu mau humor, o que o torna injusto, brusco ou distante. Para entendê-los e, mais ainda, questioná-los ativamente, é preciso que a relação pedagógica seja inteiramente positiva e que o contrato permita tais intercâmbios. Talvez este seja um eixo de toda a formação do professor: habituar-se a encorajar os alunos a dizerem o que observam e o que sentem. Sabemos com que perfeição eles fazem o retrato de um colega, de um substituto, de seus pais, do diretor, de um inspetor de refeitórios ou de atividades paraescolares. Por que não colocar sua perspicácia a serviço?

É claro que seria muito duvidoso ou demagógico pedir-lhes diretamente uma avaliação ou uma análise de seu professor, instituí-los como *voyeurs*, testemunhos ou censores. Em compensação, quando se deixa que os alunos falem o que sentem do clima, do sentido das atividades, de sua relação com o saber, dos momentos em que se sentem aceitos ou rejeitados, inteligentes ou idiotas, de suas alegrias e de suas revoltas, eles dizem muitas coisas que remetem ao professor, desde que ele queira entender; fazem uma imagem minuciosa e perturbadora da maneira como ele funciona, trata os erros, os desvios, as desordens, os imprevistos, os conflitos, as incertezas, as contradições, as questões e proposições que o deixam embaraçado, os problemas de justiça, em suma, tudo pelo qual se revela a face mais oculta do *habitus*.

5. A escrita clínica

Gervais (1993) mostra a importância do concreto na formação dos professores e, portanto, a legitimidade dos formadores que asseguram a mediação entre o campo e a universidade. Eles falam da vida real. Para superar essa clivagem e mostrar que se pode formar a partir de histórias vividas sem relatar sua própria história, as oficinas de escrita são locais privilegiados.

Escrever sobre sua prática é uma outra maneira de falar a si mesmo ou de se dirigir a outros. Há milhares de formas de escrita: ter um diário, relatar incidentes críticos, tentar elucidar reações desconcertantes. A escrita permite pôr-se a distância, construir representações, constituir uma memória, reler-se, completar, avançar nas interpretações, preparar outras observações. Remeto, neste ponto, aos trabalhos de Mireille Cifali (1995a e b) e de Imbert (1994).

Pode-se imaginar uma escrita privada, próxima do diário de classe ou do diário pessoal, em que o leitor é apenas imaginário. Isto pode ser suficiente para estimular a reflexão e a prática reflexiva, simplesmente porque o esforço de formulação estrutura as representações, verbaliza sentimentos, suscita questões e hipóteses, revela incoerências.

Pode-se também escrever para e por "qualquer um". Sem dúvida, seria possível sugerir a dois estudantes que se entendem bem que se escrevessem regularmente ou em certas fases difíceis de sua formação, mesmo que se vissem todos os dias. O enquadramento de uma tarefa de escrita por formadores é uma outra hipótese. Instaura-se, então, um contrato didático que induz e exige uma atividade de escrita, com pausas, ritmo, anteparos éticos e metodológicos, às vezes um modelo. Assim, durante 20 anos, Michael Huberman e sua equipe da Faculdade de Psicologia e de Ciências da Educação de Genebra recomendaram aos professores em formação inicial manter *um diário* durante seu primeiro ano, principalmente durante os estágios e as substituições, para rever "a frio" esses materiais no ano seguinte, de forma mais analítica e metódica, destacando os temas principais. Outros formadores propõem outras práticas.

Isto nunca ocorre sem resistências: "Por que fazê-los escrever quando eles querem falar?", pergunta-se Richard Etienne (1995) a propósito da memória profissional no IUFM. Sem dúvida, porque a escrita impõe uma disciplina e uma forma de objetivação e de controle de emoções que produzem outras formas de tomada de consciência além da auto-observação ou do intercâmbio oral. Mas é verdade que, salvo exceções, a relação escolar com a escrita é bastante inibidora, porque muitas vezes obriga a pôr no papel, sem razão aparente, aquilo que poderia muito bem ser contado de viva voz. As resistências estão ligadas também, supomos, a um duplo temor: temor de perceber e de compreender quem é e temor de ser posto a nu diante de um leitor e, pior ainda, de ser julgado sem poder defender-se.

6. A videoformação

Na formação de professores, o microensino já não é a última novidade, mas não é o vídeo que está fora de moda, e sim a esperança de poder induzir comportamentos sem fazer uma inflexão através da análise. Nesse sentido, as experiências de videoformação desenvolvidas na França sob o impulso de Gérard Mottet e divulgadas por Nadine Faingold (1993a) parecem-me um procedimento promissor para facilitar a tomada de consciência mais do que para padronizar as condutas. Será preciso insistir sobre a força da imagem para nos fazer compreender nossas maneiras de falar, de nos movimentar, de ouvir o outro, de interrompê-lo, de manifestar através de signos não-verbais a adesão ou a crítica, o interesse ou o aborrecimento? Para tomar consciência, por exemplo, dos dilemas da comunicação em classe (Perrenoud, 1994f), um vídeo é mais eficaz do que qualquer discurso, mas é uma prova rude e compreende-se a resistência inicial de muitos estudantes. Daí a importância de princípios éticos de relações de confiança, tanto para a observação mútua quanto para a escrita clínica.

Como mostra Nadine Faingold, a videoformação exige um currículo muito flexível, ordenando períodos agrupados de preparação, realização e análise. Ela também exige formadores bastante rigorosos e polivalentes para se servir da ferramenta vídeo sem se colocar a seu serviço, para aceitar trabalhar inúmeras dimensões sem cair na anedota e para se deixar surpreender sem querer explorar tudo nas imagens e seqüências, o que exigiria horas para cumprir o roteiro.

7. A entrevista de explicitação

Na linha dos trabalhos de Vermersch (1994), que criou um instrumento clínico, poderiam ser desenvolvidas entrevistas de formação menos exigentes, mais praticáveis por inúmeros formadores, compreendidos aqui os formadores de campo. O fundamento da conduta repousa sobre o postulado de que sabemos mais do que imaginamos, mas temos apenas uma consciência confusa, implícita, intuitiva de alguns de nossos atos e de seus motivos. Em sua tese, Nadine Faingold (1993b) analisa o caso de uma professora que, certo dia, sob o impacto de uma "súbita inspiração", integra uma criança em um grupo de leitores mais avançados (ver Capítulo 7). Na hora, começou a roer os dedos, certa de que ela não estaria à altura. Porém, o resultado desmente isso e dá razão à sua "intuição". A entrevista de explicitação leva-a a reconstituir a seqüência de impressões que, ao longo dos dias precedentes, levaram-na a "saber" *inconscientemente* (sem saber que ela sabia) que essa criança estava capacitada a mudar de nível. Estimulada pelo entrevistador, ela encontra lembranças, indícios que, *a posteriori*, tornam sua decisão súbita perfeitamente fundamentada. O *habitus* desempenhou seu papel, produzindo uma escolha "na ilusão da improvisação". Para recuperar os encadeamentos que conduziram a isto, é preciso verbalizar, explicitar pequenos fatos, à maneira como um policial estimula um testemunho, convencido de que ele viu mais do que imagina...

Pode-se desejar transformar pouco a pouco a relação entre estagiário e formador de campo, no sentido de uma entrevista cruzada de explicitação. O que supõe que cada um tenha o direito de questionar o outro com uma certa insistência para levá-lo a reconstituir a "gramática geradora" de suas palavras e de seus gestos. A explicitação é instrutiva nos dois sentidos: quando é o formador de campo que interroga, a partir de uma vivência comum, ele ajuda diretamente o estagiário a tomar consciência de seu próprio funcionamento. Quando é o estagiário que interroga o formador de campo, ele chega a uma forma de perícia, a um *habitus* consolidado pela experiência, o que pode ao mesmo tempo indicar-lhe um caminho e permitir-lhe mensurar, por contraste, a maneira como ele próprio reage em situações semelhantes.

A entrevista de explicitação pode assumir a forma de uma relação dual, mas também pode tornar-se um trabalho de grupo: o trabalho feito pelo *Grupo de Pedagogia Institucional*, comandado por Imbert (1994), é um bom exemplo disso. A conduta alia análise de práticas, explicitação e escrita. O esforço recai sobre a inteligibilidade do que ocorre com os aprendizes, mas o caráter sistêmico da relação pedagógica freqüentemente obriga o professor a explicitar coisas muito reprimidas, por exemplo, a fascinação que se experimenta por uma criança ou o desejo de ser indispensável a ela. Todo grupo de análise da prática, todo seminário de ética conduz a um trabalho de explicitação.

8. A história de vida

Volta-se, assim, em direção a uma memória de mais longo prazo, que ajuda a reconstituir a origem de certas reações, a reviver de algum modo sua gênese, antes que elas se automatizem. Talvez tenha sido aos seis ou sete anos que um futuro professor habituou-se a, antes de entrar em uma loja ou enfrentar desconhecidos, construir um cenário, na esperança – sempre desmentida, mas sempre renovada – de poder ter mais controle sobre a situação. O que permite compreender porque, 20 ou 30 anos mais tarde, ele ainda entre na classe prisioneiro de um cenário detalhado e também fique sempre desconcertado quando não se desenvolve conforme o previsto... Pode-se compreender também como se originou em um outro a ânsia de ser sempre o primeiro em todas as questões, ou ainda como ele se habituou a não confiar no outro, a pensar magicamente que tudo acaba sempre se arranjando, a tratar o erro como uma falta, a suspeitar por toda parte de uma injustiça ou de um complô, a se enfurecer com o menor desperdício, a detestar as pessoas muito seguras de si...

A história de vida pode assumir a dimensão de uma psicanálise mais ou menos espontânea, e a dimensão analítica nunca está ausente, sendo possível orientá-la no sentido de uma abordagem mais sociológica ou antropológica, que revele a ligação com uma comunidade familiar ou social mais do que a história íntima de uma pessoa (Dominique, 1990). Pode-se ainda, como Régine Sirota no

IUFM de Paris, fazer com que os estudantes reconstruam a história de sua família para ajudá-los a perceber que eles são o produto de uma linhagem, de uma classe social, de uma cultura familiar, e que certas reações suas têm suas raízes há muitas gerações.

9. *A simulação e o desempenho de papéis*

Amplamente utilizada em outras formações, a simulação ainda é marginal na formação de professores. Porém, ela permite uma mensuração complexa, em uma situação realista, mas fictícia, ou seja, com um desprendimento maior, da possibilidade de se ver fazer com curiosidade. Quando uma pessoa é lançada em um jogo que cria fortes desigualdades e obriga cada um a defender seus interesses, surpreende-se a caminhar em direção de seus valores igualitaristas. Desse modo, toma consciência de sua relação com o poder, com o saber, com a concorrência, com a incerteza, simplesmente utilizando jogos concebidos para sensibilizar para a desigualdade ou para o subdesenvolvimento.

Inspirando-se em certas faculdades de medicina ou *business schools*, seria possível conceber simulações mais específicas, que se confrontem em tempo real com todos os parâmetros de uma situação complexa. Para tomar consciência de como se trabalha com o outro, trata a informação, toma decisões, avalia riscos, nada é mais instrutivo. Além disso, essas situações-problema também revelam fenômenos menos cognitivos: suscetibilidade, medo de se enganar, dependência em relação ao outro ou a regras, etc.

O desempenho de papéis não requer tantas informações; eles obrigam a improvisar a partir de uma situação apenas esboçada, interpretando o papel de um dos personagens envolvidos. Mesmo sem interpretar seu próprio papel, o sujeito necessariamente coloca muito de si na improvisação. O caráter lúdico da conduta permite criar as situações mais insólitas. Assim, em um desempenho de papéis simulando uma reunião entre um professor e os pais de aluno, as intervenções inesperadas deste último, interpretado por um professor, desestabilizam os adultos e trazem à luz seu funcionamento autoritário, o qual desmente seu discurso centrado na criança.

10. *A experimentação e a experiência*

A palavra pode assustar. Não se trata de transformar os alunos em cobaias para que os futuros professores possam experimentar não importa o quê. Todavia, por que se proibir inocentes variações suscetíveis de fazer perceber melhor certos funcionamentos? Quando Korczak propõe aos professores que autorizem os alunos a se bater na classe com a condição de que comuniquem com 24 horas de antecedência, ele introduz uma regra de jogo que não se parece com nada, mas desestabiliza as condutas e põe o *habitus* em crise.

Quem não conhece *La caméra invisível* ou a *Surprise sur prise*? O princípio desses programas de televisão é muito simples: colocar o sujeito em uma situação insólita, que se torna reveladora de suas reações menos calculadas. O que faz um professor quando é chamado ao telefone durante uma aula e, na volta, encontra a sala vazia, ou cheia de alunos desconhecidos, ou ocupada por outro professor?

Ele mede, para sua incredulidade e sua confusão, a força de suas evidências e a natureza de seus medos. A noção de experimentação evoca o laboratório. Isto pode causar medo. Conhecemos as experiências de Milgram (1974) sobre a autoridade. Henri Verneuil, em seu filme *I de Ícaro*, ofereceu uma imagem tocante disto: mantido sob pressão e legitimidade por uma autoridade científica, um sujeito inocente pode infligir torturas a qualquer pessoa que ele não conhece e que não lhe fez nada. Sem dúvida, seria salutar que todo futuro professor vivesse essa experiência e algumas outras, que a psicologia social experimental, muito inventiva, multiplicou para explorar os mecanismos de influência, de atribuição, de discriminação, etc. Constatam-se os limites práticos e éticos dessa conduta de formação. Os institutos de formação de professores jamais avançarão muito nessa direção. Mas, para refletir sobre o *habitus*, proponho não abandonar imediatamente o registro de situações insólitas... Esforçando-se em concebê-los, sem intenção de passar à prática, seria desvendado todo um imaginário, saberes da experiência, teorias do *habitus* e do comportamento.

Sem irmos tão longe, assinalamos o papel formador da experiência *provocada* no âmbito da classe ou do estabelecimento, da experiência-para-ver, da "pequena pesquisa". A experiência espontânea, naturalmente, é também formadora, na medida em que alimenta de maneira espontânea uma prática refletida. A experiência provocada vai além daquilo que é espontaneamente dado a ver ou a imaginar. Os futuros professores poderiam ser encorajados a colocar sua formação inicial a serviço de criar voluntariamente situações "interessantes". Isto pode ser simples e inofensivo: pedir aos alunos para preparar uma lição, corrigir um trabalho, ajudar um colega já lhe dá uma idéia. Pedir a um aluno para observar uma atividade sem se envolver nela e, em seguida, formular suas observações e questões introduz um ponto de vista diferente daquele dos atores envolvidos, incluído o professor. Lançar-se voluntariamente em uma conduta de resolução de problemas, sem ter nenhuma idéia da solução, pode trazer à luz razões maiores da resistência às pedagogias do projeto e a certas didáticas. Explicar uma noção à metade da classe, na ausência dos outros alunos, e depois pedir a cada um para pôr um colega ausente a par faz surgirem modelos magistrais que permitem sonhar. Poderíamos multiplicar os exemplos. É mais sensato deixar esse esforço de imaginação aos estagiários e simplesmente estimulá-los a uma conduta *curiosa*. Para essa finalidade, uma formação em ciências humanas é um recurso decisivo. Uma cultura psicanalítica, antropológica, psicossociológica ou sociolingüística sugere mil maneiras de revelar o que está implícito nas instituições e nas interações sociais, ou seja, os *habitus* que asseguram seu funcionamento regular.

FORMAR PARA A LUCIDEZ?

Este trabalho ainda é exploratório, tanto no plano dos conceitos quanto dos mecanismos. A noção mesma de *habitus*, forjada pelos sociólogos, exigiria que fosse confrontada com abordagens mais recentes da psicologia cognitiva. O papel da experiência na gênese do *habitus*, imaginada a partir de uma perspectiva antropológica, deveria ser analisada à luz de trabalhos sobre os processos de aprendizagem. Quanto à tomada de consciência, ela exigiria que se estabelecesse uma relação de trabalhos relevantes da psicanálise, das ciências cognitivas e metacognitivas, da lingüística, da antropologia, da didática, da sociologia do conhecimento. Considerando a contribuição de pesquisadores que, como Schön ou como especialistas na formação de adultos, dedicam-se de forma mais empírica à construção de competências, de processos de formação, do ciclo de história de vida, da epistemologia das práticas, do conhecimento na ação, da prática reflexiva, da formação de saberes de experiência.

Ninguém pode pretender dominar todos esses âmbitos. O presente capítulo é, antes de mais nada, um apelo ao debate a partir de um postulado de base: a prática não está unicamente sob o controle de saberes, e não basta levar em consideração hábitos e *skills* de baixo nível para tapar o buraco. É este o sentido de uma teoria do *habitus*: os esquemas participam igualmente dos saberes da complexidade do espírito e das ações humanas.

Uma palavra ainda: recorri com freqüência a exemplos do registro de relações, do sentido, da atuação de instituições e de atores, atribuindo uma parte aos saberes e aos métodos de ensino. Seria para sugerir que o *habitus* é importante sobretudo para compreender a gestão de classe e a relação pedagógica, as dinâmicas de grupo e os pequenos fatos da vida cotidiana, mas que as ações de ensino e de avaliação estariam, elas próprias, sob o controle de saberes eruditos e de saberes didáticos? De modo algum. Em cada campo do saber erudito, no interior de cada didática de uma disciplina, há lugar para o *habitus* sob suas faces mais ocultas: na relação com o saber, o erro, a incerteza, a diversidade de pontos de vista, a argumentação, a informação, a coerência, cada um mobiliza não só sua lógica natural, mas também muitos outros esquemas que, embora tratem de saberes, também estão ancorados em uma história, relações, gostos, afetos. Para compreender por que certos professores de francês pretendem a todo custo poder classificar qualquer frase que seja em uma categoria gramatical pré-definida e não suportam a ambigüidade ou a dúvida, uma explicação através do *habitus* parece mais pertinente do que uma hipótese sobre seus saberes lingüísticos ou didáticos. O mesmo ocorre quando se trata de compreender por que um professor impede sistematicamente os alunos de cometerem um erro sob suas vistas...

Não existe um domínio separado, protegido. O fato é que apenas alguns aspectos do *habitus* são mobilizados em uma grande variedade de situações, porque se referem a processos bastante gerais em um grupo de ensino, enquanto outros esquemas apenas são pertinentes em um registro muito particular de funcionamento, como o desenho artístico, a leitura de mapa, o cálculo mental ou a explicação de textos.

"A lucidez é o ferimento mais próximo do sol", escreve René Char. Sabemos o quanto ela nos custa e, às vezes, o que devemos a ela. Nos ofícios que lidam com o ser humano, longe de ser um luxo pessoal, *a lucidez é uma competência profissional*. Pode-se esperar desenvolvê-la de forma metódica, incluí-la no *habitus*? Na verdade, de nada serve decidir *in abstracto* ser lúcido. Todas as manhãs nos prometemos isso. O que nos falta é, sem dúvida, a coragem e também uma espécie de vigilância, isso que em inglês se chama de *awareness*, uma disposição a manter-se em alerta, a aproveitar toda oportunidade de compreender um pouco melhor quem somos.

É útil que saberes psicanalíticos, sociológicos, filosóficos e mesmo didáticos preparem-nos para acolher intuições, para não nos rebelar, nos defender, em suma, para "nos escutar", não para lamentar nossa sorte, mas para não ignorar aquilo que nos permitiria saber um pouco mais sobre nós mesmos. É útil também que mecanismos de formação, como os que já descrevi, encorajem a tomada de consciência. Contudo, pode-se constatar que há um desafio de formação que vai além de qualquer mecanismo particular. A tomada de consciência depende da construção de um "saber analisar", transponível a diversas situações (Altet, 1994), mas também de um "querer analisar", de uma disposição à lucidez, da coragem de cutucar a ferida. Essa disposição, que leva *no momento certo* a mobilizar suas ferramentas de análise e a superar sua preguiça e suas resistências, também provém do *habitus*. E percebe-se, então, que a melhor formação do *habitus* consiste em uma inflexão no sentido de uma capacidade de auto-regulação através da tomada de consciência, da análise, do questionamento, em suma, do exercício da lucidez e da coragem.

Poderíamos sonhar com uma educação familiar e escolar mudando o que existe sem colocar na defensiva, valorizando a *awareness* e a lucidez com a justa medida de angústia "suportável", como modo de vida, modo de relação com os outros e com a realidade, hábito de "trabalho sobre si". As famílias e as escolas sendo o que são, resta construir uma parte importante do caminho na formação profissional! Essa aprendizagem não passa por discursos sobre a lucidez – embora sejam necessários – e não pode mais ser delegada a alguns mecanismos "clínicos" que seriam tolerados à margem das instituições, se há psicanalistas e sociólogos que encontram aí sua sorte. O conjunto de formadores, quer estejam atentos ou não a isso, consciente ou inconscientemente, advogam permanentemente a favor ou contra a lucidez como competência profissional.

Isto é tanto mais verdadeiro na formação de professores, na medida em que há uma forte homologia entre o trabalho de formadores de adultos e o trabalho dos professores que eles formam. Se os formadores nunca manifestam nenhum problema, nenhuma dúvida, nenhum estado de alma, se eles apresentam uma fachada plana, como aprender que ensinar não é uma atividade inteiramente racional? Se eles jamais dizem nada sobre a forma como planejam, animam, avaliam seus próprios cursos, como estimar que eles nem sempre estão seguros de seu saber e de sua didática? Se eles jamais confessam que estão sem idéias, enfastiados, desencantados, se eles escondem seu desejo de, às vezes, estar em outra parte ou, pior ainda, se eles manifestam esses sentimentos, mas não os reconhecem abertamente, eles não abrem nenhuma porta, dão um exemplo de mitificação.

Trabalhar sobre seu *habitus* não é confortável. É aceitar ser confrontado com aquela parte do eu que se conhece menos e que se preferia que não emergisse. Quem pode assumir esse risco se não vê proveito nisso, se essa conduta não é tematizada, encorajada, mostrada, se ele se sente só com sua lucidez, como um imbecil em um mundo em que cada um afirma suas certezas?

NOTA

1. Agradeço a Monica Gather Thurler e a David Perrenoud por suas sugestões.

CAPÍTULO 10

O PROFESSOR COMO "ATOR RACIONAL": QUE RACIONALIDADE, QUE SABER, QUE JULGAMENTO?

Maurice Tardif e Clermont Gauthier

Este capítulo propõe uma conduta heurística e crítica, cuja finalidade é trazer alguns elementos de resposta à seguinte questão: o que se deve entender por "saber" quando esta noção é utilizada, como é o caso hoje, em um grande número de pesquisas, em expressões como "o saber dos professores", "os saberes dos professores", "o saber ensinar", "o saber didático", etc. Essa questão, é preciso dizer de início, diz respeito a uma realidade muito complexa e também põe em cena uma noção geral da cultura intelectual da modernidade. De fato, o que é o "saber"? O que é um "saber"? Essas indagações suscitaram e ainda suscitam uma infinidade de respostas, oferecidas por autores eles próprios muito eruditos, mas também com muita freqüência em desacordo, cujas obras enchem as estantes de todas as bibliotecas em todo o mundo. Convém, portanto, não acalentar ilusões demais quanto à possibilidade de chegar a formular uma resposta que satisfaça a todos, não esquecendo, contudo, que essa empreitada é não somente útil, mas também necessária, na medida em que a pesquisa progride dessa maneira, propondo respostas a certos problemas e tentando validá-las através de diversos meios (argumentação, experiência, observação, etc.).

A conduta que propomos resultou de discussões de nossa equipe de pesquisa, o Groupe de Recherche Interuniversitaire sur les Savoirs et l'Ecole (GRISÉ). Ela está ancorada nas práticas de pesquisa de nosso grupo, às quais tenta dar uma orientação teórica e metodológica, sempre em discussão por toda parte. Acreditamos que as questões e os problemas que ela se esforça em responder são partilhados em graus diversos por um bom número de pesquisadores em ciências da educação que se interessam pela temática do saber dos professores. Nós trabalhamos com essa temática desde o início dos anos 1990, e nosso trabalho ainda vai prosseguir durante muitos anos ainda. O GRISÉ dirige um programa de pesquisa relacionado à "evolução da profissão didática e às transformações de saberes que estão na base do ofício de ensinar".[1] Interessam-nos os diferentes saberes que intervêm na prática desse ofício, na sua origem e na sua natureza, nos seus modos de integração ao trabalho cotidiano dos professores e nas transformações que eles sofreram e ainda sofrem já há 40 anos, ou seja, desde a modernização acelerada do sistema de ensino em torno dos anos 1950-1960. Interessam-nos igualmente as relações entre esses saberes e a identidade profissional dos professores enquanto grupo que opera em uma instituição burocrática pública. Esse programa tenta descrever e analisar os "saberes dos professores", segundo uma perspectiva sócio-histórica centrada, de um lado, no estudo da evolução dos conteúdos e das formas desses saberes no seio das escolas e das instituições de formação de professores e, de outro, na análise do trabalho do professor como âmbito socioprofissional a partir do qual esses mesmos saberes são submetidos a diversas restrições que determinam sua natureza e seu uso. Muitos trabalhos já foram publicados sobre um ou outro dos aspectos estudados.[2]

Dito isto, por força de caminhar coletivamente nesse trabalho de muito fôlego, tomamos consciência de um certo número de problemas. De forma esquemática, podem-se identificar dois grupos de problemas que, de resto, estão ligados um ao outro. Um primeiro grupo decorre da existência de inúmeras correntes de pesquisa alternativas. De fato, constata-se que a questão do saber dos professores, atualmente, está no centro de várias correntes de pesquisa, as quais reivindicam para si diversas concepções do saber e do ensino. Por exemplo, Schulman (1986), em um artigo-síntese sobre essa questão, identifica pelo menos cinco paradigmas de pesquisa. Nosso colega L. Paquay propôs, em uma comunicação à ACFAS (maio de 1994), uma tipologia que comporta seis concepções de ensino, às quais se associam, a cada vez, saberes específicos (Paquay, Capítulo 8). Nós mesmos já propusemos uma tipologia compreendendo cinco tipos de saber (Tardif, Lessard e Lahaye, 1991). Em suma, constata-se, depois de alguns anos, que são abundantes as obras e os trabalhos sobre essa questão do saber dos professores e que as tipologias e as categorias multiplicam-se sem cessar (Raymond, 1993). Essa situação necessita, pois, de uma reflexão crítica sobre os respectivos pressupostos das correntes de pesquisa presentes a fim de pôr em evidência suas convergências e divergências.

O segundo grupo de problemas, mais graves em nosso ponto de vista, decorre da noção central utilizada por todas essas correntes de pesquisa: o *saber* dos professores. O menos que se pode dizer é que essa noção de saber não é clara, embora quase todo mundo a utilize sem pruridos, incluídos nós. O que se entende por "saber" exatamente? Os práticos do ensino desenvolvem e/ou produzem verdadeiramente "saberes" resultantes de sua prática? Caso positivo, quando, como, sob que forma? Trata-se verdadeiramente de "saberes"? Não seriam antes crenças, certezas não-fundamentadas ou *habitus*, no sentido de Bourdieu, esquemas de ação e de pensamento interiorizados no âmbito da socialização profissional, ou mesmo na história escolar ou familiar dos professores (Raymond, 1993)? Por outro lado, se se trata verdadeiramente de "saberes", como ter acesso a eles? Basta interrogar os professores? Nesse caso, o que reter como "saberes": suas representações psíquicas, suas opiniões, suas percepções, suas razões de agir ou outros elementos de seu discurso? É preferível observá-los? Isto é suficiente? O que é preciso observar exatamente? É preciso distinguir entre saberes explícitos e implícitos, seus saberes durante a ação, antes e depois? Deve-se supor que eles sabem mais do que dizem, que seu "saber agir" extrapola seu "saber pensar", em suma, que seus saberes excedem sua consciência ou sua razão? Mas, nesse caso, quem é que nos autoriza a denominar de "saber" esse excesso? Desde quando chamamos "saber" algo que fazemos sem ter necessidade de pensar ou mesmo sem pensar? Finalmente, por que nos atemos a essa noção de saber? É mais uma moda, como há tantas nas ciências sociais e nas ciências da educação? Não seria preferível e mais honesto falar simplesmente, digamos, de "cultura dos professores", de "habilidades", de "representações cotidianas" ou de "concepções espontâneas", como os psicossociólogos? Não temos respostas prontas a essas questões, mas elas merecem mesmo assim ser colocadas.

Diante de tal imprecisão e ambigüidade que caracterizam a noção de "saber", convém, como sugere Raymond (1993, p. 197-198), "reconhecer que não sabemos grande coisa em relação à construção de saberes do ensino do ponto de vista dos próprios práticos. Temos necessidade de ferramentas conceituais e metodológicas para direcionar nossos esforços de compreensão daquilo que são as interações entre saberes de diversas fontes na cabeça e nas ações dos práticos". Aceitando essa sugestão, vamos então propor nas páginas seguintes certas ferramentas conceituais e metodológicas destinadas a precisar e a restringir o uso e o sentido da noção de *saber* no âmbito da pesquisa sobre o "saber didático". Após uma breve evocação relacionada a certas concepções do saber, vamos sugerir uma pista de trabalho, ligando o saber às exigências de racionalidade. Partindo daí, pretendemos enfatizar a dimensão "argumentativa" e social do saber dos professores, propondo considerar esse saber como expressão de uma razão prática, que é da ordem da argumentação e do julgamento mais do que da cognição e da informação. Antes disso, vamos situar rapidamente nossa conduta em relação aos temas desse simpósio, fazendo valer a importância de estabelecer uma distância crítica em relação a eles.

JOGOS DE PODER E DESAFIOS DO SABER NA PESQUISA

Por muitos de seus aspectos, e também em razão dos numerosos desafios que levantam, as interrogações atuais relativas aos saberes profissionais, às profissões, ao ensino, à especialização, às competências, etc. – que constituem os temas centrais dessa obra consagrada à formação de professores – tornaram-se hoje uma espécie qualquer de "metaquestões" e de "transquestões". Trata-se, efetivamente, de interrogações primeiras, de princípios ("meta"), das quais decorrem ou dependem inúmeras outras questões e decisões importantes. Essas questões vão muito além da esfera do ensino e da formação de professores; elas passam a interpelar a maior parte dos atores das diversas esferas da prática social, assim como as concepções da formação que os preparam para intervir nessas esferas. Ao mesmo tempo, nutrem e atravessam (trans) várias problemáticas e várias disciplinas, várias teorias e campos discursivos, vários projetos políticos, ideológicos, socioeducativos e pedagógicos.

Por exemplo, passemos às questões da especialização e do especialista que "atravessam" atualmente a psicologia e a sociologia cognitiva, a teoria de sistemas especializados, a inteligência artificial, a etnometodologia, a sociologia crítica da especialização, a comunicação, a lingüística, a teoria da ação, etc. Além disso, cada um desse campos de conhecimento é, ele próprio, heterogêneo, plural, mutável, opondo concepções, descrições e definições da especialização e do especialista fundadas em diferentes postulados e em diversos sistemas de notação e de descrição da realidade.

Por outro lado, é verdadeiramente necessário recorrer aqui a todas as dimensões jurídicas, éticas, sociais e eminentemente políticas que se associam à questão da especialização e aos especialistas de qualquer índole? Qual é o preço – humano, econômico, simbólico – que nossas sociedades estão dispostas a pagar para continuar a crer em seus especialistas? A questão da especialização, não temos dúvida, é também uma questão de poder ou, se se preferir, uma questão sociopolítica. Sem querer ofender certos psicólogos e certos *managers* da aprendizagem, a especialização não passa nunca de uma simples questão de competências cognitivas e/ou praxiológicas; ela é também, e sempre, uma construção social inserida em relações de poder com os profanos, os outros especialistas, os que decidem, os provedores de fundos, os clientes. Por essa razão, pensamos que as pesquisas que, sem um maior questionamento, identificam o especialista com um indivíduo que possui atributos empíricos (cognitivos ou outros), cuja natureza e cujo repertório elas se propõem estabelecer, enveredam por uma pista um tanto quanto problemática, para não dizer redutora. Dizer de qualquer um que é um "especialista" é entrar em uma lógica predicativa, fundada não em predicados naturais, mas em uma gramática social cujas categorias (eficácia, êxito, rapidez na resolução de problemas, racionalidade, etc.) remetem a jogos de linguagem normativos e, conseqüentemente, sociais. No mesmo sentido, dizer de qualquer um que ele *sabe ensinar* significa menos dizer que ele possui "em si", em seu cérebro, em sua memória, seus "conhecimentos anteriores", um saber, no sentido tradicional de uma representação que envolve um certo grau de certeza, do que dizer que sua ação pedagógica ajusta-se a certas normas e a certas expectativas, as quais podem ser fixadas por várias instâncias (a instituição, os colegas, os alunos, os pais) ou, o que é mais comum, por todas essas instâncias ao mesmo tempo, o que invariavelmente produz tensões e um conflito de interpretações na definição normativa do "saber ensinar". O mesmo ocorre com outras interrogações sobre a profissionalização, os saberes, as competências, etc.

Todavia, parece-nos que as ciências da educação acolhem essas interrogações como se elas andassem por si, não se esforçando em desmontá-las, analisá-las, a fim de avaliar a parte que se insinua de arbitrariedade, de não-dito e de "questões a pensar". Queremos verdadeiramente que nossas crianças sejam educadas por especialistas, profissionais? Necessitamos de especialistas, de profissionais para formar seres humanos? A especialização, o profissionalismo são possíveis ou mesmo desejáveis em um espaço de ação como a educação, continuamente expurgado e estruturado por interesses, normas e fins (Labarree, 1992)? O que está em jogo nessa passagem ou nessa evolução do professor ao especialista, do ofício à profissão? Que modelos de controle, isto é, de saber e de poder, atuam nesse deslocamento? Como teria dito Nietzsche, sem dúvida: o que é que nós, indivíduos e coletividades, queremos, desejamos, reclamamos dos especialistas, dos profissionais, dos eruditos?

Necessidade de uma Conduta Crítica

Essas questões talvez possam surpreender alguns, que as considerem demasiado ou inutilmente críticas. De fato, que motivo, que interesse, que atualidade elas podem invocar? As pesquisas contemporâneas não assinalam à sua maneira, particularmente na América do Norte, um progresso positivo em relação aos trabalhos dos decênios precedentes, amplamente dominados por abordagens instrumentais e tecnológicas do professor por concepções psicológicas, ou mesmo terapêuticas, da ação do professor? Por outro lado, o interesse atual por esses temas de pesquisa não é o sinal de uma evolução positiva, marcada pelo reconhecimento da originalidade e da especificidade de saberes dos práticos em relação aos conhecimentos formais dos universitários? Enfim, e mais amplamente, toda a questão da profissionalização do ensino não é também o indicador positivo de que as coisas começam a mudar profundamente, que o ensino – em breve, esperam alguns – será reconhecido em seu justo valor, ou seja, como uma atividade de profissional, de especialista, de prático reflexivo e competente? Digamos que nós aderimos à maior parte dessas "positividades", o que não nos impede de acolhê-las sem entusiasmo, com circunspecção e uma ponta de desconfiança.

Pensamos que hoje é necessário provocar um deslocamento do olhar em relação a esses *objetos de conhecimento*, que se tornaram agora "hipervisíveis" no espaço noético das ciências da educação e que constituem, ao mesmo tempo, *campos de ação* em cujo interior se desenvolvem presentemente, quase à saturação, diversos projetos mais ou menos concorrentes de transformação e de melhoria das práticas profissionais e das práticas de transformação. Ora, diante dessa hipervisibilidade e dessa saturação, acreditamos que um tal exercício crítico possa revelar-se útil, particularmente no plano de uma pedagogia do conhecimento: isto pode nos ensinar a olhar esses objetos de conhecimento e esses campos de ação de outra maneira, sob um ângulo diferente, transversalmente, obliquamente, segundo uma outra perspectiva ou sob uma outra luz, com a possibilidade de descobrir alguns aspectos mais velados, obscuros e talvez invisíveis aos olhos da racionalidade cognitiva, que não reconhece a existência de coisas e de homens a não ser através da mediação esclarecedora do saber.

De maneira geral, acreditamos que toda construção teórica que tem por objeto as práticas deve ser interrogada de forma crítica, em um dado momento, quanto à natureza das *idealidades*, das *abstrações* que ela pressupõe ou elabora para fixar os limites de seu objeto, suas ações, seus atores com seus saberes. Assim, por exemplo, o *homo oeconomicus* da teoria econômica, com seus atributos abstratos: pensamento calculista, necessidades naturais, interesse, busca do menor custo; ou, ainda, o *homo faber*, o homem tecnológico, com seu saber consistente, seu domínio dos meios, seu agir objetivado, sua capacidade de manipulação dos seres técnicos: o que são eles senão idealidades, abstrações portadoras de efeitos práticos, às vezes exorbitantes? Por outro lado, é preciso recordar, as próprias noções e desafios que nos reúnem aqui (saber, especialização, competência profissional, etc.) designam justamente, queiramos ou não, modelos de saber e de poder. De fato, o que são o profissional, o erudito, o especialista, o ator competente, o prático reflexivo, senão *modelos, construções simbólicas e sociais através das quais nossas sociedades nomeiam hoje atores e atividades que supostamente representam o mais alto grau do domínio prático e discursivo?*

Para ter uma idéia desse domínio, de sua extensão e de sua eficácia, citemos o texto introdutório desta obra, que condensa de maneira exemplar os traços ideais do ator tal como é concebido pela pesquisa atual:

> Um profissional deveria ser capaz de analisar situações complexas com referência a várias formas de leitura, de fazer escolhas rápidas e refletidas de estratégias adequadas aos objetivos e às exigências éticas, de extrair de um amplo repertório de saberes, de técnicas e de ferramentas aqueles que são os mais adequados, de estruturá-los enquanto mecanismo, de adaptá-los rapidamente aos projetos nas interações formativas, enfim, de analisar de maneira crítica suas ações e os resultados destas e, para essa avaliação, de aprender ao longo de sua carreira.

Nossos colegas (Paquay, Altet, Charlier e Perrenoud) assinalam, apesar de tudo, que "esse modelo racionalista demais não dá conta verdadeiramente da atuação real dos professores-especialistas em interação com grupos de aprendizes". Justamente esta distância que separa o modelo do ator real ("o professor-especialista", como escrevem nossos colegas), como pensá-la? Trata-se de uma distância, digamos, cognitiva, que se pode suprir com a ajuda de um suplemento de pesquisas e de formação, de um suplemento de "competências profissionais", de conhecimentos e de especialização, ou é uma distância ontológica, conseqüentemente refratária a qualquer tentativa de redução do ator ao modelo do ator? Nesse último caso, que distorção, que reviravolta e até mesmo que culpabilidade tem de sofrer o professor para poder continuar a pensar assim sob o modelo ideal do ator?

Dois Excessos da Pesquisa

Mais concretamente, parece-nos que as pesquisas (compreendidas as nossas) sobre o saber do ensino, a profissão e a formação de professores são caracterizadas e ameaçadas atualmente por dois excessos: (a) "o professor é um erudito" e (b) "tudo é saber".

a. *O professor é um erudito*

O primeiro desses excessos reside na idéia de que o professor define-se essencialmente como um ator dotado de uma racionalidade fundada exclusivamente na cognição, ou seja, no conhecimento. Nas ciências da educação, várias concepções atuais do saber do ensino, da atividade de ensino e da formação de professores apóiam-se em um modelo de ator que elas dotam de uma racionalidade definida como um repertório de competências e de desempenhos pensados em termos quase exclusivos de saberes, de conhecimentos. Esse modelo, a exemplo da antiga ideologia behaviorista, conduz a uma visão científica e tecnológica do ensino. *De fato, o ator-modelo ou, se se preferir, o professor ideal parece ser amplamente, se não estritamente, concebido como um "sujeito epistêmico", um sujeito erudito ou definido essencialmente por sua mediação com o saber, ao qual se acrescenta, às vezes, uma sensibilidade (as famosas "motivações" e os interesses), assim como valores e atitudes, o que dá um toque realista a esse modelo.* O cognitivismo que, neste simpósio, serve de horizonte comum de trabalho aos participantes, testemunha, ao que nos parece, essa forte concentração das pesquisas atuais em um modelo de ator identificado a um sujeito epistêmico, cujo pensamento e cujo fazer são regidos pelo saber, concebido com muita freqüência em função de uma teoria informacional do conhecimento e de uma prática instrumentalizada, pensada, ela própria, conforme uma sintaxe técnica e estratégica da ação. Será que esse modelo de ator corresponde aos professores? Mais radicalmente, o que está em jogo nessa infinidade de pesquisas que propõem compreender o domínio do professor, sua ação e seu discurso a partir do horizonte da cognição?

b. *Tudo é saber*

O segundo excesso parece caracterizar aquilo que se pode chamar de abordagens etnográficas quando levadas ao limite. Ainda que um certo cognitivismo promova um modelo depurado, quase computacional e estratégico do ator, o excesso etnográfico consiste, segundo nossa opinião, em transformar tudo em saber, em tratar toda produção simbólica, toda construção discursiva, toda prática orientada e mesmo toda forma humana de vida como se elas procedessem do saber. Nesse espírito, tudo se torna saber: os hábitos, as emoções, a intuição, as maneiras de fazer (os famosos *savoir-faire*), as maneiras de ser (os não menos famosos *savoir-être*), as opiniões, a personalidade das pessoas, as ideologias, o senso comum, todas as regras e normas, qualquer representação cotidiana. Mas, então, por que falar do saber se tudo é saber? Essa noção, ao tornar-se uma referência obrigatória de uma infinidade de jogos de linguagem, perde assim todo sentido e todo valor discriminatório. Na educação, esse excesso parece estar no centro de várias pesquisas sobre o saber dos professores, em particular o saber da experiência e/ou o saber prático. O problema não consiste, para nós, em sustentar a existência de saberes informais, cotidianos, experimentais, tácitos, etc., e sim em designar esses diferentes saberes com a ajuda de uma noção imprecisa, flexível, indefinida. Nas ciências da natureza ou nas ciências da educação, na pesquisa qualitativa ou quantitativa, pensamos que os imperativos de base são os mesmos para todos os pesquisadores: propor noções relativamente claras e definidas, de modo a tornar possível o estabelecimento de consensos e a confrontação com os fatos.

Como dizemos em nossa apresentação, constata-se que as pesquisas sobre os temas deste simpósio desembocam hoje em uma verdadeira explosão de concepções do saber e do ator, de suas competências e de sua especialização. Do nosso ponto de vista, é impossível progredir mais nessas pesquisas sem pelo menos tentar produzir uma noção ao mesmo tempo bastante precisa e bastante operatória para sustentar as investigações empíricas. Este é, pois, o sentido de nossa conduta neste texto, que propõe uma espécie de reenquadramento conceitual global da concepção do saber. Dito isto, não é preciso esconder que tal empreitada é cheia de emboscadas! De fato, ninguém é capaz de produzir uma definição do saber que satisfaça a todos, pois ninguém sabe cientificamente ou de maneira certa o que é um saber. Por isso, é preciso contentar-se com uma definição de uso restrito, que decorre de certas escolhas e de certos interesses, principalmente aqueles ligados à nossa pesquisa. É importante aqui estar consciente dessas escolhas e desses interesses, compreender seu caráter relativo, discutível e, conseqüentemente, passível de ser revisto.

AS CONCEPÇÕES DO SABER: A IDÉIA DE EXIGÊNCIAS DE RACIONALIDADE E SEU INTERESSE PELA PESQUISA

Dito isto, consideramos igualmente possível propor uma definição do saber que, sem ser aceita por todos e por cada um, tenha uma forte validade e uma quase universalidade, pelo menos em nossa tradição intelectual ocidental. Nesse espírito, acreditamos que de nada serve inventar um novo conceito de saber para nosso uso pessoal (isto levaria a reinventar a roda!); parece-nos preferível apoiar-se nas concepções estabelecidas. Retomemos, pois, essas concepções, mas de maneira muito breve e sem entrar em uma longa genealogia histórica nem em uma discussão epistemológica sistemática. No quadro da cultura da modernidade, o saber foi definido de três maneiras, em função de três "lugares" ou *topos*: a subjetividade, o julgamento, a argumentação.

Três Concepções do Saber

a. *O sujeito, a representação*

Pode-se chamar de saber o tipo particular de certeza subjetiva produzida pelo pensamento racional (Descartes). Essa concepção do saber o opõe aos outros tipos de certezas subjetivas fundadas, por exemplo, na fé, na crença, na convicção e no preconceito. Ela o opõe, igualmente, à dúvida, ao erro, à imaginação, etc. Segundo os adeptos dessa concepção, a certeza subjetiva própria ao saber pode assumir duas formas fundamentais: a) a forma de uma intuição intelectual, através da qual uma verdade é imediatamente apontada e apreendida. Este pode ser o caso, por exemplo, de certas verdades matemáticas ou lógicas (o todo é maior que a parte); b) a forma de uma representação intelectual, que resulta de uma cadeia de raciocínios ou de uma indução. Enquanto a intuição é imediata, a representação é mediata: ela resulta de um processo de raciocínio e visa a uma outra coisa, o representado. Portanto, a subjetividade é aqui considerada como o "lugar" do saber. Saber qualquer coisa é possuir uma certeza subjetiva racional.

Essa concepção do saber ligada à subjetividade encontra-se na base da maioria das pesquisas em cognição. Historicamente falando, essa corrente de pesquisa associa-se, na América do Norte, ao neocartesianismo de Chomsky e, na Europa, ao neokantianismo de Piaget. Nos dois casos, o saber é abordado em termos de representações mentais, que são atribuídas seja à gênese (Piaget), seja à estrutura inata (Chomsky) do pensamento com seu equipamento próprio, seus mecanismos e seus procedimentos, suas regras e seus esquemas. De forma global, as ciências cognitivas interessam-se pelo estudo de regras que regem os processos cognitivos (memória, aprendizagem, compreensão, linguagem, percepção, etc.) identificados com fenômenos representativos, isto é, com símbolos ligados por uma sintaxe e que possuem intrinsecamente uma função referencial ou intencional. Nesse sentido, o saber cognitivo é um saber subjetivo: é uma construção resultante da atividade do sujeito, concebida tanto segundo um modelo de tratamento da informação quanto segundo um modelo biológico de equilíbrio. Enfim, o saber cognitivo ideal, em Piaget e nas neurociências americanas, é estritamente concebido segundo o modelo das ciências empíricas da natureza e da lógica matemática. Nessa concepção do saber, o ideal da racionalidade é o pensamento lógico-matemático e o saber ideal é a matemática.

b. *O julgamento, o discurso assertivo*

Pode-se chamar de saber o julgamento verdadeiro, o discurso que afirma com razão qualquer coisa sobre qualquer coisa. O julgamento é, por assim dizer, o "lugar" do saber. Conseqüentemente, o saber é, como na primeira concepção, menos uma intuição ou uma representação subjetiva que o resultado de uma atividade intelectual: o ato de julgar, o julgamento. Mais concretamente, o julgamento remete à dimensão assertiva ou propositiva do saber, tal como foi desenvolvido no Ocidente (Habermas, 1987). De fato, chamamos tradicionalmente de saberes os discursos que afirmam algo de verdadeiro a respeito da natureza da realidade ou de um fenômeno particular. Por exemplo, se dizemos que o quadro é negro e ele é efetivamente negro, então esse julgamento é verdadeiro. Nesse exemplo, o julgamento tem a forma lógica de: A pertence a X, A é um atributo de X. Esse julgamento é verdadeiro se e somente se a essa forma lógica corresponde na realidade uma relação análoga à forma lógica entre o quadro e a cor negra. Diferentemente da primeira concepção, o saber reside no discurso, em um certo tipo de discurso – a asserção – mais do que no espírito subjetivo. Observemos que, nessa concepção, somente os discursos que se referem a fatos podem ser definidos como saber no sentido estrito: o saber limita-se ao julgamento de fato e exclui os julgamentos de valor, a vivência, etc.

A concepção assertiva ou propositiva do saber é tão velha quanto o pensamento ocidental, mas é principalmente Kant quem a introduz na cultura intelectual da modernidade. Kant dizia mais ou menos isto na *Crítica da razão pura*: uma percepção ou uma representação não é nem verdadeira nem falsa, apenas o julgamento que faço sobre a coisa percebida ou representada pode ser dito verdadeiro ou falso. No século XIX, foi o matemático Tarski (1956) quem a defendeu, atualizando a velha teoria da verdade-correspondência. Essa também é a concepção de Karl Popper (1986): o conhecimento objetivo consiste em emitir julgamentos hipotéticos e em tentar mostrar que eles são falsos. Contudo, e essa restrição, como veremos, é extremamente importante para nosso propósito, todos esses autores e muitos outros limitam o saber a julgamentos de fato. *Essa limitação significa que apenas as asserções referentes a fatos podem ser ditas verdadeiras ou falsas.* Em outras palavras, nem todas as formas de julgamento correspondem a saberes, a "conhecimento objetivo" (Popper, 1987). Os julgamentos que se referem, por exemplo, a vivências, a valores, a engajamentos políticos, etc., são excluídos da ordem positivista do saber, porque o positivismo identifica completamente o saber e a ciência empírica (Kolakowski, 1976).

c. *O argumento, a discussão*

Esta terceira concepção confirma diretamente nossa visão do saber do ensino, um saber que se desenvolve no horizonte do outro e em vista dele. Segundo essa concepção, pode-se chamar de saber a atividade discursiva que consiste em tentar validar, com o auxílio de argumentos, operações discursivas (lógicas, retóricas, dialéticas, empíricas, etc.) e lingüísticas, uma proposição ou uma ação. A argumentação é, portanto, o "lugar" do saber. Saber qualquer coisa é não somente fazer um julgamento verdadeiro sobre qualquer coisa (um fato ou uma ação), mas é também ser capaz de estabelecer para quais razões esse julgamento é verdadeiro. Todavia, essa capacidade de dar razão, de argumentar em favor de qualquer coisa, remete à dimensão intersubjetiva do saber. De acordo com tal concepção, o saber não se reduz a uma representação subjetiva, nem a asserções teóricas de base empírica; ele implica sempre outro, ou seja, uma dimensão social fundamental, na medida em que o saber é justamente uma construção coletiva de natureza lingüística resultante de discussões, de intercâmbios discursivos entre seres sociais.[3] É preciso tomar essa idéia de argumentação no sentido amplo, que vai além da lógica propositiva. Os partidários da teoria da argumentação (ou da comunicação) empenham-se particularmente em elaborar uma idéia de saber que ultrapasse o quadro das ciências empíricas e, assim, a concepção positivista do julgamento de fato. Sua idéia é que vários tipos de julgamento supõem a intervenção de exigências de racionalidade e de verdade, sem com isto pertencerem à classe de julgamento de fato (Habermas, 1987). Em outras palavras, o saber não se restringe ao conhecimento empírico tal como é elaborado pelas ciências da natureza. Ele engloba potencialmente diferentes tipos de discurso (em particular normativos: valores, prescrições, etc.), cujo locutor, no âmbito de uma discussão, esforça-se em fundar a validade, oferecendo razões discutíveis e criticáveis. Os critérios de validade não se limitam mais à adequação de asserções e de fatos; eles passam antes pela idéia de entendimentos comunicativos no interior de uma comunidade de discussão. Por essa razão, aquilo que se chama de julgamento de valor pode ser objeto de consensos racionais. Por exemplo, pode-se debater com o auxílio de razões, de argumentos, se um comportamento está ou não de acordo com um valor que ele pretende realizar ou seguir. Esse valor não remete a um fato, mas a uma norma compartilhada por uma comunidade e sobre a qual existe um entendimento mínimo. Na argumentação, os interlocutores esforçam-se para superar os pontos de vista iniciais de sua subjetividade, elevando pretensões à validade intersubjetiva para seus propósitos ou suas ações. Essas pretensões são concretamente respeitadas com o auxílio de argumentos e de contra-argumentos. A abordagem "argumentativa", comunicativa ou discursiva do saber é defendida – mas de maneiras muito diversas – por pensadores como Gadamer, Perelman, Ricoeur, Habermas, Rorty, Lyotard, etc. É a ela que se associa nossa própria conduta.

Saber e Exigências de Racionalidade

Ao recordar essas três concepções, nosso objetivo, vale assinalar, não é proceder como epistemólogo, filósofo ou historiador das idéias, porém, mais humildemente, *circunscrever e precisar certos traços semânticos fundamentais associados à noção de saber, tal como a utilizamos correntemente enquanto herdeiros de uma tradição fixada em linguagens e em usos, na esperança de poder utilizar alguns desses traços para definir minimamente o objeto mesmo de nossas pesquisas: o saber dos professores*. Ora, não obstante diferenças importantes, essas três concepções têm alguma coisa em comum: elas sempre relacionam efetivamente a natureza do saber a exigências de racionalidade. Em um caso, essas exigências têm como fundamento o pensamento do sujeito racional; em outro, elas têm como fundamento o ato de julgar; finalmente, no terceiro caso, elas se fundamentam em argumentações, ou seja, em racionalizações. Acreditamos, portanto, que essa idéia de "exigências de racionalidade" fornece uma pista muito interessante para as pesquisas sobre os saberes dos professores, pois permite restringir nosso campo de estudo aos discursos e às ações cujos locutores, os atores, são capazes de apresentar uma ordem qualquer de razões para justificá-los. Saber qualquer coisa ou fazer qualquer coisa de forma racional é ser capaz de responder às questões "Por que você diz isso?", "Por que faz isso?", oferecendo razões, motivos, justificações suscetíveis de servir de validação ao discurso ou à ação. Nesse espírito, não basta fazer bem uma coisa para falar de "saber-fazer"; é preciso também que o ator saiba por que faz as coisas de uma certa maneira; no mesmo espírito, não basta dizer bem uma coisa para saber do que se está falando.

Propomos, então, relacionar de forma global mas sistemática a noção de saber a essa idéia de exigências de racionalidade; decorre daí um certo número de conseqüências intelectuais importantes para a pesquisa sobre os saberes dos professores:

1. Chamaremos doravante *"saber"* unicamente os pensamentos, as idéias, os julgamentos, os discursos, os argumentos que obedecem a certas exigências de racionalidade. Eu falo ou ajo racionalmente quando sou *capaz de motivar*, com o auxílio de razões, declarações, procedimentos, etc., meu discurso ou minha ação em face de um outro ator que me interroga sobre sua pertinência, seu valor, etc. Essa "capacidade" ou essa "competência" é verificada na argumentação, isto é, em um discurso em que apresento razões para justificar meus atos. Essas razões são discutíveis, criticáveis e passíveis de revisão.
2. Diremos que essas exigências são minimamente respeitadas quando o locutor ou o ator ao qual nos dirigimos é capaz de oferecer razões, qualquer que seja sua natureza ou seu conteúdo de verdade, para motivar seus pensamentos, seus julgamentos, seus discursos, seus atos. Nesse sentido, essa idéia de exigências de racionalidade não é normativa: ela não determina conteúdos racionais, mas se limita a pôr em evidência uma capacidade formal.
3. Evitaremos, assim, impor aos atores um modelo preconcebido daquilo que é ou não racional; antes, partiremos daquilo que eles consideram

racional, esforçando-nos para trazer à luz suas próprias exigências de racionalidade e sua própria compreensão do saber. Uma das conseqüências dessa abordagem é, particularmente, preservar os saberes dos atores do modelo excessivamente rígido da ciência empírica e da pesquisa universitária, atribuindo-lhe uma dimensão racional. O que é racional (ou não) não pode ser decidido *a priori*, mas decide-se em função da discussão e das razões apresentadas pelos atores. Nesse sentido, pode-se dizer que as exigências de racionalidade que orientam as ações e os discursos das pessoas não decorrem de uma razão que esteja acima da linguagem e da práxis: elas dependem de razões de atores e de locutores, bem como do contexto no qual eles falam e agem.

4. O melhor método para alcançar essas exigências de racionalidade que se operam no locutor e no ator é interrogá-lo (ou interrogar-se) sobre o *porquê*, sobre as causas, as razões, os motivos de seu discurso ou de sua ação. A noção do *porquê* engloba, conseqüentemente, o conjunto de argumentos ou motivos que um ator pode oferecer para dar conta de sua conduta. Nesse sentido, ela engloba também o "como", na medida em que os meios de que se serve o ator para atingir seus objetivos também se fundam sobre motivos, escolhas, decisões, etc. Seja como for, essa idéia de exigências de racionalidade remete a um "modelo intencional" do ator humano, o que significa que ela procede da idéia de que as pessoas agem não como máquinas ou por mero automatismo (sob a influência de leis sociais ou psicológicas, por exemplo), mas em função de objetivos, projetos, finalidades, meios, deliberações, etc.

5. Disso decorre muito concretamente que uma das principais estratégias de pesquisa, de acordo com tal visão do saber, consiste em observar atores e/ou falar com eles, mas interrogando-os sobre suas razões de agir ou de descobrir; no fundo, sobre os saberes nos quais eles se apóiam para agir ou descobrir.

Racionalidade, Saberes Comuns e Implícitos

Esta última idéia é importante na medida em que afirma que o estudo das razões de agir ou de descobrir permite ter acesso aos saberes dos atores. Façamos um esforço para sustentá-la. Quando discutimos sobre um assunto qualquer, alguém pode sempre nos perguntar: "Por que vocês dizem isso?", "No que se sustenta isso que afirmaram?". O mesmo ocorre com nossos atos. De fato, alguém pode sempre nos perguntar: "Por que vocês fazem assim?", "Vocês estão seguros de que utilizam o melhor meio?". Quando somos confrontados com questões desse tipo, podemos tentar respondê-las por meio de argumentos destinados a justificar as razões de nossos dizeres ou de nossos atos. Nesse caso, adotamos precisamente uma atitude "argumentativa". É evidente que tal atitude, que implica um envolvimento ativo de nossas capacidades lingüísticas e intelectuais, é particularmente desconcertante e desgastante: se toda vez tivéssemos de justificar cada um de nossos discursos, cada uma de nossas idéias, cada um de nossos atos, bem, estaríamos mortos antes de acabar! Isto porque a idéia de racionalidade também se refere a um saber sobre o qual se compreende e que serve de base a nossos argumentos. Por exemplo, um matemático que quer demonstrar um teorema apóia-se sobre o saber e os procedimentos matemáticos já estabelecidos. O físico, o biólogo, o químico procedem da mesma maneira: eles avançam partindo de saberes e regras já estabelecidos. Esses saberes e essas regras são pressupostos, ou seja, não são o objeto ou o problema da discussão, mas o quadro que permite discutir. O mesmo ocorre nas ciências sociais e humanas, assim como em nossos discursos e atos cotidianos: quando discutimos ou agimos com os outros, consideramos como adquirida a existência de saberes comuns e implícitos, que pressupomos sem mais discussões e que evitam que toda vez tenha de se partir do zero.[4]

São precisamente esses saberes comuns e implícitos que constituem "a *epistéme** cotidiana". Naturalmente, esses saberes podem ser postos em questão a todo momento. Na ciência, é justamente a situação descrita por Kuhn: há uma mudança de paradigma quando a contestação refere-se ao quadro da discussão, aos saberes comuns da comunidade científica, que anteriormente serviam de quadro de referência para regrar as discussões "normais". Contudo, na ciência ou em qualquer outra parte, é impossível conceber uma contestação que não se apoiasse ela própria em pressupostos, isto é, em um saber qualquer. Em outras palavras, é impossível duvidar de tudo (como Descartes, para tomar um exemplo célebre). Um saber é contestado e contestável a partir de um outro saber. Quando se contesta a racionalidade de um discurso ou de uma atividade, é em referência a uma certa idéia daquilo que é racional. Na vida cotidiana, nossos discursos e nossos atos apóiam-se, conseqüentemente, em saberes que fornecem um quadro de inteligibilidade e de sentido a nossas empreitadas.[5] Se interrogamos outro sobre suas próprias ações a fim de que nos explique, de que nos apresente o *porquê*, então ele será levado a explicitar, através de suas razões de agir, os saberes sobre os quais ele se fundamenta para agir como age. Nesse espírito, a idéia de exigências de racionalidade, tal como a propomos aqui, não remete a um ator hiper-racional, cuja ação e cujo discurso decorreriam de um conhecimento completo da situação; ao contrário, essas exigências parecem-nos tributárias de uma racionalidade fortemente marcada pelo saber social, saber (em) comum e partilhado por uma comunidade de atores, saber prático que obedece a inúmeras "lógicas da comunicação" e que está enraizado em razões, motivos, interpretações que recorrem a inúmeros tipos de julgamento.

O Interesse desta Abordagem para o Estudo do Saber dos Professores

Qual a pertinência de introduzir esta idéia de exigências de racionalidade para definir a noção de "saber dos professores"? Mais amplamente, qual é o interesse desta abordagem para nosso campo de pesquisa? Acreditamos que ele é múltiplo.

De fato, presumimos que esse conceito de racionalidade não é apenas uma construção teórica; ele também se refere a uma "capacidade" essencial de ato-

---

*N. de R.T. *Epistéme*: do grego, significa ciência, conhecimento (*Novo Aurélio do Século XXI*, 1999, p.780).

res envolvidos na ação, ou seja, de elaborar razões, de fornecer motivos para justificar e orientar suas ações. Em suma, os atores sociais são eles próprios dotados de racionalidade, de capacidade de agir, de falar e de pensar, elaborando uma ordem de razão para orientar sua prática. Nesse sentido, ao falar, como nós, de exigências de racionalidade, referimo-nos a uma competência essencial de atores sociais, em que a maior parte das ações sociais responde a certas exigências de racionalidade. Essa competência parece ser tanto mais forte e tanto mais importante no que se refere aos profissionais, cujas ações sociais são regidas em função de exigências de racionalidade que, freqüentemente, dão lugar a formulações explícitas no quadro de teorias científicas ou formalizadas. Para os pesquisadores, a maior armadilha metodológica é abordar essa competência com uma idéia preconcebida, por exemplo, transpondo para o mundo social cotidiano exigências de racionalidade extraídas diretamente das ciências ou da pesquisa universitária; é preciso, ao contrário, aceitar o fato de que a competência de atores sociais procede de uma racionalidade mutável, fluida, que não responde forçosamente aos cânones do pensamento lógico e científico. Em relação a nosso objeto de estudo, isto significa que os professores não são eruditos, embora para agir eles se apóiem a maior parte do tempo em motivos que respondem a exigências de racionalidade. Voltaremos a essa idéia um pouco mais adiante.

Como diz o fundador da etnometodologia, H. Garfinkel, os atores sociais não são idiotas culturais: eles são dotados, a par sua ligação a um meio de vida social, de competências extremamente diversificadas, que se traduzem concretamente em procedimentos e em regras de ação que eles utilizam para se orientar nas diversas situações sociais. Além disso, o uso desses procedimentos e regras não se faz mecanicamente, mas exige dos atores sociais uma "reflexividade", isto é, a capacidade lingüística de "mostrar" e de "rever" os procedimentos e as regras de ação, de modificá-los e de adaptá-los às inúmeras circunstâncias concretas de situações sociais. Essa idéia de racionalidade permite, assim, levar em conta os significados e as razões que os atores atribuem a suas ações como elementos de análise necessários, mas não suficientes: ela permite, dessa maneira, lançar uma ponte, uma passarela, estabelecer uma articulação entre o discurso objetivador sobre os fenômenos sociais e os discursos elaborados pelos atores sociais envolvidos na ação, sem a qual não haveria justamente fenômenos sociais.[6] Por essa razão, ela parece estar no cerne de uma possível colaboração entre "os teóricos e os práticos", entre os universitários e os professores de ofício, na medida em que tal colaboração exige que os primeiros reconheçam nestes últimos, com justiça, uma racionalidade, isto é, saberes e saber-fazer baseados em razões, motivos, argumentos, etc., diferentes, por hipótese, daqueles que encontramos na ciência e na pesquisa, mas que respondem às situações práticas do ofício de professor.

Por outro lado, em uma perspectiva mais global, essa idéia de racionalidade é igualmente interessante, pois o que caracteriza a educação atual, tanto no plano dos saberes, das práticas e das instituições, é uma forte tendência à racionalização. Para os saberes, essa tendência manifesta-se particularmente na existência das ciências da educação. Para as práticas educativas, manifesta-se na aplicação de modelos de atividade racionais, inspirados na técnica, na ação instrumental ou estratégica. Para as instituições, manifesta-se na existência de um sistema escolar submetido a planejamentos, controles, cenários de gestão. Em suma, a educação atual apresenta um conteúdo racional muito forte: segmentação do trabalho, especialização, objetivos, antes mesmo que intervenha o saber dos atores. Nesse sentido, pode-se dizer que os professores estão integrados em um ambiente socioprofissional que determina por antecipação certas exigências de racionalidade, em cujo âmbito o trabalho de ensinar é assumido, estruturado, condicionado.

Finalmente, acreditamos que, identificando saber e exigências de racionalidade, tornamos possível, eventualmente, a constituição de uma verdadeira base de conhecimentos para o professor, que refletirá os saberes dos práticos, ou seja, seus discursos e atos, mas isto na medida em que os práticos saibam por que dizem ou fazem isso. Pensamos, de fato, que essa base de conhecimento poderá existir se e somente se for reconhecida nos práticos a capacidade de racionalizar sua própria prática, de nomeá-la, de objetivá-la, em suma, de estabelecer suas razões de agir. Contudo, contrariamente a certos pesquisadores que, do nosso ponto de vista, caem no excesso etnográfico, acreditamos que as razões de agir dos práticos são passíveis de crítica e de revisão, que, em conseqüência disso, precisam ser validadas através da confrontação com os fatos e também com as proposições das ciências da educação e da pesquisa universitária em geral. Nesse sentido, os saberes dos práticos são, para nós, saberes com fundamentos racionais, e não saberes sagrados: seu valor está em poderem ser criticados, melhorados, tornados mais potentes, mais exatos ou mais eficazes.

Seja como for, pensamos que nossa definição do saber é ao mesmo tempo flexível – pois ela não prejulga absolutamente a natureza das exigências de racionalidade, mas, ao contrário, apóia-se naquilo que os atores consideram, eles próprios, como sendo racional – e restritiva – pois recusa reconhecer como saberes os atos e os pensamentos sem racionalidade, aquilo que os atores fazem sem razão, ou cujos motivos eles são incapazes de explicitar ou de discutir. Nessa ótica, pensamos que um ato realizado com êxito não é forçosamente um ato profissional. Ele pode decorrer do talento do ator social, sendo então um ato privado, idiossincrático, cuja arte particular se perderá com a morte daquele que o executa. Seja como for, levantamos a hipótese de que a noção de saber, tal como ainda é utilizada na literatura científica (inclusive em nossas próprias criações coletivas) recobre, de fato, várias realidades que nada têm a ver com o saber, a não ser o fato de denominar de saber a tudo, não importa o quê. Recusamo-nos a reconhecer como saberes profissionais dos professores todos os discursos e os atos para os quais os práticos são incapazes de fornecer razões visando a motivá-los. Evitamos, dessa maneira, cair no excesso de certas abordagens etnográficas. Por outro lado, ligando o saber à racionalidade concreta dos atores e às suas linguagens, evitamos igualmente o excesso de certos cognitivistas, com sua visão computacional e subjetivista do ensino. O que nos interessa não é o que se passa na cabeça dos professores e das pessoas em geral, na sua memória ou em suas representações psíquicas. Para nós, o saber não reside no sujeito, mas nas razões públicas que um sujeito apresenta para tentar validar em e através de uma argumentação, um pensamento, uma proposição, um ato, um meio, etc. A exemplo de K. Popper (1978), pensamos que o saber possui uma certa existência objetiva que reside nas razões, nos discursos, nas linguagens, nas argumentações que desenvolvemos para sustentar nossas idéias e nossos atos. Essas argumentações dependem apenas da pessoa que as enuncia. Nesse sentido, nossa abordagem do saber é mais discursiva do que representativa, argumentativa mais do que mentalista, comunicacional mais do que computacional.

Após esses desenvolvimentos teóricos sobre a noção de saber, gostaríamos agora de incorporar e ancorar nossa conduta na temática do simpósio. Em particular, iremos empenhar-nos em precisar e exemplificar a idéia de exigências de racionalidade, primeiramente em função de uma certa concepção do ator professor; em segundo lugar, em relação ao julgamento profissional que nos parece estar na base da pedagogia e do saber do professor, e, em terceiro lugar, em relação à idéia de "razão prática". Procederemos de forma esquemática, assinalando rapidamente certos pontos que nos parecem essenciais considerar, por serem mais ricos ou mais promissores para a pesquisa. Esses desenvolvimentos permitirão obter, esperamos, uma melhor visão das múltiplas aplicações e conseqüências de nossa conduta.

O SABER DO PROFESSOR: UMA RAZÃO PRÁTICA, SOCIAL E VOLTADA PARA O OUTRO

O primeiro ponto que queremos destacar é a representação do professor que resulta de nossa conduta. Em outras palavras, como vemos o professor? Essa questão é importante, visto que remete às críticas que formulamos anteriormente relativas aos modelos do ator e de sua racionalidade.

Um Profissional Dotado de Razão e Confrontado com Restrições Contingentes

Nossa conduta teórica sobre o saber, quando aplicada ao ensino, leva a uma visão no fundo muito prática dessa profissão. Na mesma direção de Shavelson (citado por Schulman, 1986 p. 23), nós, de fato, consideramos simplesmente que os professores são profissionais dotados de razão, como todos os outros profissionais; pensamos que eles fazem julgamentos, tomam decisões nesses sistemas de ação complexos que são a sala de aula e a escola, que eles se comportam geralmente de acordo com regras e que sua conduta é dirigida por seus pensamentos, julgamentos e decisões baseados em certas exigências de racionalidade (que, evidentemente, eles podem elaborar depois). Em suma, regra geral, como a vasta maioria dos trabalhadores e dos profissionais, o professor sabe, na maioria dos casos, *porque* diz e faz qualquer coisa, no sentido de que ele fala e age em função de razões e de motivos que servem para determinar seus julgamentos profissionais em seu meio de trabalho.

Para atingir as finalidades pedagógicas inerentes a seu trabalho, o professor deve tomar certas decisões em função do contexto que é o seu e das contingências que o caracterizam (manter a ordem na classe, transmitir a matéria, etc.). Porém, tomar decisões é julgar. Esse julgamento baseia-se em saberes do professor, isto é, em razões que o levam a fazer este ou aquele tipo de julgamento e a agir em conformidade. Essa visão do professor, esse modelo do ator, por mais simplificado que seja, parece-nos apropriado, em suas linhas gerais, ao trabalho dos professores; ele também é suficiente para responder às necessidades de nosso campo de pesquisa sobre os saberes dos professores. Ele permite, em particular, evitar cair nos excessos do "psicologismo" que, desde há muito tempo, caracterizam a pesquisa sobre o ensino. No plano da pesquisa, esse modelo de ator leva a que nos interessemos não pelas "representações psíquicas" do professor, mas por seus julgamentos, tal como podem exprimir-se em proposições, em um discurso, etc.

O Professor não é um Erudito: o Espectro do Julgamento

Segundo essa visão, o professor não é um erudito, ou seja, seu objetivo não é a produção de conhecimentos novos, nem mesmo o conhecimento das teorias existentes. Os julgamentos do professor são dirigidos para o agir no contexto e em relação a outro, no caso os alunos. *Ele não quer conhecer, mas agir e fazer e, se procurar conhecer, é para melhor agir e fazer*. O professor também não é um erudito no sentido de que seus julgamentos não se reduzem a julgamentos empíricos, mas recobrem um espectro muito mais amplo de julgamentos. Esse ponto parece-nos fundamental e merece que nos detenhamos um pouco nele.

Como mencionamos antes, os partidários da concepção argumentativa do saber empenham-se em desenvolver uma teoria do julgamento que vá além dos julgamentos de fato para englobar diversos tipos de julgamentos que recorrem a exigências de racionalidade. Já discutimos em outro lugar as implicações dessa abordagem recente e muito rica de possibilidades para o estudo do saber e da ação na educação. Iremos limitar-nos a algumas considerações de base a esse respeito. Para nós, "o saber ensinar na ação" implica um conjunto de saberes e, portanto, um conjunto de competências diferenciadas. Van der Maren (1990, p. 1023-1031) descreve muito bem o contexto característico da ação pedagógica, o qual requer um amplo espectro de competências.

Esta (a situação educativa) define-se pelos oito aspectos seguintes: (1) uma pessoa (adulta) que se supõe saber (2) mantém contatos regulares (3) com um grupo (4) de pessoas (crianças) que se supõe aprender, (5) cuja presença é obrigatória (6) para lhe ensinar (7) um conteúdo socialmente dado (8) por uma série de decisões tomadas em situação de urgência.

Todavia, para cumprir esse trabalho e dar conta das inúmeras exigências que ele impõe através das múltiplas interações entre esses oito elementos fundamentais, o professor deve ser capaz de assimilar uma tradição pedagógica estabelecida em hábitos, rotinas e truques do ofício; deve possuir uma competência cultural decorrente da cultura comum e de saberes cotidianos que ele partilha com seus alunos; deve ser capaz de discutir com eles e fazer valer seu ponto de vista; deve ser capaz de se exprimir com uma certa autenticidade diante de seus alunos; deve ser capaz de administrar estrategicamente uma classe para atingir objetivos de aprendizagem, ao mesmo tempo podendo negociar seu papel; deve ser capaz de identificar comportamentos e de modificá-los em uma certa medida, etc. Em suma, o "saber ensinar", visto do ângulo de seus fundamentos na ação, remete a uma pluralidade de saberes. Essa pluralidade de saberes constitui, de certa maneira, um "reservatório" do qual o professor extrai suas certezas, seus modelos simplificados de realidade, suas razões, seus argumentos, seus motivos para validar seus próprios julgamentos em função de sua ação. Certamente, mesmo no interior da ação, esses julgamentos podem ser instantâneos ou aparentemente resultar mais de uma intuição do que de um raciocínio; porém, o que se chama de deliberação não é necessariamente um processo longo e consciente; por outro lado, o que se chama de intuição intelectual parece o resultado de processos de raciocínio que se tornaram rotineiros e implícitos por força da repetição.

Assim, ao agir, o professor é forçosamente instado a tomar decisões, a fazer escolhas, etc., as quais dependem de julgamentos profissionais que não se limitam a fatos, a um saber empírico. Na realidade, o professor baseia-se em vários tipos de julgamentos para estruturar e orientar sua atividade profissional. Por exemplo, ele se baseia com freqüência em valores morais ou normas sociais para tomar uma decisão; de resto, uma grande parte das práticas disciplinares do professor põe em jogo julgamentos normativos referentes às diferenças entre o que é permitido e o que é proibido. O professor também se baseia, para atingir os objetivos pedagógicos, em julgamentos que provêm de tradições escolares, pedagógicas e profissionais, os quais ele próprio assimilou e interiorizou. Ele se baseia, finalmente, em sua "experiência vivida" como fonte viva de sentido, a partir da qual o passado permite-lhe esclarecer o presente e antecipar o futuro. Valores, nomes, tradições, experiência vivida são todos elementos, critérios a partir dos quais o professor fez julgamentos profissionais. No entanto, como se constata, esses diferentes tipos de julgamento não se reduzem ao conhecimento empírico ou a uma teoria informacional do professor, e nem por isso são irracionais. De fato, seguir um nome, respeitar uma tradição, aderir a um valor, agir em função de uma experiência não são condutas irracionais ou a-racionais, na medida em que o ator é capaz de dizer por que ele adota essas condutas.

A Idéia de Jurisprudência: uma Premissa Promissora para a Pedagogia

Desde que se aceite a pertinência do exposto anteriormente, parece-nos que um dos eixos privilegiados da pesquisa sobre o saber dos professores, sobre sua formação e sua profissão deveria hoje se apoiar no julgamento profissional, nos seus tipos e nos saberes que ele põe em jogo. Os pesquisadores em educação que se interessam realmente pela formação de professores e que se empenham em colocar suas pesquisas a serviço da prática de ensino deveriam ter como perspectiva, em nossa opinião, estabelecer não uma ciência do ensino, mas uma "jurisprudência da pedagogia". Essa última expressão significa que a atividade do professor não decorre de julgamentos científicos, mas se aproxima por muitos ângulos de modalidades do julgamento jurídico; em outros termos, os saberes pedagógicos têm algo a ver com os saberes jurídicos. Vejamos muito brevemente em que sentido.

Enquanto o julgamento científico refere-se a estados de coisa, o julgamento jurídico é sempre um julgamento social, na medida em que visa a organizar e orientar atividades humanas. O julgamento do professor também é, na nossa opinião, um julgamento social, na medida em que seu domínio de jurisdição é a esfera de interações entre o professor e os alunos e as finalidades humanas perseguidas pela educação. É claro que o julgamento do professor pode apoiar-se em fatos científicos, mas em todos os casos esses fatos estão a serviço de uma ação cujas finalidades nada têm de científico.

O julgamento jurídico não tem pretensão ao rigor do julgamento científico e, muito menos, a sua universalidade; contudo, ele não se limita ao particular, a casos isolados: ele coloca uma norma, estabelece uma regra que permite subsumir casos isolados a um julgamento geral (e não universal). O professor, para nós, procede da seguinte maneira: através de sua prática, de sua experiência, ele estabelece regras, normas de ação que não são leis, mas que lhe permitem administrar casos particulares. Nesse sentido, os julgamentos do professor, as decisões e as escolhas que faz na ação têm um certo valor de princípio, porque servem para organizar e orientar a diversidade de acontecimentos contingentes em função de regras e normas.

O julgamento jurídico não é somente normativo e prescritivo, mas é também pragmático e criativo. Ele visa, por exemplo, a aplicar as regras legais e esclarecer sua importância nas múltiplas circunstâncias que se apresentam à prática; tenta reparar as lacunas e os pontos obscuros que comporta um código ou uma lei; enfim, empenha-se no sentido de adaptar o direito à evolução da sociedade e de suprir as lacunas que advirão de novas práticas. Essas dimensões prescritiva e pragmática, normativa e criadora estão também, ao que nos parece, no âmago do julgamento pedagógico. O julgamento do professor não tem a permanência e a estabilidade de julgamentos científicos, pois seus domínios de aplicação modificam-se, os grupos e os alunos variam, etc.; conseqüentemente, eles têm de se adaptar a situações novas, esclarecer circunstâncias desconhecidas que se apresentam à prática pedagógica, etc. Nesse sentido, o professor não apenas segue regras, mas as cria, modifica-as, adapta-as, etc.

O estudo das relações entre o julgamento jurídico e o julgamento pedagógico, apenas insinuado aqui, é, conforme presumimos, fecundo e promissor para o futuro. Contudo, também é conveniente assinalar diferenças importantes entre eles. Inicialmente, o que nos parece distinguir o julgamento do pedagogo do julgamento do jurista é que o primeiro refere-se a uma ação a empreender, esforçando-se por combinar meios e fins, enquanto o segundo refere-se a uma ação já realizada (de fato ou idealmente) que é preciso avaliar. Em segundo lugar, é importante destacar que o julgamento do professor não procede de uma verdadeira jurisprudência, isto é, da existência pública de um conjunto de regras e de normas a partir do qual os juristas interpretam e aplicam a lei. A pedagogia é, nesse sentido, um campo de saber e de julgamentos muito menos formalizado e institucionalizado que o campo jurídico. O professor deve julgar, por assim dizer, na ausência de uma lei codificada, que tenha uma legalidade reconhecida por todos os membros de sua profissão; portanto, seu julgamento é menos formal e necessariamente privado, não-subjetivo, e sim fortemente vinculado à experiência de um indivíduo ou de indivíduos. Por essa razão, consideramos que um dos objetivos mais importantes da pesquisa sobre a formação de professores hoje consiste em elaborar esse campo de jurisprudência pedagógica, partindo do estudo de julgamentos e de saberes dos práticos a fim de partilhá-los, de torná-los públicos e, assim, acessíveis a todos os membros da profissão didática. Esse estudo teria como finalidade não produzir uma teoria do ensino, um conjunto de proposições empiricamente verificáveis, mas uma jurisprudência da pedagogia, ou seja, um corpo de regras de ação aplicáveis à prática profissional, um corpo de regras passíveis de revisão, de discussão, enfim, matéria de processo, de deliberação, discussão, argumentação e reflexão.

Em nossa opinião, os pesquisadores em educação permaneceram durante um período muito longo acantonados na pesquisa de leis científicas; mas, desde há algum tempo, ocorre uma reação excessiva que consiste em abandonar toda idéia de lei, em afastar toda racionalidade, em suprimir todas as regras para a ação. Quanto a nós, defendemos um plano intermediário de pesquisa: pensamos que nem toda lei é científica, que nem todo julgamento é empírico ou lógico, que nem toda racionalidade é fundada na cognição e na ciência. O professor é um ator racional, mas seu saber e sua razão têm pouco a ver com as competências do especialista, do sujeito epistêmico, assombrado pelas mitologias cognitivista, científica e tecnocrática... Em outras palavras, o ensino não é uma ciência, uma técnica; mas tampouco é uma desordem ou a expressão de emoções arbitrárias, da intuição sobre o homem, do vivido ou do "sentido" por todas as pessoas. Ele participa da ordem social, comum, pública, a ordem criada por seres humanos em ação, ao mesmo tempo contingente e relativamente estável, sempre dada embora construída, ordem de regras, de normas e não-natural, ordem que exige a participação dos atores, suas capacidades para fazer sentido, para improvisar e para se envolver em condutas intencionais, para iniciar ações sensatas e projetos bem-formulados.

A Razão Pedagógica e seus Conteúdos

Antes de concluir nossa conduta, recordaremos brevemente seus últimos elementos conceituais. Definimos o professor como um profissional dotado de razão, cujos saberes são regidos por certas exigências de racionalidade que lhe permitem fazer julgamentos em face das condições contingentes de seu trabalho. Sustentamos que esses julgamentos não se limitam a julgamentos de fato, mas recobrem um amplo espectro de tipos de julgamentos, testemunhando, assim, que os saberes sobre os quais se apóia o professor para julgar são diversos e plurais. Para melhor caracterizar o julgamento do professor, propusemos uma comparação com o julgamento jurídico, que nos parece mais próximo do julgamento pedagógico que do julgamento científico. Após essas diversas caracterizações do julgamento, gostaríamos de concluir nossa conduta assinalando brevemente os conteúdos e a especificidade do julgamento do professor. A que ele se refere de fato? Em outras palavras, quais são os objetos dos saberes dos professores?

a. *Um postulado: os saberes estão relacionados ao trabalho*

Em nossas pesquisas anteriores, sempre sustentamos que os saberes do professor deviam ser compreendidos em relação direta com as condições que estruturam o trabalho. Esse postulado parece-nos plenamente válido ainda hoje. Ele significa que o trabalho de ensinar requer, como todo trabalho humano especializado, certos saberes específicos que não são partilhados por todos e que permitem ao grupo de professores assentar sua atividade sobre uma determinada base de saberes típicos desse ofício. Acrescentemos, para evitar qualquer equívoco, que essa base de saberes não remete a saberes atemporais e universais, que estariam na base de toda atividade pedagógica ou da Pedagogia, nem a processos cognitivos gerais próprios a todo ser humano e que assegurariam o funcionamento da comunicação pedagógica. Pensamos, ao contrário, que os saberes do professor dependem estreitamente das condições sociais e históricas nas quais ele exerce seu ofício e, mais concretamente, das condições que estruturam seu próprio trabalho em um lugar social dado. Nesse sentido, a questão dos saberes, para nós, está estreitamente ligada à questão do trabalho de ensinar no meio escolar, à sua organização, à sua diferenciação, à sua especialização, às restrições objetivas e subjetivas que ele impõe aos práticos, etc. Ela também está ligada a todo o contexto social em que se insere a profissão didática e que determina de diversas maneiras os saberes requeridos e adquiridos através do exercício do ofício.

Evidentemente, essa base de saberes, no plano empírico, está em grande medida imersa no conjunto de saberes que podem ter, em princípio, os indivíduos que ensinam. Por exemplo, é natural que a cultura geral dos professores, seus conhecimentos pessoais, seu senso comum, etc., todos os "saberes" que eles adquiriram ao longo de sua vida e que podem partilhar com um grande número de indivíduos, desempenhem um papel no ensino. Contudo, presumimos que esse papel é bastante condicionado pela prática do ofício, de modo que os saberes adquiridos fora do ofício são utilizados – quando o são – para fins específicos ao ensino. Por exemplo, um professor pode muito bem utilizar sua cultura pessoal para atingir fins profissionais. Ele também pode muito bem se basear em seus valores pessoais para intervir em uma classe; contudo, esses valores pessoais são integrados à sua ação profissional e, conseqüentemente, tornam-se meios a serviço do trabalho de ensinar, e é nessa ótica que convém estudá-los. Na verdade, isto ocorre em todo trabalho humano: os conhecimentos do trabalhador são muito mais amplos do que os que seu trabalho requisita; todavia, esse trabalho requer certos conhecimentos específicos que não devem ser confundidos, no plano da estratégia de pesquisa e da delimitação de seu objeto de estudo, com todos os conhecimentos que o trabalhador possui. Na verdade, somente um estudo empírico apurado do "saber educacional" é suscetível de nos informar sobre quando e como esses conhecimentos intervêm concretamente na prática do ofício e em que medida eles "colorem" essa prática. No entanto, para além da distinção um pouco abstrata que acabamos de estabelecer entre esses dois tipos de saber, pensamos que o caráter específico dos saberes profissionais depende de fenômenos muito concretos: 1º) eles são adquiridos particularmente no quadro de uma formação específica e relativamente longa na universidade; 2º) sua aquisição é acompanhada de uma certa socialização profissional e de uma experiência do ofício; 3º) eles são utilizados em uma instituição – a escola – que possui um determinado número de traços originais e 4º) eles são mobilizados no âmbito de um trabalho – o ensino – que também possui certas características específicas. Sendo assim, essas condições de aquisição e de utilização parecem-nos variáveis muito "pesadas", no plano sociológico, para que se possa postular o caráter distinto e específico dos saberes dos professores em relação a outros ofícios, profissões ou conhecimentos comuns de pessoas comuns. Nesse sentido, não acreditamos que qualquer pessoa possa entrar em uma classe e ter a pretensão de já ser um professor.

b. A relação com o outro

A que se referem os julgamentos do professor, sobre que realidade são exercidos seus saberes? A ação profissional do professor é estruturada por duas séries de restrições: as restrições ligas à transmissão da matéria (restrições de tempo, de organização seqüencial de conteúdos, de expectativa de finalidades, de aprendizagem pelo alunos, de avaliação, etc.) e as restrições ligadas à gestão das interações com os alunos (preservação da disciplina, gestão de ações desencadeadas pelo alunos, motivação do grupo, etc.). O trabalho educativo em meio escolar consiste em fazer convergirem essas duas séries de restrições, em fazê-las colaborar entre si. Nesse sentido, a transmissão da matéria e a gestão das interações não constituem elementos como outros quaisquer do trabalho educativo, mas o cerne mesmo do ofício. É por isso que o estudo dos conteúdos transmitidos, a maneira como o professor compreende-os, organiza-os, apresenta-os, verbaliza-os, "interage-os" com os alunos são parte integrante da pesquisa sobre os saberes do professor. Do mesmo modo, a forma como os alunos "interagem" com os saberes disciplinares e curriculares pelo viés da ação do professor constitui um objeto essencial da pesquisa nesse domínio.

A transmissão e a gestão são funções tão importantes, que toda organização escolar é inteiramente ajustada para facilitar sua convergência e oferecer aos professores um quadro de trabalho já estruturado em função dessas duas séries de restrições. Por exemplo, os programas são "modelos discursivos de ação" que estruturam a transmissão da matéria: eles determinam com mais ou menos precisão os objetivos a atingir, as coisas a aprender, os conteúdos a ensinar, as etapas a seguir, etc. Assim, eles oferecem aos professores um modelo de transmissão, organização e estruturação do conteúdo. O ambiente físico (classe fechada, mesas enfileiradas, etc.) e social (seleção dos que podem entrar na classe, normas punitivas, regras de exclusão da classe, regras que determinam os comportamentos aceitáveis, etc.) já oferece um quadro para gerar as restrições ligadas à interação com os alunos. Em suma, a ordem escolar já oferece aos professores um quadro facilitador para organizar a ordem na sala de aula: antes mesmo de começar seu trabalho, antes mesmo de entrar em uma sala de aula, o professor já possui um determinado número de certezas quanto a seu quadro comum de trabalho. Exatamente como o operário que entra na fábrica ou o funcionário no escritório, o professor, quando entra na escola e na sala de aula, insere-se em um mecanismo já ordenado em suas linhas gerais (Tardif, 1993).

No entanto, o professor também é, em grande parte, responsável pela ordem na classe e pela convergência entre as restrições ligadas à transmissão e à interação. O quadro socioinstitucional baliza suas atividades, mas, ao mesmo tempo, deixa-lhe uma boa margem de iniciativa para preencher seu trabalho. Em outras palavras, a ordem na classe certamente é condicionada pela organização física e social da escola e das salas de aula, mas é, ao mesmo tempo, uma ordem construída pela ação do professor em interação com os alunos. Pois é justamente na construção dessa ordem pedagógica que o professor deve exercer seu julgamento profissional, tomar decisões, pensar e agir em função de certas exigências de racionalidade. Durante seu trabalho, ele normalmente não tem de tomar decisões sobre aquilo que é dado de antemão (o sistema escolar, o ambiente físico, as relações sociais, as grandes finalidades, etc.), mas deve refletir sobre aquilo que depende dele. Sua "razão na ação", parafraseando Schön, tem a ver com contingências com as quais ele deve pactuar em função de finalidades que ele próprio deve criar através de sua ação. Nesse sentido, trata-se de uma razão prática, e não de uma racionalidade teórica. O professor, desta vez parafraseando Marx, não se propõe a compreender o mundo, mas a transformá-lo, pois esse mundo é o mundo social tal como se apresenta através, com e no outro, isto é, em suas interações com os alunos. A razão do professor ou, se se preferir, a *razão pedagógica* sempre se estabelece em sua relação com o outro, em suas interações com os alunos. Ela difere nesse sentido, e muito profundamente, da racionalidade científica e técnica, que é voltada, ela própria, à objetivação e à manipulação dos fatos.

Essa dimensão social da razão pedagógica revela-se nesse fenômeno educativo que é fundamental para que se compreenda a natureza da atividade do professor: é sempre possível manter os alunos fisicamente fechados em uma sala de aula, mas é impossível levá-los a aprender sem obter, de uma forma ou de outra, seu consentimento, sua colaboração voluntária. A fim de aprender, os alunos, de alguma maneira, devem tornar-se os atores de seu próprio aprendizado, pois ninguém pode aprender em seu lugar. Desse modo, transformar os alunos em atores, em parceiros da interação pedagógica, parece ser a tarefa em torno da qual se articulam e ganham sentido todos os saberes do professor. Se esse ponto de vista é aceito, então ele nos conduz na direção de uma premissa de trabalho que recobre a idéia de julgamento jurídico que formulamos anteriormente. Essa premissa de trabalho é a que foi desenvolvida nos trabalhos de Perelman e que nós chamamos de a "nova retórica". Ela consiste em ver no ensino uma atividade lingüística, discursiva, que se define essencialmente na relação com um público, com um auditório. Em resumo, o professor, como um de nós escreveu em outro lugar, deve "obter o consentimento do outro para vencer a batalha do aprendizado". Essa relação com o auditório está no cerne mesmo da concepção argumentativa do saber educacional que esboçamos aqui. Todavia, para que essa relação se estabeleça, é preciso que o professor e os alunos entendam-se minimamente: o auditório deve estar pronto a ouvir, e o professor deve dar o devido valor à adesão do grupo para produzir seu discurso. Isto implica um certo arsenal de competências por parte do professor: teatralização, capacidade de usar sua autoridade, habilidades de comunicação, etc. Essa última premissa de trabalho encontra-se atualmente no centro das pesquisas sobre a argumentação, sobre a pragmática, a psicossociologia da persuasão e a análise dos discursos. Ela nos parece particularmente interessante e promissora, na medida em que permite extrair abordagens psíquicas e cognitivas, situando o ensino em seu "meio natural": a linguagem pública em interação com outro.

À GUISA DE CONCLUSÃO

Acreditamos ter oferecido, ao longo deste capítulo, vários elementos, várias idéias, perspectivas e premissas de trabalho que permitem dar uma boa idéia de nossa posição em relação às questões de base que nos reúnem aqui. Para sermos claros, digamos que nossa concepção do professor e de sua formação profissional ajusta-se inteiramente à visão do "prático reflexivo" proposta por Schön. Contudo, nossa orientação de pesquisa afasta-se consideravelmente das visões cognitivas, mentalistas, representacionais e subjetivistas do "saber", ao mesmo tempo que se aproxima de certas correntes de pesquisa em sociocognição e em psicologia social. Para nós, o saber não é um predicado que serve para nomear a força ou a eficácia do sujeito computacional imaginado por certos cognitivistas e *managers* da pedagogia. O saber é um constructo social produzido pela racionalidade concreta dos atores, por suas deliberações, racionalizações e motivações, as quais são a fonte de seus julgamentos, escolhas e decisões. Nesse espírito, pensamos que as "competências" do professor, na medida em que se trata realmente de "competências profissionais", estão diretamente ligadas a suas capacidades de racionalizar sua própria prática, de criticá-la, de revisá-la, de objetivá-la, empenhando-se em fundamentá-la sobre razões de agir. Nesse sentido, o prático reflexivo corresponde ao profissional dotado de razão do qual falávamos anteriormente e que concebemos em função de uma abordagem mais argumentativa e deliberativa do que cognitiva.

Nossa conduta também se afasta dos trabalhos atuais sobre a especialização e o especialista, sobre as diferenças ontológicas entre o especialista e o iniciante, o especialista e o não-iniciado, etc. Temos dificuldade em acreditar na existência de especialistas em educação pela simples razão de que as atividades educativas desenvolvem-se forçosamente e muito concretamente em um contexto de compromissos normativos contínuos. Porém, até prova em contrário, não existe especialização no que diz respeito às normas, nem em relação a essas escolhas tão "simples" que um professor deve fazer cotidianamente quanto à distribuição de seus recursos limitados, de seu tempo, de sua energia. Existem especialistas em jogo de xadrez, em damas, em *go**, mas não existe especialista que possa nos dizer se devemos jogar xadrez, dama, *go*: na medida em que as regras mudam, na medida em que se muda o jogo (de linguagem, de poder), os especialistas mudam e deixam de ser especialistas. Nenhum especialista pode dizer que é preferível enfatizar a progressão do grupo de alunos ou se deter nos mais lentos, com o risco de atrasar todo o grupo. Nenhum especialista pode nos dizer se é preferível ensinar de acordo com determinado estilo (democrático, autoritário, etc.), de acordo com certos valores, etc.

Dito isto, recusando simplesmente aderir ao mito do especialista (Bourdoncle, 1993), nossa conduta leva de toda maneira àquilo que chamamos de uma jurisprudência da pedagogia. De fato, consideramos que os práticos experientes (que são diferentes dos especialistas, Elbaz, 1993) apóiam-se em uma certa racionalidade, em certos julgamentos que convêm tornar públicos, estudando-os particularmente no âmbito de pesquisas em ciências da educação.

---

*N. de T. *Go* é um jogo de estratégia de origem chinesa, no qual dois jogadores colocam os piões (*go-ishi*) brancos e os piões pretos nas interseções de um tabuleiro quadriculado (*go-ban*) com 19 linhas verticais, sendo vencedor aquele que posiciona seus piões de maneira a delimitar um território mais amplo que o de seu adversário (*Le Nouveau Petit Robert*, 1996).

Finalmente, nossa posição também se afasta das abordagens que tentam identificar o ensino com uma ciência, uma técnica, uma atividade profissional fundada em uma racionalidade exclusivamente epistêmica. Nossa conduta tenta constantemente ligar saber educacional e racionalidade, mas uma racionalidade concebida em função da realidade de atores sociais envolvidos em atividades contingentes e que se apóiam em saberes contingentes, cheios de lacunas, imperfeitos, saberes limitados, particularmente, por poderes, normas, etc. Nesse sentido, nossa proposição pretende ser uma argumentação em favor de uma racionalidade concreta, enraizada nas práticas cotidianas dos atores, racionalidade aberta, contingente, mutável, alimentada por saberes cheios de lacunas, humanos, baseados na vivência, na experiência, na vida.

NOTAS

1. Este programa de pesquisa é subvencionado pelo Conseil Canadien de la Recherche en Sciences Humaines (CRSH) e pelos fundos Formation de Chercheurs et l'Aide à la Recherche de Quebec (FCAR). Ele está sob a responsabilidade do Groupe de Recherche Interuniversitaire sur les Savoirs et l'École (GRISÉ), do qual participam C. Lessard (diretor) e G. Pelletier, da Universidade de Montreal; M. Tardif (co-diretor), C. Gauthier, F. Legault. M. Mellouki, da Université Laval; e ainda 20 estudantes graduados no mestrado e no doutorado. O programa de pesquisa compreende quatro subdivisões principais: os saberes disciplinares, os saberes curriculares, os saberes da formação profissional e os saberes da experiência, que estão sob a responsabilidade de um ou dois pesquisadores. Cada subdivisão dá lugar a projetos específicos de pesquisa, também subvencionados pelo CRSH e pelo FCAR (1992-1997).
2. Por exemplo: Tardif, Maurice. "Savoirs enseignants et professionnalisation de l'enseignement: remarques et notes critiques". *Revue des sciences de l'éducation*. 1993; Vol. XIX (n.1): p. 173-186; Tardif, Maurice; Lessard, Claude e Lahaye, Louise. "Les enseignants des ordres d'enseignement primaire et secondaire face aux savoirs. Esquisse d'une problématique du savoir enseignant". *Sociologie et Societés*. 1991; Vol. 23 (n.1): p. 55-70; Tardif, Maurice (1993). "Savoirs et expérience chez les enseignants de métier: quelques pistes et jalons concernant la nature des savoirs d'éxperience". In: H. Hensler (org.). *La recherche en formation des maîtres: détour ou passage obligé sur la voie de la professionnalisation?* Sherbrooke: Éditions du CRP: p. 53-86. 268 páginas; Gauthier, Clermont; Tardif, Maurice; Mellouki, M'hammed (orgs.). *Le savoir des enseignants*. Montreal: Les Éditions Logiques; 1993. 250 páginas.
3. Por exemplo, a etnometodologia e os trabalhos mais recentes de B. Latour (1979, 1985) mostraram que as proposições empíricas das ciências naturais inserem-se sempre em uma ordem social de discussões e de negociação entre parceiros. Assinalemos que, por parte das ciências cognitivas, a escola de Genebra (Dasen, Mugny, etc.) e a psicosociologia de Moscovici representam tentativas recentes de sair do subjetivismo piagetiano, inscrevendo o processo de construção do saber no contexto de interações sociais.
4. No ensino, as rotinas decorrentes da experiência do ofício parecem-nos ilustrar bem os saberes implícitos dos professores: partindo de sua experiência e da repetição de situações escolares, os professores de ofício elaboram soluções-padrão, protótipos de ação, a partir dos quais eles aprimoram e improvisam (Tochon, 1993) no contexto da classe, na vida. As rotinas são, no fundo, saberes na ação derivados do conhecimento experimental da ação (através do contato direto) e que se cristalizaram em formas de agir que permitem evitar uma reflexão muito prolongada.

5. É interessante mencionar que temos hoje uma teoria lingüística consistente, que trata de contextos lingüísticos nos quais se recorre aos saberes implícitos. De fato, desde há alguns anos, inúmeros estudos foram consagrados a essa questão na pragmática, elaborando-se uma *teoria de implicitação*, isto é, proposições implícitas que reaparecem explícitas no discurso e que permitem ancorar nossas discussões cotidianas em situações conhecidas dos interlocutores. A teoria da implicitação e, mais amplamente, a pragmática estabelecem particularmente que a linguagem cotidiana não pode ser compreendida unicamente com a ajuda de propriedades formais inerentes a um sistema semiótico, como acreditam o estruturalismo e a lingüística gerativa de Chomsky. Ao contrário, a linguagem cotidiana, de qualquer modo, está sempre "aberta" e "em dia" com uma situação, um aqui e agora, a partir da qual os interlocutores falam. Essa propriedade referencial da linguagem está igualmente no centro da etnometodologia, com a noção de possibilidade de indexar.

6. Certamente, o perigo inerente (não apenas metodológico, mas epistemológico) a uma articulação desse tipo reside nas limitações intrínsecas da racionalidade dos atores – no caso os professores – envolvidos em uma situação concreta. De fato, as razões que eles elaboram para se orientar (que se pode encontrar particularmente nas explicações que eles nos dão sobre suas condutas e suas estratégias quando são interrogados sobre seu encaminhamento profissional, etc.) não correspondem necessariamente às "condições objetivas" que determinam a orientação de sua ação: os atores nem sempre fazem aquilo que dizem fazer e não dizem necessariamente, inclusive a eles mesmos, o que efetivamente fazem. Nesse sentido, o discurso que eles sustentam relativamente à sua situação, as explicações que eles dão de seus atos estão sujeitas à caução: elas precisam ser tomadas pelo que são, a saber, elementos de análise entre outros, elementos que são necessários para torná-los inteligíveis, situar em um quadro interpretativo que leve em consideração o conjunto desses outros elementos.

CONCLUSÃO

FECUNDAS INCERTEZAS OU COMO FORMAR PROFESSORES ANTES DE TER TODAS AS RESPOSTAS

*Philippe Perrenoud, Marguerite Altet,
Évelyne Charlier e Léopold Paquay*

Ao reler as contribuições que constituem esta obra, fazemos duas observações aparentemente contraditórias:

- todos interrogam as competências dos professores e sua formação a partir de uma ancoragem disciplinar, de uma tradição racional, de uma posição e de uma trajetória pessoais, de envolvimentos particulares; daí a diversidade de linguagens, de paradigmas, de conceitos, de teorias e de valores de referência;
- todos ao mesmo tempo fazem eco aos trabalhos ou, pelo menos, às questões dos outros, como se, para além da diversidade, uma busca comum de sentido animasse os pesquisadores reunidos em Louvain-la-Neuve.

Sem dúvida, isto não é inteiramente casual. Contudo, pode-se imaginar que, ao convidar ao diálogo 12 outros pesquisadores tão envolvidos na reflexão sobre a formação de professores, a impressão geral seria a mesma, porque o espírito do tempo e a vontade de não confinar o real em categorias já prontas leva a operar no mesmo terreno, o da complexidade e dos paradoxos.

Nenhum cava na mesma direção com as mesmas ferramentas, mas todos têm em comum uma forma de humildade:

- não se sabe exatamente de que práticas educativas se fala e que competências elas mobilizam;
- não se sabe exatamente como essas competências são construídas;
- não se sabe exatamente que mecanismos e condutas de formação poderiam contribuir para isto.

Isto barra o dogmatismo, mas não impede manifestamente nem a análise, nem as experiências alternativas. Poderíamos sugerir que todos sabem mais do que podem demonstrar e que suas intuições subjazem às práticas ou às políticas de formação que sustentam. Ao mesmo tempo, todos mantêm certa dose de abertura ou de dúvida para considerar as resistências do real e as idéias dos outros.

Mais do que uma síntese em forma de aquisição, propomos, para sermos fiéis a esse espírito, circunscrever melhor as questões levantadas. O simpósio propunha três questões principais:

1. De que "natureza" são as competências do professor-especialista?
2. Como as competências profissionais são construídas?
3. Como formar profissionais para essas competências?

Nós as retomamos uma a uma, não para respondê-las, mas para ampliá-las à luz dos textos e dos intercâmbios. Sobre esses diversos pontos, todos os autores têm mais certezas e pontos de referência que a comunidade científica. O interesse do confronto é justamente mostrar que as evidências partilhadas e as ferramentas de pensamento verdadeiramente comuns não são muitas.

DE QUE "NATUREZA" SÃO AS COMPETÊNCIAS DO PROFESSOR-ESPECIALISTA?

Se soubéssemos dizer exatamente em que consiste o ofício de professor, poderíamos sem rodeios nos preocupar com as competências que ele comporta. Talvez seja possível construir uma representação consensual de certos ofícios técnicos. Os ofícios que lidam com o homem, ao contrário;

- adaptam-se a contextos sociopolíticos e a sistemas educativos mutáveis e variados;
- são exercidos no âmbito de relações intersubjetivas e de vínculos sociais que modificam seu curso;
- permitem, inevitavelmente, uma ampla margem de interpretação, que subordina a ação às convicções, ao nível de competência, às orientações do profissional, assim como às características de seu ambiente próximo.

O improvável especialista

Falar das competências de um professor especialista resolve apenas muito parcialmente o problema. Em primeiro lugar, porque o grau de especialização é somente uma das diferenças entre os modos de exercício do ofício. Em segundo, porque é difícil estabelecer o limite da especialização. Finalmente, e sobretudo, porque a própria noção de especialização é problemática. Com certeza, todos concordarão que o grau de controle de situações de ensino-aprendizagem difere de um professor para outro e varia ao longo do ciclo de vida profissional de cada um. Resta identificar os especialistas, o que supõe resolvida a questão das competências...

Por isso, os pesquisadores do simpósio passaram da expressão "professor especialista" para "professor profissional". Essa evolução situa o "especialista" em relação à pluralidade de saberes de referência, à racionalidade das condutas, à autonomia dos atores, etc. Ela levanta um bom número de questões. Eis aqui algumas que perpassaram os debates.

O lugar dos saberes

Que é preciso dominar saberes para ensinar, não há sombra de dúvida. O domínio de saberes a ensinar é o aspecto menos problemático, mas nem por isso se pode dizer de forma bem fundamentada:

- até que ponto os professores devem "dominar" sua disciplina; todos, sem dúvida, preocupam-se em saber mais que seus alunos, mas até que ponto?
- em que consiste esse domínio, sabendo que não se trata mais de ser brilhante em um exame acadêmico, mas em fazer funcionar uma transposição didática, na qual o conhecimento teórico preciso pode ser, ao mesmo tempo, uma vantagem e um obstáculo;
- que a relação com o saber acompanha a competência do especialista; é possível, por exemplo, que uma relação muito reverente ou muito rigorosa aumente a distância entre os alunos e o programa.

Em síntese, se é evidente que um professor de física precisa dominar essa disciplina para ensinar, os contornos exatos do domínio especializado permanecem incertos. Quanto aos outros saberes, sua denominação e sua classificação são problemáticas: saberes pedagógicos, didáticos, relacionais, psicossociológicos; saberes profissionais, saberes da experiência, saberes implícitos. Tais distinções são frágeis e remetem a debates que continuam abertos sobre a divisão das práticas em componentes identificáveis ou sobre a origem dos saberes dos professores (Altet, Tardif e Gauthier).[1] A idéia mesma de saber não é estável, as oposições entre informações, conhecimentos e saberes não estão estabilizadas, tampouco as distinções entre saberes e saber-fazer, ou entre saberes declarativos, procedimentais ou condicionais. Além dessa imprecisão conceitual que obriga cada autor a definir suas categorias, salta à vista que os saberes dos professores são de natureza plural; e, sem dúvida, a integração desses saberes de tipos diversos ocorre de forma pessoal.

A utilização dos saberes

Como os saberes são investidos na ação, através de que mediações, que mecanismos, que operadores? Muitas contribuições respondem a essa interrogação, evidenciando a importância dos esquemas que permitem relacionar os saberes às situações. Os especialistas da inteligência artificial distinguem a base de conhecimentos e o motor de inferência: inútil acumular saberes enciclopédicos se não há um operador que permita extrair daí, *hic et nunc*, os elementos pertinentes em uma situação dada.

Entre os operadores, há certamente a lógica natural que permite inferências, relações, extrapolações, interpolações e toda espécie de raciocínios e julgamentos que permitam recorrer a saberes gerais em uma situação singular. É o que se pode chamar de razão pedagógica, atividade mental que, considerando as finalidades, os recursos e as restrições da situação, aquilo que se sabe dos processos de interação e de aprendizagem, aplicando a "jurisprudência" a casos análogos, leva o professor a escolher uma linha de conduta, a saber e a dizer por que ele faz o que faz (Tardif e Gauthier). Mas é possível, para um professor, descrever seu verdadeiro funcionamento? É possível, sobretudo, agir racionalmente?

Uma racionalidade restrita e relativa

Ensinar é uma ação intencional, e os professores reclamam para si tal razão. Daí a construir uma imagem racionalista do ofício e das práticas é um passo. Porém, é preciso renunciar a isto. A razão não é uma referência universal, mas um constructo histórico, inseparável de uma cultura e de um sistema de valores. Reclamar para si a razão é sempre reclamar para si uma forma de razão que é reconhecida em uma sociedade ou em um meio profissional e a que esta atribui um alto grau de legitimidade. É o que se pode chamar de racionalismo dominante, cuja força é apresentar teses como evidências ineslutáveis: "É lógico, não é?".

Por outro lado, mesmo em relação a uma forma definida de racionalidade, uma coisa é reclamá-la para si, outra é ser coerente na prática. É próprio do ser humano deixar-se mover por desejos, medos, apatia, entusiasmos, cegueiras, paixões, complexos e muitas outras coisas que o levam a desviar-se de uma linha de conduta coerente com sua própria definição de racionalidade, mesmo que ele empreenda muitos esforços para justificar sua ação aos olhos do outro e aos seus (Cifali).

Trata-se, portanto, de pensar uma racionalidade relativa, parcial, que conheça limites, eclipses. E que se situe desde logo em uma perspectiva argumentativa, em uma lógica da justificação em um mundo social onde a ação busca a legitimidade. E que, no nível da ação, automatiza-se parcialmente: um professor experiente não se limita a raciocinar caso a caso. Ele desenvolve cadeias de raciocínios tornados rotineiros, estabilizados, que aceleram o tratamento de situações e o tornam mais econômico (Charlier). O professor utiliza uma espécie de "piloto automático"; ele põe em funcionamento rotinas resultantes de raciocínios anteriores até o momento em que um incidente crítico o obrigue a resolver um problema inédito, a produzir um julgamento original (Faingold). Essa capacidade de comutação entre um pensamento "apático" e a mobilização intensiva do saber-analisar e de processos de resolução de problemas é, ela própria, uma forma de competência, pois a comutação entre esses dois registros de funcionamento depende da capacidade do prático de perceber indícios, de saber quando um incidente é ou se torna crítico, em outras palavras, exige mais do que uma ação de rotina.

A improvisação regrada e a parte do inconsciente prático

Pode-se considerar os limites da racionalidade não como uma falta, uma falha, mas, algumas vezes, como uma vantagem, uma condição da ação funcional, eficaz. O que se chama de inteligência do ser vivo, a híbrida, nem sempre é a inteligência dos lógicos; por isso, melhor que um autômato lógico, ela permite decidir quando nada parece passível de decisão, prever quando nada parece previsível, lidar com as incertezas e as contradições. Os especialistas que desenvolvem programas de inteligência artificial estão muito conscientes disto, eles que tentam imitar as estratégias heurísticas dos grandes jogadores de xadrez, as intuições visuais dos geólogos ou dos radiologistas, as astúcias dos negociantes ou dos caçadores... A inteligência do ser vivo ajuda a agir de maneira intuitiva, com base em indícios fragmentários, de *Gestalt*, mobilizando as diversas partes do cérebro.

A ação, às vezes, é guiada por aquilo que Piaget chamava de inconsciente prático: um conjunto de esquemas de percepção, de decisão e de ação. Bourdieu propôs chamar esse conjunto, que forma um sistema, de *habitus*, concebido como "gramática geradora de práticas". Vergnaud identifica os esquemas com "conhecimentos-na-ação", mas a fórmula é ambígua: um conhecimento-na-ação ainda é um conhecimento? Ou é uma aquisição de outra natureza, uma estrutura estável da ação que se conserva, evolui, adquire-se, conserva-se e perde-se, diferentemente dos conhecimentos, em uma outra relação com a experiência? Falar a esse respeito de "saberes da experiência" só vem aumentar a confusão: evidentemente, os esquemas estão enraizados na experiência, mas nem por isso são saberes da experiência. Os esquemas permitem uma ação eficaz, às vezes mais eficaz que uma incursão pelos saberes e a reflexão, porque ela é mais rápida e globalmente mais bem-ajustada ao conjunto da situação (Perrenoud).

O interesse da psicologia cognitiva pelas invariantes da ação não é novo; os trabalhos atuais sobre a aprendizagem implícita confirmam a necessidade de compreender o que se passa quando o sujeito não aprende através da mediação da linguagem e de representações. Resta ainda um imenso trabalho a ser feito para especificar e unificar esses conceitos e associá-los a uma abordagem mais antropológica e sociológica do *habitus*.

Para além dos problemas conceituais e teóricos, abre-se um campo imenso: no conjunto das ações de um professor especialista ou de um professor experiente, qual é a parte do inconsciente prático, das ações que ele empreende sem ter tomado decisões, nem constituído representações, nem formulado julgamento, ainda que para si mesmo?

Esquemas, incorporação, explicitação

Tudo seria (quase) simples se houvesse, por um lado, saberes explícitos, racionais, conscientes e, por outro, esquemas que escapassem à consciência do sujeito. Porém, a realidade é mais multiforme: certas representações conceituais, certos saberes procedimentais interiorizam-se, automatizam-se, incorporam-se ao inconsciente prático, tornam-se hábitos. Inversamente, diversos acontecimentos podem favorecer a tomada de consciência e a explicitação de esquemas até então existentes apenas em estado prático e que, de súbito, são promovidos ao estatuto de representações e de "saberes". Técnicas diversas, tais como a explicitação (Faingold) ou a ferramenta vídeo (Wagner, Altet) deveriam favorecer a tomada de consciência de hábitos de funcionamento próprios a cada professor.

Como se operam essas passagens? Elas são reversíveis? Quais são os estágios intermediários? Existem saberes implícitos, estados de semiconsciência? Quais são os mecanismos estabilizadores ou, ao contrário, modificadores? No fogo da ação, é possível ter consciência dos processos que a comandam? (Carbonneau e Hétu). Todas essas questões permanecem abertas, e ninguém hoje tem condições realmente de identificar com precisão, e menos ainda de prever, o que, nas condutas de um professor, provém de saberes ou do *habitus*.

Entre cultura e inconsciente psicanalítico

Na análise das práticas, haverá sem dúvida um consenso bastante generalizado quanto a considerar aquilo que provém de abordagens mais antropológicas ou psicanalíticas. O ator é produto, ao mesmo tempo, de uma história pessoal e de uma história coletiva: personalidade profunda e cultura modelam suas condutas, normalmente sem que ele tenha consciência disso (Cifali). A etnometodologia, por exemplo, pôs em evidência a importância dos etnométodos em nossa ação cotidiana, ou seja, dos "métodos de tratamento da realidade", que devemos a nossa ligação com uma comunidade, métodos que nos parecem tanto mais "naturais" na medida em que são partilhados por todos nossos semelhantes. O que você diz depois de ter dito bom dia? Como reage a um conflito, à dúvida, ao desvio, à agressividade do outro, à frustração, ao desejo do outro, à desordem? Nossa socialização nos provê de respostas bem anteriores à formação para o ofício de professor, que funcionam sem que tenhamos consciência delas na maior parte das relações sociais (Perrenoud).

Ao mesmo tempo, investimos na menor relação intersubjetiva esquemas muito específicos, construídos antes mesmo de nascermos, à mercê de nossa história pessoal e, particularmente, das relações com nossos pais e com nossos irmãos e irmãs.

Em um ofício relacionado ao ser humano, à comunicação, à relação, as competências não podem limitar-se àquilo que se adquire na formação profissional. Toda a história social e psicológica do sujeito é formadora. Dizer que o professor é uma pessoa não ajuda tampouco a identificar, entre suas competências, aquelas que são inseparáveis de sua pessoa. Contudo, um trabalho sobre as representações permitiria exatamente identificar e "trabalhar" as competências relativas à pessoa (Baillauquès).

A dimensão ética e política do ofício

Parece cada vez mais claro que ensinar é não só fazer escolhas epistemológicas, didáticas, práticas, mas também escolhas éticas e políticas. Entre as competências profissionais, figuram uma capacidade de discernimento diante dos conflitos de valores ou de normas e a diversidade de finalidades atribuídas à educação escolar. Pode-se mesmo perguntar se as finalidades precedem o exercício do ofício, não requerendo senão competências de interpretação, ou se elas não são, pelo menos em parte, produtos da ação, mobilizando, assim, competências criadoras de valores, normas e finalidades.

Quanto à ética, não seria correto imaginá-la como a interiorização de princípios ou de regras; trata-se, ao contrário, de uma capacidade de julgamento moral tal como se aplica aos dilemas da ação pedagógica. A competência do professor está em cortar os nós górdios que ninguém pode cortar por ele. Resta saber em que ela consiste...

Escolhas filosóficas ou políticas

Não se poderia, enfim, pretender inventariar e classificar as competências dos professores simulando uma absoluta neutralidade. Nenhuma reflexão sobre competências livra de tomar posição, explicitamente ou implicitamente, sobre as seguintes questões:

1. A que tipo de profissionalismo se faz referência? Considera-se o professor globalmente como um erudito, um intelectual, um artesão, um técnico, um engenheiro, um mago, um artista, um prático reflexivo, um pesquisador, um ator social, ou como um funcionário que executa diretrizes? (Altet, Paquay). Como situar-se no debate sobre a profissionalização do ofício do professor? (Charlier).
2. Que partido se toma quanto à relação entre as competências e a formação dos professores, de um lado, e a política educacional, de outro, particularmente em matéria de integração de crianças migrantes ou diferentes, de luta contra o fracasso escolar, de democratização, etc? Mais particularmente, que função(ões) é (são) atribuída(s) prioritariamente aos professores em um sistema escolar em evolução: transmitir saberes? Formar para a autonomia dos aprendizados? Educar para a cidadania?
3. Finalmente, que liberdade se concede aos professores para responderem eles próprios a essas questões e, conseqüentemente, para definirem suas competências? Que diversidade se aceita nas concepções e nos modos de exercer ofício? Que autonomia se concede às equipes educacionais para definirem as prioridades em complementaridades criativas?

A questão do sentido e da mudança

O professor, como todo ator, tem necessidade de dar sentido àquilo que faz, de reconstruir sua razão de ser, sua legitimidade, sua coerência. Essa atividade reflexiva pode levar a uma autojustificação e à salvaguarda do *status quo*, ou, ao contrário, alimentar mudanças progressivas. Ocorre a mobilização de competências reflexivas que se investem não na ação cotidiana, mas na regulação do sistema de ação e, mais globalmente, de projetos, de envolvimento, de identidade, da auto-imagem do professor. A insistência contemporânea na prática reflexiva não faz senão acentuar a importância estratégica de um funcionamento de resto banal: perguntar-se por que se faz o que se faz, em nome de que, se se consegue isso, se se deseja ou se deve confirmar ou modificar sua conduta, adquirir novas competências, expor-se a novas experiências.

Referenciais de competência: por que fazer?

Todos esses elementos de incerteza atuam contra referenciais de competência muito uniformes, que dão a impressão de ter contornado a questão. Os referenciais são, antes de tudo, ferramentas de trabalho, bases de um diálogo entre pesquisadores, formadores e estudantes cujo papel não é mascarar as questões abertas, mas circunscrevê-las e esboçar as escolhas possíveis em um momento dado da história com referência a certas concepções do ofício (Paquay).

Coloca-se, portanto, não apenas a questão das competências, mas a de seu enunciado, de sua negociação, de seu modo de inserção em programas e em percursos de formação.

Por uma imagem do ofício e das práticas

Nas entrelinhas, o conjunto de questões precedente representa indiretamente uma imagem bastante complexa do ofício de professor, sugerindo que não se sabe ainda, verdadeiramente, responder à questão "o que é ensinar?".

Van der Maren (1990), por exemplo, pretende resumir o essencial daquilo que constitui uma situação de ensino: "uma pessoa que se supõe saber está em contato com um grupo de pessoas que se supõe aprender, sendo sua presença obrigatória, para ensinar um conteúdo socialmente dado por uma série de decisões tomadas em situação de urgência". Ora, cada elemento desse aparente concentrado de senso comum dá margem à discussão: os formadores podem constituir uma equipe, ao passo que os alunos podem não compor um grupo; sua presença não é necessariamente obrigatória, ou é de forma contratual, e com margens de tolerância de ausência; o conteúdo nem sempre é socialmente dado, podendo ser negociado com os alunos e até mesmo escolhido por eles; nem todas as decisões são tomadas em situações de urgência. Além disso, anda-se em círculo: em uma situação de ensino, se é levado a ensinar; mas o que é exatamente ensinar? Tardif e Gauthier enfatizam a articulação entre respeito a um programa e gestão de interações sociais, outros insistem na criação e na gestão de processos e de situações de aprendizagem, outros falam de contrato, de planejamento, de transposições didáticas, de ofício de aluno, de gestão de classe, de relações intersubjetivas, de confronto de desejos de ensinar ou de aprender, de violência simbólica, de manutenção da ordem. Todas essas imagens não são excludentes, e cada uma sustenta aquilo que lhe parece o essencial, sem negar os outros componentes. O resultado é que não dispomos hoje de uma carta conceitual comum que dê conta do conjunto de facetas do ofício. Ainda que no simpósio tenhamos nos referido ao paradigma atualmente dominante do "prático-reflexivo", somos levados a pensar as competências a partir de representações distintas, e mesmo contraditórias, das práticas.

COMO AS COMPETÊNCIAS PROFISSIONAIS SÃO CONSTRUÍDAS?

Não se pode esperar que todas as questões precedentes sejam resolvidas para se perguntar como se formam as competências. Mas, ao mesmo tempo, como se poderia responder com segurança se não se sabe exatamente do que se trata?

Individualmente ou no âmbito de uma instituição de formação, as respostas à questão da natureza das competências a desenvolver são inevitavelmente provisórias, às vezes implícitas. É mais tranqüilo perguntar então, como elas se constroem. Aqui nos encontramos em uma posição mais desconfortável. Contudo, tentaremos levantar algumas questões.

O momento de formação das competências

Considerada a diversidade de problemas com os quais o professor é confrontado em sala de aula, pode-se avaliar que as competências a que recorre começaram a ser construídas bem antes de ele decidir tornar-se professor. Sem dúvida, a emergência do desejo de ensinar e de um projeto profissional – às vezes muito precoce, abraçado desde a infância; às vezes, muito tardio; às vezes, quase uma vocação; às vezes, mais por sobrevivência – leva a que se prepare para isto mais ou menos conscientemente. No entanto, as experiências de vida podem ser uma preparação sem que o interessado tenha consciência disso e muito antes de saber que se tornará professor. Pode-se supor mesmo que a tomada de consciência de certas competências – por exemplo, capacidade de partilhar seu saber, de explicar fenômenos complexos, de comunicar, de seduzir, de influenciar – condiciona a orientação para o ensino.

A informação inicial desempenha um papel decisivo na construção de competências? Nada é menos seguro: nos sistemas educativos, coexistem professores formados de acordo com as regras da arte, outro que aprenderam seu ofício "em campo". As diferenças são espetaculares? Do mesmo modo, entre um sistema educativo e outro, a formação inicial tem durações e níveis muito variáveis, formações ao nível do *bac* ou inferiores até formações no *bac* + 5,* por exemplo, para os professores primários. A diversidade de instituições, de cursos, de condutas de formação se traduz em diferenças estrondosas na eficácia em sala de aula?

A socialização profissional, no início da carreira, parece ajustar fortemente os efeitos da formação inicial, legitimando aquilo que é aceitável no meio profissional, zombando daquilo que "não se faz aqui". Mais tarde, a experiência profissional, as confrontações com outros profissionais e a evolução contínua favorecem a evolução dos saberes e do *habitus*, conforme as fases que os estudos do ciclo de vida começam a identificar com uma certa estabilidade.

Quando são construídas as competências profissionais? Quais são os momentos cruciais, as etapas, os itinerários, as trajetórias típicas de uma história de formação? Essas questões são mais ou menos colocadas e esclarecidas pelos primeiros trabalhos.

---

*N. de T. O *bac* + 5 compreende os estudos universitários de 1º, 2º e 3º ciclos, os quais correspondem aproximadamente aos cursos de graduação e pós-graduação no sistema educacional brasileiro.

A construção, um processo ainda obscuro

O postulado construtivista tem um sentido mais ou menos claro para o desenvolvimento operatório e a aquisição de certos conhecimentos, em geral os mais fortemente saturados de operações lógico-matemáticas. A pesquisa identificou então processos de desequilíbrio das estruturas mentais e de reorganização em um nível superior. Nos outros âmbitos, a metáfora da construção é mais vaga. Ela sugere, sobretudo, a idéia de uma formação progressiva de competências, e talvez regras de regulação associadas à experiência. Em oposição à visão inatista, a perspectiva construtivista é uma ruptura importante. Dizer que as competências dos professores são construídas é dizer que elas não estão "já presentes", mesmo que em germe, que não há mais "dom para o ensino" do que "dom para a matemática". Isto não nos ajuda muito para descrever e compreender os mecanismos dessa construção, mas permite abandonar uma padronização *a priori* da formação.

Na medida em que as competências supõem a integração funcional de recursos cognitivos diversos (saberes, lógica natural, conceitos, esquemas específicos, capacidades de regulação e de coordenação do conjunto), sem dúvida se deveria estudar separadamente:

- por um lado, a gênese de cada uma dessas categorias de recursos;
- por outro lado, a gênese de competências como capacidades de orquestração, de integração de recursos diversos na situação.

A aquisição de saberes, o desenvolvimento de operações mentais, a formação de conceitos, a construção do *habitus*, a interiorização de valores e de normas são objetos de inúmeros trabalhos, em sua maioria, hoje, construtivistas e interacionistas. Raros são aqueles que se referem diretamente aos conhecimentos, aos conceitos ou aos esquemas utilizados pelos professores, mas a transposição parece possível.

Portanto, é principalmente sobre a construção de competências propriamente ditas que importa saber mais. Parece que os trabalhos nesse domínio dão ênfase a alguns aspectos, tais como:

- as competências são construídas a partir de uma prática, de uma experiência, quando há um confronto com situações complexas reais (ou simuladas com realismo, conforme Carbonneau e Hétu), com situações que apresentam problemas, incidentes críticos. É durante as situações difíceis que se desconstroem e se reconstroem as práticas, todavia, em determinadas condições;
- a confrontação com o real complexo é, em certa medida, preparada, antecipada, através da formação de cenários, hipóteses, planos de ação, suscetíveis de serem "testados";
- a construção supõe ao mesmo tempo uma certa reflexividade, uma capacidade de regulação a partir da análise da experiência, uma perspectiva e uma integração de acontecimentos imediatamente depois, o que implica uma receptividade aos *feedback* da situação e aos *feedback* geralmente sutis por parte do outro;

– esta última etapa prepara as experiências seguintes: a construção de competências parece ser um processo de longa duração, caracterizado pela recorrência de situações simultaneamente semelhantes e distintas.

Essas afirmações constituem a base empírica sobre a qual os programas de formação de professores são elaborados. Porém, como essa base está longe de ser estável e como, às vezes, aprende-se a caminhar caminhando, é possível que elas sejam em parte o enunciado do *credo* implícito que as formações profissionais nos ofícios complexos subentendem... em outras palavras: os formadores de professores, em geral, respondem indiretamente à questão da gênese das competências através de mecanismos de formação que estabelecem mais do que através de uma verdadeira teoria da construção das competências!

COMO FORMAR PROFISSIONAIS PARA ESSAS COMPETÊNCIAS?

Também aqui tratar a questão suporia, com todo rigor, que se tivesse identificado as competências profissionais e que se soubesse como elas são construídas. A formação consistiria, então, em recorrer a mecanismos favoráveis a essa construção. Como acabamos de ver, as certezas escapam e os mecanismos e os planos de formação, ainda que não sejam totalmente frágeis, não têm fundamentos irretocáveis. No entanto, também aqui as instituições e os formadores não podem esperar que a pesquisa tenha resolvido as questões abertas hoje. Talvez esta seja, de resto, a maneira mais ativa de favorecer o avanço das idéias sobre as competências e sua gênese.

Este não é um problema menor, porque, mesmo que se acredite saber como são construídas as competências, o tempo e os meios de que se dispõe na formação são limitados para atingir objetivos inúmeros e ambiciosos. Se é verdade que as competências são construídas à mercê da experiência antecipada e de uma reflexão sobre a experiência, é preciso, evidentemente, incorporar ao curso de formação mecanismos que integrem experiência e reflexão. Resta traduzir essa fórmula geral em práticas e em módulos concretos, administráveis, realistas, tanto na formação inicial quanto na formação continuada.

Os trabalhos reunidos nesta obra apresentam ou fazem referência a diversas condutas: a análise de práticas, os estudos de caso, a videoformação, a escrita, os estágios e outras formas de presença no terreno de ação, o trabalho a partir de relatos ou de imagens da prática, a observação intensiva de situação educativa, a iniciação e a participação na pesquisa, o trabalho sobre histórias de vida. Mais do que retomar essas condutas uma a uma, parece-nos mais importante colocar aqui algumas questões transversais.

Aprender a ver e a analisar

O que é preciso saber, antecipar, imaginar, querer para que a observação seja formadora? Enviado a uma classe, um estudante "não vê nada", ou nada que ele tenha a impressão de conhecer, ou nada que valha que ele retenha seu olhar. O olhar do antigo aluno rapidamente se torna aborrecido ou normativo. O saber-analisar precede em parte a imersão nas salas de aula, o que remete a mecanismos de formação capazes de finalizar a presença e as observações no terreno de ação. Depois, é preciso ser capaz de recolher observações, compará-las, conservá-las. O problema não é totalmente distinto quando se trabalha sobre registros em vídeo, mesmo que pareça mais fácil orientar o olhar durante a visualização, o que se faz em grupo e com um formador, ao contrário da solidão do estagiário (Carbonneau e Hétu).

Daí o dilema: até onde convém levar uma formação teórica e metodológica prévia à observação? Pode-se concebê-la como um acompanhamento contínuo mais do que como uma provisão?

Como desenvolver a "metacompetência do saber-analisar"(Altet)? Evidentemente, não basta propor ferramentas de análise, formas de leitura variadas de situações (Charlier). "Aprender analisar" é aprender a relacionar os elementos, as variáveis de uma situação, é aprender a identificar os mecanismos subjacentes, as lógicas de funcionamento.

Aprender a falar e a ouvir, a escrever e a ler, a explicar

Em uma conduta clínica, não basta observar e analisar; é preciso entrar em interação para construir e confrontar elementos de análise. Por essa razão, impõem-se duas condições complementares:

- dominar rapidamente o *savoir-faire* de base que permita uma comunicação precisa e formadora para além do julgamento normativo ou da impressão vaga; contar oralmente ou por escrito o que se viu ou se fez para que outros tenham acesso a isso exige um aprendizado específico (Bélair, Carbonneau e Hétu);
- respeitar um código ético e assegurar o funcionamento de um contrato que garanta a integridade das pessoas em causa, professores ou formadores de terreno observados, estudantes, animadores do mecanismo; a análise de práticas, o trabalho sobre histórias de vida ou casos, a escrita clínica levam, de fato, a manejar substâncias explosivas (Cifali e Faingold).

Aprender a fazer

Sabe-se que, lançados em uma situação de ensino sem preparação, substitutos ou professores auxiliares desenvolvem estratégias de sobrevivência que aplacam suas angústias e os ajudam no que é mais importante, mas não desenvolvem necessariamente verdadeiras competências profissionais por falta de distanciamento.

Logo, aprender a fazer é enfrentar progressivamente a complexidade e dispor de um enquadramento (no terreno prático e no centro de formação) que permita falar de suas dúvidas e de seus medos, buscar um apoio ou conselhos, dar sentido à experiência.

A videoformação, sob suas formas variadas (Faingold, Wagner), é um meio privilegiado de aprender progressivamente a exercer certas competências sem muitos riscos, tirando proveito dos *feedback* imediatos da situação, dos alunos, dos observadores e dos formadores. Para o iniciante, a videoformação é um lugar tranqüilizador para o aprendizado de gestos do ofício; ela também pode tornar-se um lugar privilegiado de aprendizado para a reflexão sobre as práticas e sua vivência, paralelamente aos estágios.

Aprender a refletir

Todos os autores que contribuíram para esta obra concordam sobre a importância da reflexividade como fonte de uma ação mais controlada e de uma integração de diferentes tipos de saberes. Tornar-se um professor profissional é, acima de tudo, aprender a refletir sobre sua prática, não somente *a posteriori*, mas no momento mesmo da ação. É tomar essa distância que permite adaptar-se a situações inéditas e, sobretudo, aprender a partir da experiência. Os mecanismos que favorecem uma maior lucidez sobre a prática são numerosos e variados. Perrenoud fez um inventário sistemático deles, mas cada um dos autores desta obra cita um ou outro.

A transposição didática na formação profissional

Ao final das análises e reflexões feitas por 12 formadores-pesquisadores, podemos interrogar-nos sobre os fundamentos de uma formação profissional de professores. Formar para um ofício, visar ao desenvolvimento de competências profissionais é, sem dúvida, muito diferente de uma conduta clássica de transmissão de saberes disciplinares. Não basta ensinar "saberes profissionais", esperando que os professores e os futuros professores os apliquem. Transpor através de práticas e de competências profissionais não é tão "simples" quanto transformar saberes eruditos para torná-los acessíveis. Certamente, todo professor tem uma parte de responsabilidade e de poder na transposição didática, mas os formadores de professores têm uma latitude muito mais ampla de interpretação, de conceitualização de práticas de referência e de competências que elas mobilizam.

Sendo assim, a elaboração de mecanismos de formação está fundada, em grande medida, em crenças e idiossincrasias, assim como em familiaridades presumidas com o ofício, mais do que em uma análise precisa e partilhada da realidade do ofício de professor e dos recursos cognitivos que ele utiliza. Há um terreno maior a ampliar. A complementaridade das abordagens pedagógicas, psicológicas, sociológicas, psicanalíticas e antropológicas pode ajudar na investigação e na compreensão de processos complexos, ao mesmo tempo aprofundando o questionamento.

NOTA

1. Nesta conclusão, as referências citadas remetem aos diversos capítulos desta obra.

REFERÊNCIAS BIBLIOGRÁFICAS

ABRAHAM, A. (1984) (E d.). *L'enseignant est une personne*. Paris : E ditions E. S. F.
ADAM, J.M., BOREL, M.J., CALAME, C.; KILANI, M. (1990).*Le discours anthropologique*. Paris: Méridíens Klincksieck.
ALTET, M. (1986). *Vidéo-formation et formation des enseignants*. Université de Caen. Documents du CERSE. 14.
ALTET, M. (1988). L'analyse des pratiques enseignantes: stabilité et variabilité des styles d'enseignement. *Les Sciences de l'Education*, 4-5. Caen: CERSE, .
ALTET, M. (1988). Les styles d'enseignement: un instrument d'analyse de la stabilité et de la variabilité des pratiques enseignantes un outil de formation à l'auto-analyse, *Les Sciences de* l'Education, 4-5, 65-94.
ALTET, M. (1991) *Analyse séquentielle et systémique de l'articulation du processus enseignement-apprentissage: rôle des processus médiateurs* et situationnels. Recherche pour l'Habihtation dactylographié, Université de Nantes.
ALTET, M. (1992). Une formation professionnelle par l'analyse des pratiques et l'utilisation d'outils conceptuels issus de la recherche: modes cognitifs et modes d'ajustement. *Les Sciences de l'Education, 1-2*. Caen: CERSE.
ALTE T, M. (1993). *La qualité des enseignants. Rapport sur les séminaires d'enseignants* (O.C.D.E., CERI, D.E.P.9, C.R.E.N.). Université de Nantes, 39 p. + anenexes.
ALTET, M. (1994). *Laformation professionnelle des enseignants. Analyse de pratiques et situations pédagogiques*. Paris: P. U. F., 254 p.
ALTET, M.; BRITTEN, D. (1983). *Micro-enseignement et formation des enseignants*. Paris: PUF.
ANDERSON, L. W. (1986). La formation des maîtres en fonction des compétences attendues. In CRAHAY, M. et LAFONTAINE, D., *L'art et la science de l'enseignement* (pp. 365-385). Bruxelles: Ed. Labor.
ANDRÉ, A. (1993). Faut-il écrire pour penser? *Cahiers pédagogiques (Ecrire, un enjeu pour les enseignants)*, 97-110.
ARDOINO, J. (l 989). De la clinique. *Réseaux*, 55-57.
ARGYRIS, C. & SCHON, D.A. (1974). *Theory in practice, increasing professionnal effectiveness*. San Francisco: Jossey-Bass.
ARTAUD, G. (1989), *L'intervention éducative: Au delà de l'autoritarisme et du laisser-faire*. Ottawa: Presses de l'université d'Ottawa.
ASTOLFI, J.-P. (1992). *L'école pour apprendre*. Paris: ESF éditeurs.
BADIOU, A. (1993). *Essai sur la conscience du mal*. Paris: Hatier.
BAILLAUQUÈS, S. (1988). La question du modèle dans le discours des instituteurs, *Recherche et Fonwition*, 4, 23-36. Paris: INRP.
BAILLAUQUÈS, S. (1990). *La formation psychologique des instituteurs*. Paris: P.U.F.
BAILLAUQUÈS, S & BREUSE, E. (1993). *La première classe. Les débuts dans le métier d'enseignant*. Paris: E SF.
BAILLAUQUÈS, S, KEMPF, M & ROUSVOAL, J. (1994). Représentations du métier et de la formation chez les futurs enseignants. *Biennale de l'Education et de la Formation*. Paris: à paraître
BANCEL (1989). Créer une dynamique de la formation des maîtres,Rapport de la commission Bancel. Paris: MEN.
BAYROU, F. (l994). *Un nouveau contrat pour l'école*, Rapport. Paris: MEN.

BEILLEROT, J. (1989). *Savoir et* rapport au savoir. Paris: Ed. Universitaires.
BEILLEROT, J. (1994). *"Savoir" in Dictionnaire de l'éducation et de la formation*. Paris: Nathan.
BÉLAIR, L. (1992), Formation conjointe à l'enseignement primaire: une collaboration active avec le milieu scolaire, *Revue Pédagogiques - Académia*, 10, 2-22.
BÉLAIR, L. (1993). L'évaluation d'une pédagogie différenciée en formation des maîtres: un programme alternatif de fon-nation conjointe. In : BORDELEAU, L.-G., BRABANT, M., CAZABON, B., DESJARDINS, F. & LEBLANC, R. (Eds),Libérer la *recherche* en éducation, tome 2, 327-338.
BENNER, P. (1982). From novice to expert.American *Journal of Nursing*, 82, 402-407.
BERLINER, D.C. (1986). In pursuit of the expert pedagogy.Educational *Researcher.*
BEUMIER, Ph. (1995). Former à "communiquer et existerface à la classe". D'un modèle de référence à un dispositif de formation. Pédagogie, 10, 73-84.
BIRON, M.F., VERSCHAEREN, B.; WATTHEE, M. (1993). L'émergence du sujet d'un travail de fin d'études. In: PAQUAY, L. et coll. (Ed.), *Le travail de fin d'études, creuset de la recherche dans l'action*, 2ª partie, Les cahiers de la formation, 5, 93-113.
BOURDIEU, P. (1972). *Esquisse d'une théorie de la pratique*. Genève: Droz.
BOURDIE U, P. (1980). *Le sens* pratique. Paris: Ed. de Minuit.
BOURDONCLE, R. (1991). La professionnalisation des enseignants: analyses sociologiques anglaises et américaines. *Revue française de pédagogie, 94*, (1), 73-92.
BOURDONCLE, R. (1993). La professionnalisation des enseignants: les limites d'un mythe. *Revue Française de Pédagogie, 105*, 83-119.
BOURGEOIS, E. (1991). La formation continue des enseignants et la crise de l'enseignement. *Recherche en Education, Théorie et pratique.* 6, 25-30.
BOURGEOIS, E.; NIZET, J. (1992). Connaissances, représentations et discours: Un cadre conceptuel pour l'évaluation des effets de formation. *Pédagogies*, 3, 63-78.
BREUSE, E. (dir) (1976). *La formation des instituteurs. Enquête sur les opinions et les attitudes des Normaliens.* Bruxelles : MEN
BRIAND, R. (1988). *Méthode de développement de systèmes experts.* Paris : Eyrolles.
BRUNEL, M.L. (1990). Les modèles d'enseignement des enseignants débutants.*Actes du Colloque* AIRPE: Mons.
BRUNET, L., DUPONT, P.; LAMBOTTE, X. (1991). *Satisfaction des enseignants?* Bruxelles: Labor. 182 p.
CALDERHEAD, J. (1987). *Exploring teacher's thinking.* London : Cassel.
CALDERHEAD, J. (1992). Conceptualisation et évaluation de la formation professionnelle des enseignants. *Recherche et formation,* 11, 51-63.
CARBONNEAU, M. (1993), Modèle de formation et professionnalisation de l'enseignement: analyse critique des tendances nord-américaines. *Revue des sciences de l'éducation, XIX* (I), 33-57.
CARBONNEAU, M.; HÉTU, J.C. (1991). Ecoles associées et formation par la pratique. *Recherche et formation*, 10, 153-164.
CARBONNEAU, M.; HÉTU, J.C. (1993). *La classe en direct: stratégie de recherche et* deformation. Communication inédite présentée au premier congrès d'actualité de la recherche en éducation et formation tenu à Paris en mars 1993.
CARBONNEAU, M., HÉTU, J. C.; TRUDEL, P. (1994), *Réflexions d'une enseignante sur sa pratique.* Document d'accompagnement inédit, cours PPA 1250, Montréal Faculté des sciences de l'éducation, Université de Montréal.
CHAPOULIE, J. M. (1987). *Les professeurs de l'enseignement secondaire.* Paris: La Maison des Sciences de l'Homme.
CHARLIER, E. (1989). *Planifier un cours, c'est prendre des décisions.* Bruxelles De Boeck.
CHARLIER, E.; DONNAY, J. (1993). Anticiper des situations de formation, Recherche pratique et formation. in R. VIAU (Ed.), *La planification de l'enseignement deux approches, deux visions.* Sherbrooke: Edition du CRP.
CHARLIER, E.; HAUGLUSTAINE-CHARLIER, B. (1992a). *Recherche-action-formation: interactions entre diferentes facettes d'une même démarche.* Namur: DET - FUNDP.
CHARLIER, E.; HAUGLUSTAINE-CHARLIER, B., (1992b). Formation d'instituteurs à l'apprentissage autonome sur le lieu de travail par la production d'environnements pédagogiques intégrant les NTI, *Rapport de recherche subsidié par le Ministère de l'Education de la Communauté française de Belgique*, FUNDP, DET.
CHARLOT, B.; BAUTIER, E. (1991). Les professionnels et la professionnalisation en banlieue, Rapport de recherche ESCOL. Université Paris VIII.
CIFALI, M. (1982). *Freud pédagogue? Psychanalyse et éducation.* Paris: Intereditions.
CIFALI, M. (1991a). *Caractéristiques du métier d'enseignant et compétences: enjeux actuels.* Genève: Faculté de psychologie et des sciences de l'éducation.
CIFALI, M. (1991b) *Modèle clinique de formation professionnelle, apports des sciences humaines, théorisation d'une pratique.* Genève: Faculté de psychologie et des sciences de l'éducation.

CIFALI, M. (1994). *Le lien éducatif: contre-jour psychanalytique*. Paris: PUF.
CIFALI, M. (1995). J'écris le quotidien. *Les Cahiers pédagogiques*, 331, 56-58.
CIFALI, M.; HOFSTETTER, R. (1995). Des pratiques en récits.*Educateur*. Lausanne (à paraître).
CLARK, C. (1986). Ten years of conceptual development in research on teacher thinking. in BEN PEREZ, M., BROMME, R., HALKES, R. (Eds.), *Advances of research* on *Teacher Thinking*. Lisse, Isatt and Smets & Zeithinger.
CLARK, C.M.; PETERSON, P.L. (1986). Teachers thought processes. In WITTROCK, M.C. (Ed.), *Handbook of Research on Teaching*. Third Edition (pp. 255-296). New York: Macmillan Publ. Cy, AERA.
CLIFT, R., HOUSTON, R.; PUGACH, M. (1990) *Encouraging reflective practice: An examination of issues and exemplars*. New York: Teachers College Press.
CLOSSET, J., (1983). *Le raisonnement séquentiel en électro-cinétique*, Université de Paris VII : Faculté des Sciences Agronomiques de Gembloux, Thèse de doctorat.
CRUICKSHANKS, D.R.; HAEFELE, D. (1987). Teacher preparation via protocol materials. *International journal of educational research*, 11, (5) 543-554.
DE CERTEAU, M. (1987). *Histoire et psychanalyse. Entre science etfiction*. Paris: Gallimard, Folio.
DE CERTEAU, M. (1990). *L'invention du quotidien. 1. Arts de faire*. Paris: Galli mard, Folio (publication originale en 1980).
DE GAULEJAC, V.; ROY, S. (Eds) (l993). *Sociologies cliniques*. Paris: Epi de l'homme.
DE KETELE, J.M. (1990). Lutter contre l'insignifiance... ou la question du "quoiévaluer" ? *Bulletin de l'ADMEE*, 90.3, 2-6.
DE PERETTI, A. (1969). *Les contradictions* de la culture *et de la* pédagogie. Paris: Epi.
DE PERETTI, A. (1989). Projet éducationnel moderne et formation des enseignants. *Enjeux. Revue de didactique du français*. 17,13-34.
DESGAGNÉ, S. (1994). *À propos de la discipline de classe. Analyse du savoir professionnel d'enseignantes et d'enseignants expérimentés du secondaire en situation de parrainer des débutants*. Thèse de doctorat inédite. Québec: Faculté des sciences de l'éducation, Université Laval.
DESJARLAIS, L. (1990). Rapport synthèse du colloque. in DESJARLAIS et LAVEAULT (eds), *Regards sur le jeune franco-ontarien*, Ottawa: Faculté d'Éducation et Centre Franco-Ontarien.
DEVELAY, M. (1994). *Peut-onformer les enseignants* ? Paris: E.S.F.
DOMINICE, P. (1990). *L'histoire de vie comme processus de* formation. Paris: L'harmattan.
DONNAY, J.; CHARLIER, E. (1990). *Comprendre des situations deformation*. Bruxelles : De Boeck.
DONNAY, J., CHARLIER, E.; CHEFFERT, J-L. (1994). *La réflexivité, outil de dialogue entre expert et novice*. Namur: DET.
DOYLE, W.; PONDER, G. (1977). The practical ethic and teacher decisions making. *Interchange*, 8, 3, 1-12.
ELBAZ, F. (1983). *Teacher thinking: a study of practical knowledge*. London: Croom Hehn.
ELBAZ, F. (l993). La recherche sur le savoir des enseignants: l'enseignante experte et l'enseignante << ordinaire >>. in GAUTHIER, C., MELLOUKI, M.; TARDIF, M., *Le savoir des enseignants. Que savent-ils?* Montréal: Les éditions Logiques.
ELIAS, N. (1993). *Engagement et distanciation*. Paris: Fayard.
ENRIQUEZ, E., HOULE, G., RHÉAUME, J.; SÉVIGNY, R. (Eds) (1993). *L'analyse clinique dans les sciences humaines*. Montréal: Albert St-Martin.
ETIENNE, R. (1995). Pourquoi les faire écrire alors qu'ils veulent parler? Montpellier: IUFM.
FAINGOLD, N. (1993a). Décentration et prise de conscience. *Etude de dispositifs d'analyse des situations pédagogiques*. Thèse de doctorat. Université Paris XNanterre.
FAINGOLD, N. (1993b), Explicitation d'une démarche de formation: Entretien avec Agnès Thabuy, IMF. In CHARTIER et al (eds), Initier aux *savoirs de* la pratique - *Les* maître sformateurs sur leur terrain (pp. 83-97). Nanterre : Université Paris X Diffusion Publidix.
FAINGOLD, N. (1994). *Explicitation des pratiques de maîtresformateurs*. Communication à Ia Biennale de l'Education et de Ia Formation, Paris, Avril 1994.
FAINGOLD, N. (1995). *Analyse des situations de travail, réflexivité et formation des enseignants*. Actes du séminaire des politiques pratiques et acteurs de l'éducation. Paris; INRP.
FERRY, G. (1983). *Le trajet de la formation: les enseignants entre la théorie et la pratique*. Paris: Dunod.
FLAMENT, C. (1989). Structure et dynamique des représentations sociales. In JODELET, D. (dir), *Les représentations sociales* (pp. 204-215). Paris: PUF.
FLORENCE, J. (1993). *Evaluation de 10 ans defonctionnement de maîtres de stage en éducation physique*. Louvain-la-Neuve : U. C. L., Institut d'Education Physique.
FOUCAULT, M. (1972). *Naissance de la clinique*. Paris: Presses universitaires de France.
FOUCAULT, M. (1975). *Surveiller et punir. Naissance de la* prison. Paris: Gallimard.
FOUREZ, G. (1990). *Eduquer. Ecole, Ethique, Société*. Bruxelles: De Boeck.

FRENETTE-LECLERC, C. A. (1989). *Du mode novice au mode expert: repères pour la formation professionnelle des infirmières*. Mémoire de maîtrise inédit. Montréal: Faculté des sciences de l'éducation, Université de Montréal.

FRENETTE-LECLERC, C. A. (1992). Sur la route de l'expertise. *Nursing Québec*, 12 (I),48-54.

GARFINKEL, H. (1967). *Studies in Ethnomethodology*. Englewood Cliffs (New Jersey): Prentice Hall.

GATHER-THURLER, M. (1994). Relations professionnelles et culture des établissements scolaires: au-delà du culte de l'individualisme? *Revue française de pédagogie*, octobre-novembre, 109, 19-39.

GAUTHIER, C. (1993a). *Tranches de savoir*. Montréal: Les éditions Logiques.

GAUTHIER, C. (1993b). La raison du pédagogue. In GAUTHIER, C., MELLOUKI, M.; TARDIF, M. (éd), *Le savoir des enseignants. Que savent-ils ?* (pp. 187-206). Montréal: Editions Logiques.

GAUTHIER, C., MELLOUKI, M.; TARDIF, M. (1993). *Le savoir des enseignants. Que savent-ils ?* Montréal: Les éditions Logiques.

GAUTHY, P. (1993). Organiser les stages didactiques en partenariat avec des écoles fondamentales en rénovation. In CHEMIN-VERSTRAETE, M., LEHON, G.,; PAQUAY, L. (1993), *Pratiques interdisciplinaires de formation initiale d'enseignants, à l'Ecole Normale Primaire*. (Diffusion: ICADOP, rue de Sotriamont, 1, B-1400 Nivelles) Doc. DPF-93.06.

GERVAIS, F. (1993). *Médiations entre théorie et pratique enformation professionnelle à l'enseignement: représentations d'intervenantsles*. Université de Laval thèse.

GILLY, M. (1980). *Maître-élève. Rôles institutionnels et représentations*. Paris: PUF.

GLASER, R. (1991). The nature of the expertise. In SHOOLER and SCHAIE *(eds,) Cognitive functionning and social structure*. Norwood: N.J. Ablex.

GORDON, T. (1979). *Enseignants efficaces. Emeigner et être soi-même*. Montréal Editions du Jour.

GROOTAERS, D. (1991). Former des praticiens-chercheurs. *Pédagogies*, 3, 49-62.

GROOTAERS, D., LIESENBORGHS, J., DEJEMEPPE, X.; PELTIER, M. (1985). Les chantiers de l'Ecole normale. *La Revue nouvelle*, 199, 189-198.

GROOTAERS, D:; TILMAN, F. (1991). Un professeur en forme, un professeur en formation. La Revue Nouvelle, I, 93-104.

HABERMAS, J. (1987). *Théorie de l'agir communicationnel*. Paris: Fayard.

HAMELINE, D. (1985). Le praticien, l'expert et le militant. In BOUTINET, J.P. (dir), *Du discours à l'action*. (pp. 80-103). Paris: L'Harmattan.

HARAMEIN, A. (1991). La pratique du fon-nateur de formateur serait-elle formatrice? *Echos du 25e anniversaire de la Faculté des sciences de l'éducation (l9651990). Tome 2, Colloque* pratique etformation pratique. Montréal : Faculté des sciences de l'éducation, Université de Montréal.

HENSLER, H. (Éd.) (1993). *La recherche enformation des maitres. Détour ou passage obligé sur la voie de la professionnalisation*. Sherbrooke: Edition du CRP, Université de Sherbrooke, (Diffusion en Europe: Éditions ESKA, rue Dunois, 27, F-75013 Paris).

HERZLICH, C. (1969). Santé et maladie. Analyse d'une représentation *sociale*. Paris: Mouton.

HÉTU, J.C. (1988). *Recherche, formation et pratique holistique*, Actes du Coloque Mouvement, corps et conscience, Montréal: Pierre Gauttúer éd.

HÉTU, J.C. (1991). Le savoir d'expérience; perspective holistique et intimité. Montréal : Université de Montréal (Communication au Congrès de Sciences de l'Education, Ottawa, 30 octobre 1991).

HOC, J.M. (1987). Psychologie cognitive de la planification. Grenoble: PUG.

HOLBORN, P., WIDEEN, M.; ANDREWS, I. (1992).Devenir enseignant. Montréal: les Editions Logiques, 2 tomes.

HOLH, J. (1994). *Contexte social de la formation des enseignants*, Conununication au symposium sur Ia formation des maîtres, Montréal: ACFAS, conférence inédite.

HOLMES (1986). *Tomorrow's teachers:* a *report of the Holmes* group. I East Lansing: MI authors.

HUBERMAN, M. (l989). La *vie des* enseignants, évolution et bilan d'une *profession*. Paris: Delachaux Niestlé.

HUBERMAN, M. (1991). Survivre à la première phase de la carrière. *Cahiers pédagogiques, 290,* 15-17.

HUBERMAN, M.; JACCARD, J. (1992). Le séminaire 'journal". Genève: FAPSE (Document du cours de "pédagogie générale").

IMBERT, F. (1994). Médiations, institutions et lois dans la classe. Paris: ESF. *Actes du Colloque de l'ARCUFEF. La question de l'individualisation*

ISAMBERT, V. (1989). *Les savoirs scolaires*. Paris: PUF.

JACKSON, P.W. (1968). *Life in class rooms*. New-York: Holt Rinehart Winston.

JERICH, K.F. (1990). An analysis of a staff development program, in clinical supervision and the realities of the K- 12 instructional setting : evaluation's impact for special groups and the usefulness in the supervisory process. *Paper presented at the Fifteenth Annual National Conference on Inservice Education*, Florida.

JONNAERT, Ph. (l993). Le plan de carrière et le développement professionnel de l'enseignant. *Pédagogies, 6,* 17-30.

KAES, R. (1976). *L'appareil psychique groupal*. Paris: Dunod.
KAE S, R. (1989). *Psychanalyse et représentation sociale - Les représentations socia*les. (JODELET, dir.) Paris: PUF, 87-114.
KATZ, L. (1972). Developmental stages of preschool teachers. *Elementary School Journal*, 73 (50),123-127.
KEMPF, M.; ROUSVOAL, J. (1994). *Les représentations du métier d'enseignant*. Paris : INRP. Rapport de recherche.
KENNEDY, M. M. (1987). *Inexact Sciences: Professional education and the develo*pment *of expertise*. Michigan: Paper of the National Center for Research for Teacher Education, 37p.
KOERNER, M.E. (1992). The cooperative teacher: an ambivalent participant in student teaching. *Journal Of Teacher Education*, 43, 1, 46-56.
KOLAKOWSKI, L. (1976). *La philosophie positiviste*. Paris: Denoêl.
KRAMER, M. (1974). *Reality shock. Why nurses* leave nursing. Saint-Louis: C.V. Mosby Company.
LABARREE, D. F. (1992). Power, knowledge, and the rationalization of teaching: a genealogy of the movement to professionalize teaching. *Harvard Educational Review, 62*, (2), 123-154.
LAMPERT (1985). Managing classroom dilemmas, *Paper for International study association on teacher thinking*, Tilburg.
LEGROUX, J. (1981). *De l'information à la connaissance*. Paris: Mésonance.
LEINHARDT, G. (1986). *Maths lessons: a contrast of novice and expert competence*. San Francisco: Paper AERA.
LEINHARDT, G.; GREENO (1986). The cognitive skill of teaching. *Journal of educational psychology, 78*, 75-95.
LEMOSSE, M. (1989). "Le professionnalisme" des enseignants: le point de vue anglais. *Recherche et fonwtion*, 6, 55-66.
LENTZ, F., FRENAY, M.; MEURIS, G. (1991). Application d'un modèle multidimensionnel à l'étude du soi professionnel de l'enseignant. *Pédagogies*, 1, 39-60.
LERBERT, G. (1992). *L'école du dedans*. Paris: Hachette.
LESSARD, C. (1991). *La profession enseignante au Québec. Enjeux et défis des années* 1990. IQRG.
LEVI-STRAUSS, C. (1962). *La pensée sauvage*. Paris: Plon.
LINARD, M.; PRAX, I. (1984). *Images vidéo, images de soi: Narcisse au travail*. Paris: Dunod.
LOUVET, A.; BAILLAUQUÈS, S. (1992). *La prise de fonction des instituteurs*. Paris: INRP.
LOUVET, A.; BARRAULT, J.F. (1985). Les conceptions de l'éducation, résultats généraux. *Observatoire permanent des fonnations de maîtres*. Paris: INRP.
MALGLAIVE, G. (1990). *Enseigner à des adultes: travail et pédagogie*. Paris: P.U.F.
MARROU, H.I. (1975). *De la connaissance historique*. Paris: Seuil, Point (publication originale en 1954).
MEIRIEU, Ph. (1985). *L'école mode d'emploi; des méthodes actives à la pédagogie différenciée*. Paris: ESF éditeurs.
MEIRIEU, Ph. (1988). Vers une formation par la résolution de problèmes professionnel. *Les Cahiers Pédagogiques*, 269.
MEIRIE U, Ph. (1993). Ecriture et recherche. Cahiers pédagogiques, (Écrire, un enjeu pour les enseignants), 111-129.
METZNER, R.; LEARY, T. (1967). On programming psychedelic experiences. *Psychedelic review*, 9, 4-19.
MILGRAM, S. (1974). *Soumission à l'autotité*. Paris: Calmann-Levy.
MINISTÈRE DE L'ÉDUCATION DE L'ONTARIO (1993). *Le programme d'étude commun*, Toronto.
MONASTA, A. (1985). Définir une nouvelle professionnalité. *Education Permanente*, 81, 55-67.
MORIN, E. (1990). *Introduction à la pensée complexe*. Paris: ESF.
MORIN, E. (1991). La méthode. 4. Les idées. Leur habitat, leur vie, leurs moeurs, leur organisation. Paris: Seuil.
MOTTET, G. (1987). Du micro-enseignement aux laboratoires d'essais pédagogiques. *Actes de be congrès de l'AIPELF*, 791-802, Université de Caen.
MOTTET, G. (1988). L'analyse dans les laboratoires d'essais pédagogiques: une hypothèse de formation. *Les sciences de l'éducation pour l'ère nouvelle*, 4-5, 33-64. C.E.R.S.E., Université de Caen.
MOTTET, G. (1992a). Les ateliers de formation professionnelle: une proposition pourles I.U.F.M, *Recherche et Formation*, II, 93-106.
MOTTET, G. (1992b). Entre théorie et pratique, la médíation vidéo. Pespectives pour la formation des enseignants. *Les Sciences de l'Education* 1-2, 83-98.
PAQUAY, L. (1991). La formation méthodologique des futurs enseignants. Quelques conditions pour un transfert des "savoirs méthodologiques" à leur pratique professionnelle. In JONNAERT, Ph. (Ed.), *Les didactiques, similitudes et spécificités* (pp. 283-320). Bruxelles: Plantyn.
PAQUAY, L. (1993a). Le travail de fin d'études, clé de voûte d'une formation initiale d'enseignants-chercheurs? In HENSLER, H. (Ed.), *La recherche en formation des maîtres. Détour ou passage obligé sur ta voie de la professionnalisation?* (pp. 195-232). Sherbrooke: Ed. du CRP (diffusion: Editions ESKA)
PAQUAY, L. (1993b). Quelles priorités pour une formation initiale des enseignants? *Pédagogies*, 6.
PAQUAY, L. (1994). Vers un référentiel des compétences professionnelles de l'enseignant. *Recherche et Formation*, 16, 7-33.
PAQUAY, L. (1995). Vers une identité professionnelle des formateurs d'enseignants. *Pédagogies*, 10. (Numéro spécial sur << *Former des enseignants. Pratiques et recherches* >>), 5-11.

PERRENOUD, P. (1976). De quelques apports piagétiens à une sociologie de la pratique. Revue européenne des sciences sociales, 38-39, 451-470.
PERRENOUD, P. (1982). La pratique pédagogique entre l'improvisation réglée et le bricolage. Essai sur les effets indirects de la recherche en éducation. *Education et recherche*, 4 (2), 199-212.
PERRENOUD, P. (1987). Vers un retour du sujet en sociologie de l'éducation? Limites et ambigtüités du paradigme stratégique. In A. VAN HAECHT (Ed.), *Socialisations scolaires, socialisatiom professionnelles: nouveaux enjeux, nouveaux débats* (pp. 20-36). Bruxelles: Université Libre de Bruxelles.
PERRENOUD, P. (1988). La formation à l'évaluation: entre idéalisme béat et réalisme conservateur. In GATHIER-THURLER, M.; PERRENOUD, P. *Savoir évaluer pour mieux enseigner. Quelle formation des maîtres*. Genève: Service de recherche sociologique, Cahier nº 26, 115-131.
PERRENOUD, P. (1990). *Le rôle d'une initiation à la recherche dans la formation de base des enseignants*. Actes du cofioque "La place de la recherche dans la formation des enseignants", 25-27 octobre 1990, Paris: INRP, 91-112.
PERRENOUD, P. (1993). Formation initiale des maîtres et professionnalisation du métier. *Revue des Sciences de l'Education*, XIX, 1, 59-76.
PERRENOUD, P. (1994a). *Métier d'élève et sens du travail scolaire*. Paris: ESF éditeurs.
PERRENOUD, P. (1994b). *La formation des enseignants entre théorie et pratique*. Paris: L'Harmattan.
PERRENOUD, P. (1994c) Du maître de stage au formateur de terrain: formule creuse ou expression d'une nouvelle articulation entre théorie et pratique? In F. Clerc & P.A. Dupuis (éd.) *Rôle et place de la pratique dans la formation initiale et continue des enseignants*, Nancy: Editions CRDP de Lorraine.
PERRENOUD, P. (1994d). *L'ambiguïté des savoirs et du rapport au savoir dans le métier d'enseignant*. Genève: Service de la recherche sociologique & Faculté de psychologie et des sciences de l'éducation.
PERRENOUD, P. (1994e). Travailler en équlpe pédagogique, c'est partager sa part de folie. *Cahiers pédagogiques*, 325, 68-71.
PERRENOUD, P. (1994f). La communication en classe: onze dilemmes. *Cahiers pédagogiques, 326*.
PERRENOUD, P. (1994g). *La formation continue comme vecteur de professionnalisation du métier d'enseignant*. Genève: Faculté de psychologie et des sciences de l'éducation; Service de la recherche sociologique.
PERRENOUD, P. (1994h). Le métier d'enseignant entre prolétarisation et professionnalisation: deux modèles du changement. In Société suisse de recherche en éducation, *Le changement en éducation*, Bellinzona, Ufficio studi e ricerche, 29-48 (Actes du Congrès 1993 de la SSRE).
PERRENOUD, P. (1994i). Compétences, habitus et savoirs professionnels. *European journal o teacher education*, 17 (1-2), 45-48.
PERRENOUD, P. (1994j). Former les enseignants primaires dans le cadre des sciences de l'éducation: le projet genevois. *Recherche et Formation*, 16, 39-60.
PERRENOUD, P. (1995a). *La pédagogie à l'école des différences*. Paris: ESF.
PERRENOUD, P. (1995b). *Dispositifs d'individualisation des cursus et différenciation des pratiques de formation*. Genève: Faculté de psychologie et des sciences de l'éducation.
PERRENOUD, P. (1995c). Dix non dits ou la face cachée du métier d'enseignant. *Recherche et Formation*, 20, 107-124.
PEYRONIE, H. (1990). Se former par des démarches de recherche en éducation: l'observation-participante interne. In INRP (Ed.), *La place de la recherche dans la formation des enseignants*. Paris: INRP.
PIAGET, J. (1961). *Les mécanismes perceptifs*. Paris: P.U.F.
PIAGET, J. (1963). *La naissance de l'intelligence chez l'enfant*. Neuchâtel: Delachaux et Niestlé (4e édition).
PIAGET, J. (1970). *L'épistémologie génétique*. Paris: P.U.F.
PIAGET, J. (1973). *Biologie et connaissance*. Paris: Gallimard, Coll. Idées.
PIAGET, J. (1974a). *La prise de conscience*. Paris: P.U.F.
PIAGET, J. (1974b). *Réussir et comprendre*. Paris: P.U.F.
PIETERS, J. (1994). Knowledge: its acquisition and utilisation in new directions.*Educational Research*. Groningen: B. CREEMERS, ICO-Pub.
PITHON G. (1981). Les stratégies de demandes de formation des éducateurs selon leur statut et leur position par rapport à l'institution de formation. *Bulletin de Psychologie*, 35-1, 131-147.
POPPER, K. (1978). *La connaissance objective*. Paris: Éditions Complexe.
POSTIC, M. (1988). Evoltition des buts et des méthodes d'observation et d'évaluation en formation des enseignants. *Les Sciences de leducation*, 4/5, 9-32.
PROST, A. (1973a). Est-il vraiment utile de former les maîtres? *Bulletin du Conseil de l'Europe*.
PROST, A. (1973b). Les attentes des jeunes enseignants au début de leur forrnation. *Revue française de pédagogie*, 24.
RAYMOND, D. (1993). Éclatement des savoirs et savoirs en rupture, une réplique à Vander Maeren. *Revue des Sciences de l'Education*, 19, 1, 187-200.

REVAULT D'ALLONNES, C. (1989). *La démarche clinique en sciences humaines*. Paris: Dunod.
RICOEUR, P. (1965). *De l'interprétation. Essai sur Freud*. Paris: Seuil RICOEUR, P. (1985). Temps et récit 3. Le temps raconté. Paris: Seuíl, Points.
RIFF, J.; DURAND, M. (1993). Planification et décision chez les enseignants, Bilan àpartir des études en éducation physique et sportive, analyses et perspectives. *Revue Française de pédagogie*, 103, 81-107.
RIST, G. (1984). La notion médiévale d'habitus. *Revue européenne des sciences sociales*, 67, 201-212.
ROCHEX, J.Y. (1992). Orientation et projet professionnel. *Migrants-Formation*, 89, 102-119.
ROUSVOAL, J. (1993). *Les représentations du métier d'enseignant. Influence des actions deformation*. Paris: INRP.
SAINT-ARNAUD, Y. (1992). Connaitre par l'action. Montréal: Presse de l'Université de Montréal, 112 p.
SAUSSE Z, F.; PAQUAY, L. (1994). *La coévaluation en question(s). Le point de vue de l'étudiant écartelé entre apprendre et réussir*. Nivelles: ICADOP.
SCHÖN, D. A.(1983). *The reflective pactitioner*. New York: Basic Books (trad. française: Le praticien *réflexif*. A la recherche du savoir caché dans l'agir professionnel. Montréal: Les Editions Logiques, 1994).
SCHON, D.A. (1987). *Educating the reflective practitioner, towards a new design for teaching and learning in the profession*. San Francisco: Jossey Bass.
SCHON, D.A. (1988). Coaching reflexive teaching, In P. GRIMMET, et G. ERICKSON (Eds.), Reflection in teacher education (pp. 18-29). New York: Teachers collège press.
SCHÖN, D.A. (1991). *Cases in reflective practice*. New York: Teachers College press.
SCHÖN, D.A. (1994). *Le praticien réflexif* Montréal : Éditions Logiques.
SCHUTZ, A. (1987). *Le chercheur et le quotidien*. Paris: Méridiens Klincksieck.
SHAVELSON, R. J. (1976). Teacher decision making. In GAGE, N. J. (Ed.), *The psychology of teaching methods, Yearbook of the National Society at Education*. Chicago: Chicago Press.
SHAVELSON, R.J.; STERN. (1981). Research on teachers' pedagogical thoughts, judgements, decisions and behaviour. *Review of Educational Research*, 51 (4), 455-98.
SHULMAN, L. S. (1986). Paradigms and research programs in the study of teaching: a contemporary perspective. In M. C. WITTROCK (Dir.), *Handbook of research on teaching* (3ème éd.). (pp. 3-36). New York: Macmillan Publishing Company.
STERNBERG, (1985). *A triadic theory of human intelligence*. New York: Univ. Press.
STORDEUR, J. (1987). Pour des stages... facteurs d'une autre formation. In MEIRIEU, P.; ROUCHE, N. et 40 enseignants, *Réussir (à) l'école. Des emeignants relèvent le défi* (pp. 38-41). Bruxelles: Vie ouvrière; Lyon: Chronique sociale.
STORDEUR, J. (1994). Des stages oú tout le monde cherche. *Former des enseignants-chercheurs*. Bruxelles: C.G.E., Dossier 8 pages (Chaussée de Haecht, 66 à 1210 Bruxelles).
TARDIF, C. (1992). En stage, comment développe-t-on ses propres perspectives sur l'enseignement? In HOLBORN, P., WIDEEN, M.; ANDREWS, I. Devenir enseignant (tome 1, pp. 81-94). Montréal: les Editions Logiques.
TARDIF, J. (1992). *Pour un enseignement stratégique: l'apport de la psychologie cognitive*. Montréal: les éditions Logiques.
TARDIF, M. (1993a). Eléments pour une théorie de la pratique éducative: actions et savoirs en éducation. In GAUTHIER, C.,
MELLOUKI, M.; TARDIF, M., *Le savoir des enseignants. Que savent-ils?* Montréal: Les éditions Logiques.
TARDIF, M. (1993b). Savoirs et expérience chez les enseignants de métier: quelques pistes et jalons concernant la nature des savoirs d'expérience. In H. HENSLER (Dir.), *La recherche enformation des maîtres: détour ou passage obligé sur la voie de la professionnalisation?* (pp. 53-86). Sherbrooke: Éditions du CRP.
TARDIF, M., LESSARD, C.; LAHAYE, L. (1991). Les enseignants des ordres d'enseignement primaire et secondaire face aux savoirs: esquisse d'une problématique du savoir enseignant. *Sociologie et Sociétés*, 23 (1), 55-70.
TARSKI, A. (1956). *Logic, semantics, metamathematics: papers from 1923 to 1938*. (J. H. Woodger, Trad.). Oxford: Clarendon Press.
THEUREAU, J. (1991). Cours d'action et savoir-faire. *Recherche et Formation. La place de la recherche dans la formation des enseignants*. Paris: INRP.
TOCHON, F. (1989a). Peut-on former les enseignants novices à la réflexion des experts? *Recherche et Formation*, 5, 25-38.
TOCHON, F. (1989b) "La pensée des enseignants: un paradigme en développement". *Perspectives Documentaires en Sciences de l'Education*, 17. Paris: INRP.
TOCHON, F. (1991). *L'enseignement stratégique*. Toulouse: EUS.
TOCHON, F. (1992a). A quoi pensent les chercheurs quand ils pensent aux enseignants. *Revue française de pédagogie*, 99. Paris: INRP.
TOCHON, F. (1992b). Se libérer du contenu pour s' adapter aux situations: la carte de concepts en vidéo-formation. *Les Sciences de l'Education*, 112, 59-82.
TOCHON, F. (1993). *L'enseignant-expert*. Paris: Nathan-pédagogie.

TOURNIER, F. (1993). Choix et individualisation. *In: Actes du Colloque de l'ARCUFEF. La question de l'individualisation* (pp 36-39). Grenoble: IFM.
TREMMEL, R. (1993). Zen and the art of reflective practice in teacher education. *Harvard educational review*, 63 (4), 434-458.
TROUSSON, A. (1992). *De l'artisan à l'expert. La formation des enseignants en question.* Paris: Hachette.
VALLI, L. (éd.) (1992). *Reflective Teacher Education.* Cases and critiques. New York State: University of New York Press.
VAN CAMPENHOUDT, L. (Ed.) (1991). *Les transformations du contexte socio-culturel et normatif de l'école.* Bruxelles: Centre d'études sociologiques des Facultés universitaire Saint Louis. Rapport présenté à la Fondation Roi Baudoin, 47 p.
VAN DER MAREN, J. M. (1990). Les savoirs et la recherche pour l'éducation. *Contenus et impacts de la recherche universitaire actuelle en sciences de l'éducation*, (t. 3). Sherbrooke: Édition du CRP.
VAN DER MAREN, J. M. (1993). Savoirs enseignants et professionnalisation de l'enseignement. *Revue des sciences de l'éducation*, 19 (1), 153-172.
VERGNAUD, G. (1991). "La théorie des champs conceptuels". *Recherches didactiques en mathématiques.* Grenoble: La pensée sauvage.
VERMERSCH, P. (1989). Expliciter l'expérience. *Education Permanente* 100-101, 123-132.
VERMERSCH, P. (1990). Questionner l'action: l'entretien d'explicitation. *Psychologie française, numéro spécial "Anatomie de l'entretien"*, 35-3, 227-235.
VERMERSCH, P. (1991). L'entretien d'explicitation, Actes du Colloque National des 6, 7 et 8 Juin 1990, "Fonctionnement cognitif et pratiques de remédiation", *Les Cahiers de Beaumont, 52bis-53*, 63-70.
VERMERSCH, P. (1994). *L'entretien d'explicitation en formation initale et enformation continue.* Paris: ESF.
VERMERSCH, P. (1995). Du faire au dire: l'entretien d'explicitation. *Cahiers pédagogiques*, 336 (septembre).
VERMERSCH, P.; FAINGOLD, N. (1992). Intuition et analyse de pratique: le cas Agnès. GREX. *Collection Protocole*, 2.
VEYNE, P. (1979). *Comment on écrit l'histoire.* Paris: Seuil, Point (publication originale en 1971).
VINCENT, G., éd. (1994). *L'éducation prisonnière de la forme scolaire?* Lyon: Presses de l'université de Lyon.
VONK, J.H.C. (1988). L'évolution professionnelle des enseignants débutants et ses répercussions sur la formation initiale et continuée. *Recherche et* Formation, 3, 47-60. Paris: INRP.
WAGNER, M.-C. (1988). *Pratique du micro-enseignement, une méthode souple de formation des enseignants.* Bruxelles: De Boeck.
WATZLAWICK, P., WEAKLAND, V.; FISH, R. (1975). *Changements, paradoxes et psychothérapie.* Paris: Seuil.
WIDEEN, M. (1992). Devenir enseignant, qu'est-ce que cela veut dire? In HOLBORN, P., WIDEEN, M.; ANDREWS, L., *Devenir enseignant* (tome 1, pp. 25-37). Montréal: les éditions Logiques.
YERLES, P. (1991). Opérateur d'un "art de faire" didactique, In JONNAERT, Ph., *Les Didactiques. Similitudes et spécificités* (pp. 108-116). Bruxelles: Plantijn.
YINGER, R. (1977). A study of teacher planning: Description an theory development using ethnographic and information processing in teaching, *Educational Research Quaterly*, 3, 66-77.
YINGER, R.J. (1987). *By the seat of your pants: an inquiry into improvisation and teaching.* Washington: AERA.
ZEICHNER, K.M. (1983). Alternative paradigms of teacher education. *Journal of Teacher Education*, 34 (3), 3-9.
ZEICHNER, K.M. et al. (1987). *Individual institutional and cultural influences of the development of teachers in Calderhead exploring teachers' thinking.* London: Cassel.